战略性企业社会责任对价值创造的影响研究

嵇国平　周敏丹　著

○ 江西省教育厅科学技术研究项目　(GJJ180947)
○ 江西省社会科学基金项目　(19GL36)
○ 江西省高校人文社会科学研究项目　(GL18124)

企业管理出版社
ENTERPRISE MANAGEMENT PUBLISHING HOUSE

图书在版编目（CIP）数据

战略性企业社会责任对价值创造的影响研究 / 嵇国平, 周敏丹著. -- 北京：企业管理出版社, 2022.12

ISBN 978-7-5164-2703-3

Ⅰ.①战… Ⅱ.①嵇…②周… Ⅲ.①企业责任—社会责任—研究—中国 Ⅳ.①F275.2

中国版本图书馆 CIP 数据核字 (2022) 第 162428 号

书　　名：	战略性企业社会责任对价值创造的影响研究
书　　号：	ISBN 978-7-5164-2703-3
作　　者：	嵇国平　周敏丹
责任编辑：	刘玉双
出版发行：	企业管理出版社
经　　销：	新华书店
地　　址：	北京市海淀区紫竹院南路 17 号　　邮　编：100048
网　　址：	http://www.emph.cn　　电子信箱：26814134@qq.com
电　　话：	编辑部（010）68701661　　发行部（010）68701816
印　　刷：	北京虎彩文化传播有限公司
版　　次：	2022 年 12 月第 1 版
印　　次：	2022 年 12 月第 1 次印刷
开　　本：	700mm×1000mm　　1/16
印　　张：	19.75 印张
字　　数：	300 千字
定　　价：	88.00 元

版权所有　翻印必究　·　印装有误　负责调换

前言

自20世纪70年代以来，企业社会责任与企业绩效的关系一直是理论界与企业界关注但迄今尚未取得共识的一个热点问题。为在此问题上达成共识，学者们从战略角度研究企业社会责任。此举既因应了不确定时代和环境的需要，也为最终明确二者关系开辟了新视角，由此衍生了"战略性企业社会责任"概念。然而，现有研究主要探讨战略性企业社会责任对价值创造的直接影响，鲜有从动态能力和环境动态性视角，分别探寻战略性企业社会责任影响价值创造的内在机制和边界条件的研究。

当前，中国经济发展与社会发展不平衡的矛盾、企业利益与其他社会主体利益之间的矛盾、社会对企业期望的不断提升与现实之间的矛盾日益突出，这三大矛盾使得企业社会责任问题更为突出。在此情形下，众多利益相关者要求企业对此做出正面回应。在此压力下，企业家不断地在公开场合做出履行社会责任的承诺，并以不同的方式承担着社会责任。然而，私下里许多企业家却将企业社会责任的履行看作一种成本付出，或将其等同于做慈善。他们并不真正相信企业社会责任行为一定能为企业创造价值，也不清楚如何履行社会责任才能使企业健康发展。这就使得企业社会责任履行的持续性和深度难以得到有效的保证，致使企业难以实现可持续发展。而战略性企业社会责任这一概念指导我们从价值共享的角度看待企业社会责任的履行，将其与企业战略、业务相结合。因此，有效地履行战略性企业社会责任，可满足多元利益相关者的要求，有助于企业同时实现经济效益与社会效益。

基于上述理论与实践背景，本书旨在探讨以下三个关键问题：战略性企业社会责任对价值创造有何影响？动态能力在其中能否起中介作用？环境动态性在其中能否起调节作用以及发挥怎样的约束作用？由此，首先本书以深圳某检测股份有限公司为样本，通过探索性案例研究，提出了初始假设命题。其次，运用资源基础论和适配论，阐明了战略性企业社会责任、动态能力、环境动态性与价值创造之间的逻辑关系，在此基础上，正式提出了相应的研究假设，并将动态能力作为中介变量，将环境动态性作为调节变量，纳入"战略性企业社会责任—价值创造"的分析框架，构建了四个变量间关联性的概念模型。最后，采用实证分析方式，对研究假设和模型效用进行了检验：选用问卷调查法，以企业高层领导和骨干员工为调研对象，前后收集了两批问卷数据；之后运用此问卷数据，在交叉验证了量表信度和效度的基础上，进行了描述性分析、共同方法偏差检验、相关性分析、方差分析、结构方程模型分析与多元回归分析。

本书的主要结论如下。

①战略性企业社会责任可显著影响价值创造。战略性企业社会责任能使企业对价值问题、稀缺性问题、难于模仿性问题与组织问题做出有效的回答，对价值创造具有显著的影响。因此，企业履行社会责任时，需要将其与企业战略、业务相结合，以同时实现经济效益与社会效益。

②战略性企业社会责任可显著影响动态能力。战略性企业社会责任能够

整合企业的资源和能力，使社会责任活动与企业内外环境协调一致，对动态能力具有显著的影响。因此，战略性地履行社会责任，可使企业更好地适应环境的变化，提升动态能力。

③动态能力可显著影响价值创造。动态能力也能使企业对价值问题、稀缺性问题、难于模仿性问题与组织问题做出有效的回答，对价值创造具有显著的影响。因此，企业可通过动态能力提升价值创造力。

④战略性企业社会责任可通过动态能力间接影响价值创造。本研究采用偏差矫正的非参数百分位"自身抽样法"（Bootstrapping），证明了动态能力在战略性企业社会责任与价值创造的关系中起中介作用。因此，战略性地履行社会责任，同时注重动态能力的提升，可为企业创造更大的价值。

⑤战略性企业社会责任对价值创造的影响受到环境动态性的调节，随着环境动态性的增强，战略性企业社会责任对价值创造的影响增大。本研究采用多元回归分析法，证明了环境动态性在战略性企业社会责任与价值创造之间的关系中起调节作用。因此，密切关注环境的动态变化，科学实施战略性企业社会责任之策，可增强价值创造力。

⑥企业规模、产业类型可分别显著影响动态能力、价值创造。因此，企业增强动态能力和通过此能力提升价值创造力时，需要考虑企业规模和产业类型所产生的影响。

本书的创新主要表现在以下两方面。

一是在国内首次检验了战略性企业社会责任的结构维度及其对价值创造影响的中介机理和情境因素。

二是将探索性个案研究与配对实证研究融合首次运用于战略性企业社会责任的研究。

本书得到江西省教育厅科学技术研究项目"战略性企业社会责任对企业竞争优势的影响研究"（项目编号：GJJ180947）、江西省社会科学基金项目"战略性企业社会责任对企业绩效的影响研究——以组织认同为中介变量"（项目编号：19GL36）和江西省高校人文社会科学研究项目"战略性企业社会责任与价值创造的关系研究——以动态能力为中介"（项目编号：GL18124）的资助，在此表示衷心的感谢。

在撰写本书的过程中，笔者参阅了中外学者相关论著并借鉴了诸多研究成果，在此表示衷心的感谢。

限于笔者研究水平，书中难免存在不足，敬请读者批评指正。

目录

第 1 章	绪论	1
1.1	研究背景	3
1.2	研究目的和意义	5
1.3	主要概念界定	7
1.4	主要研究方法说明	15
1.5	基本思路和内容安排	16

第 2 章	文献综述	19
2.1	从企业社会责任到战略性企业社会责任的演进逻辑	21
2.2	战略性企业社会责任的相关研究	23
2.3	动态能力的相关研究	35
2.4	战略性企业社会责任对价值创造的影响研究	65
2.5	战略性企业社会责任热点与前沿的可视化分析	69

第 3 章	探索性案例研究	91
3.1	研究目的与研究方法	93
3.2	研究设计	98
3.3	案例简介	103
3.4	主要发现与初始假设命题提出	107

第 4 章	理论基础、研究假设与概念模型	115
4.1	理论基础	117
4.2	研究假设	124
4.3	概念模型	134

第 5 章	实证研究设计与方法	135
5.1	研究设计和过程	137
5.2	问卷设计	139
5.3	数据的收集、使用和分布情况	141
5.4	变量的操作定义与测量	146
5.5	数据分析方法	151

第 6 章	实证研究分析与解释	157
6.1	第一次信度和效度检验	159
6.2	第二次信度和效度检验	170
6.3	聚合分析与描述性分析	181
6.4	共同方法偏差检验和相关性分析	185
6.5	控制变量对中介变量和因变量影响的检验	189
6.6	变量间的结构方程模型分析	197
6.7	环境动态性的调节作用检验	207

第 7 章	研究结论与展望	211
7.1	研究结论及与前人研究的比较	213
7.2	理论贡献	220
7.3	对企业的实务建议	222
7.4	研究局限和未来研究展望	227

案例专栏 1	战略性企业社会责任的影响——以华润集团为例	230
案例专栏 2	"多方用力"将 CSR 理念融入企业使命——以欧莱雅集团为例	236
案例专栏 3	切切实实把 CSR 活动纳入企业业务流程——以伊利集团为例	243
案例专栏 4	通过动态能力扩大 SCSR 影响力、增强价值创造力	251
案例专栏 5	密切关注环境变化,科学实施 SCSR 之策——以华为技术有限公司为例	261

参考文献	271
附录 1:第一批调查问卷	297
附录 2:第二批调查问卷	302

第 1 章

绪论

1.1 研究背景

1.1.1 现实背景

当前，中国经济发展与社会发展不平衡的矛盾、企业利益与其他社会主体利益之间的矛盾及社会对企业期望的不断提升与现实之间的矛盾日益突出，这三大矛盾使得企业社会责任（Corporate Social Responsibility，以下简称 CSR）问题更为突出[1]。企业要想获得竞争力和持续成长，不仅需要关注自身管理运作能力的提升，还必须密切关注和解决社会问题，从而使内外各种利益相关者与企业发展相联系。在此背景下，积极承担 CSR 已成为企业难以推卸的责任和发展的动力。

然而，现实中许多企业在认识和履行 CSR 的过程中存在种种问题：认为履行 CSR 会给企业增加额外的负担，因而总是被动地履行 CSR；把履行 CSR 等同于做慈善；未将 CSR 履行与企业战略相结合；等等。此种认识上和行动中的问题使得企业在存续的过程中遭遇各种难题，也使得其在市场竞争中难以获得和保持竞争优势。

为破解此种难题，企业家们进行了诸多的尝试。在众多的尝试中，将 CSR 与企业战略相结合，战略性地选择和实施 CSR 的方式受到企业家的青睐，也获得了战略管理理论界的高度认同[2]，并得到了实践的检验。一些中华老字号企业通过选择合适的企业战略、构建合理的社会责任体系和持续进行环境投资等方式战略性地履行 CSR，在解决社会问题的同时，获得了优异的业绩，"经历百年却依然长青"[3]。

---

[1] 郑海东. 企业社会责任行为表现：测量维度、影响因素及绩效关系 [M]. 北京：高等教育出版社，2012：1-5.
[2] 战略管理理论界围绕此方式，形成一个新的研究主题（战略性企业社会责任）。
[3] 杨希娟，成瑾. 战略型企业社会责任与企业竞争优势分析——以中华老字号企业为例 [J]. 工业经济论坛，2015，2（1）：87-98.

可以预见，随着中国经济结构的深入调整和企业经营环境的变化，更多的中国企业将以战略的方式履行 CSR，在获得较高的社会效益的同时，获取卓越的经济效益，实现可持续发展。

1.1.2 理论背景

自 20 世纪 70 年代开始，众多学者就 CSR 与企业绩效的关系展开了持久和深入的实证研究，并在此方面取得优秀的成果。但是，实证研究的结论表明两者间的关系尚无法确定[①]。这个问题一直困扰着 CSR 的理论研究者。

当前 CSR 思潮已席卷全球，众多利益相关者要求企业对此做出自己的回应。在此压力下，企业家在公开场合做出履行 CSR 的承诺，并以不同的方式承担着 CSR。然而，私下里大部分企业家并不真正相信 CSR 行为一定能使企业获利，也不清楚如何履行 CSR 才能使企业获利[②]。这种疑虑使得 CSR 难以在实践中生根发芽，阻碍了 CSR 理论的发展。

为解决理论研究中遇到的这个问题和回应实践的需求，学者们尝试采用新视角，从战略角度研究 CSR，发展出战略性企业社会责任（Strategic Corporate Social Responsibility，以下简称 SCSR）的概念，"研究如何战略性地选择和实施 CSR 行为以提升企业绩效"[③][④]。

综上所述，研究 SCSR 对价值创造的影响具有较强的现实意义和理论价值。因此，本书围绕这个研究主题展开系统的理论和实证研究，以探明 SCSR 影响价值创造的内在机制和边界条件。

---

① 沈洪涛，沈艺峰. 公司社会责任思想起源及演变 [M]. 上海：上海人民出版社，2007：111 – 115.
② Husted B W, Allen D A. Strategic corporate social responsibility and value creation among large firms: lessons from the Spanish experience [J]. Long-Range Planning, 2007 (40): 594 – 610.
③ Burke L, Logsdon J M. How corporate social responsibility pays off [J]. Long-Range Planning, 1996, 29 (4): 495 – 502.
④ 王水嫩，胡珊珊，钱小军. 战略性企业社会责任研究前沿探析与未来展望 [J]. 外国经济与管理，2011, 33 (11): 57 – 64.

1.2 研究目的和意义

1.2.1 研究目的

自 Burke 和 Logsdon 于 1996 年提出 SCSR 概念至今,学者们主要研究了 SCSR 对价值创造的直接影响,却忽略了动态能力在 SCSR 与价值创造的关系中可能起到的桥梁作用以及环境动态性在其中潜在的调节作用[1]。

有鉴于此,基于资源基础论与适配论,本研究力图实现以下两个主要研究目标。

一是建构 SCSR 影响价值创造的整合分析模型。以资源基础论和适配论为基础,将动态能力作为中介变量,将环境动态性作为调节变量,纳入"SCSR - 企业绩效"的分析框架,构建 SCSR 影响价值创造的整合分析模型,以此丰富 SCSR 的研究内容,拓展 SCSR 的研究范围。

二是探明 SCSR 影响价值创造的内在机制和边界条件。运用两批问卷数据,并通过实证研究,检验上述整合分析模型的效用,以此深入探寻 SCSR 对价值创造影响的内在机制与边界条件。

1.2.2 研究意义

现有研究侧重探寻 SCSR 对价值创造的直接影响,但鲜有研究从动态能力视角揭开 SCSR 到价值创造的"黑箱",且关注环境动态性在两者关系中所起的调节作用。

为此,本书以动态能力作为中介变量,以环境动态性作为调节变量,展开理论和实证研究,其主要意义有二。

---

[1] Husted B W, Allen D A. Strategic corporate social responsibility and value creation among large firms: lessons from the Spanish experience [J]. Long-Range Planning, 2007 (40): 594 - 610.

一是理论上探明 SCSR 影响价值创造的内在机制与边界条件。本书响应 Husted 和 Allen 的号召，基于资源基础论和适配论，将动态能力作为中介变量，将环境动态性作为调节变量，改进 SCSR 影响价值创造的模型，并深入探寻 SCSR 影响价值创造的内在机制与边界条件[①]。

二是实践上为企业实施 SCSR 提供理论支撑。当前，理论界尚未在 CSR 和企业绩效的关系问题上取得一致的认识，并且私下里大部分企业家并不真正相信 CSR 行为一定能使企业获利，也不清楚如何履行社会责任才能使企业获利。而 SCSR 将 CSR 与企业战略、业务相结合，可有助于企业同时实现经济效益与社会效益。因此，围绕 SCSR 主题进行的理论和实证研究可为企业实施 SCSR 提供理论支撑。

---

① Husted B W, Allen D A. Strategic corporate social responsibility and value creation among large firms: lessons from the Spanish experience [J]. Long-Range Planning, 2007 (40): 594-610.

1.3 主要概念界定

1.3.1 战略性企业社会责任

SCSR 是本书涉及的重要概念，清晰地界定该概念是研究 SCSR 对价值创造影响的重要前提。为此，本节在阐述现有研究对 SCSR 概念界定的基础上，对 SCSR 的概念进行再界定。

1. 现有研究对 SCSR 概念的界定

在研究 CSR 与企业绩效的关系时，学者们遭遇到一定的困境。于是，他们尝试从战略的角度研究 CSR，提出了 SCSR 的概念。因此，学者们大都选择在 CSR 研究的基础上，对 SCSR 概念进行界定。

Burke 和 Logsdon 最早提出了 SCSR 的概念，认为只有给企业带来重大的商业利益，特别是通过支持核心商业活动而在完成企业的使命过程中实现企业效益的 CSR 行为才是 SCSR。在此基础上，他们对传统 CSR、传统企业战略和 SCSR 进行了明确的区分[1]。

Lantos、Baron 和 Jamali 三位学者侧重于从履行 CSR 的态度和动机的视角界定 SCSR。Lantos 从企业履行 CSR 的态度和动机的视角，认为 SCSR 是有利于社会和企业的善举，与战略性慈善可等同而视[2]。Baron 则认为应从履行 CSR 动机的视角区分 CSR 行为与非 CSR 行为，他将 SCSR 界定为使企业社会绩效对企业财务绩效产生正面影响的行为[3]。受到 Lantos、Baron 等学者的启

---

[1] Burke L, Logsdon J M. How corporate social responsibility pays off [J]. Long-Range Planning, 1996, 29 (4): 495-502.

[2] Lantos G P. The boundaries of strategic corporate social responsibility [J]. Journal of Consumer Marketing, 2001, 18 (7): 595-632.

[3] Baron D. Private politics, corporate social responsibility and integrated strategy [J]. Journal of Economics and Management Strategy, 2001 (10): 7-45.

发,Jamali 从履行 CSR 态度的视角,对 Carroll 的金字塔模型进行修正,将 CSR 区分为自愿性 CSR 和强制性 CSR(见图 1.1),并在此基础上,从履行 CSR 动机的视角,将自愿性 CSR 区分为 SCSR 和利他性 CSR,认为 SCSR 是将 CSR 与企业战略、核心业务等结合,旨在获得经济效益和社会效益双重回报的 CSR 行为[1][2][3][4]。比较来说,Jamali 对 SCSR 概念的界定更为全面和合理,其研究"有助于理清 SCSR 概念以及把握 SCSR 的本质属性"[5]。

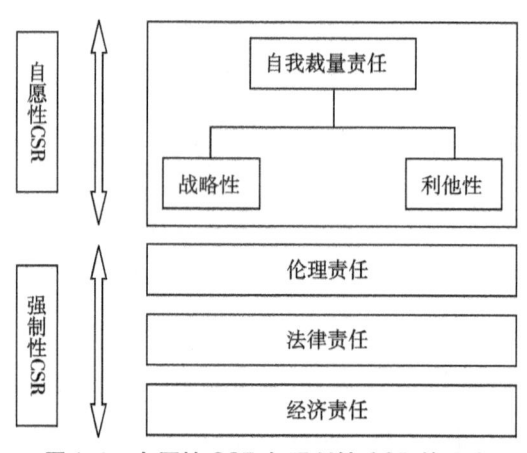

图 1.1 自愿性 CSR 与强制性 CSR 的区分

资料来源:Jamali D. The case for strategic corporate social responsibility in developing countries [J]. Business and Society Review, 2007, 112 (1): 1–27.

Porter 和 Kramer 在将 CSR 区分为反应性 CSR 和 SCSR 的基础上,将 SCSR 定义如下:把企业的重要资源和注意力投向那些将 CSR 与战略有机结合的业

---

[1] Lantos G P. The boundaries of strategic corporate social responsibility [J]. Journal of Consumer Marketing, 2001, 18 (7): 595–632.

[2] Baron D. Private politics, corporate social responsibility and integrated strategy [J]. Journal of Economics and Management Strategy, 2001 (10): 7–45.

[3] Jamali D. The case for strategic corporate social responsibility in developing countries [J]. Business and Society Review, 2007, 112 (1): 1–27.

[4] Carroll A B. The pyramid of corporate social responsibility: toward the moral management of organizational stakeholders [J]. Business Horizons, 1991, 34 (4): 39–48.

[5] 王水嫩,胡珊珊,钱小军. 战略性企业社会责任研究前沿探析与未来展望 [J]. 外国经济与管理, 2011, 33 (11): 57–64.

务活动中,使企业实现经济效益和社会效益的行为①。在众多的定义中,McWilliams 和 Siegel 的界定最为宽泛,他们将 SCSR 界定为"能够使企业获取持续竞争优势的任何'负责'的活动"②。

2. 本书对 SCSR 概念的界定

综上所述,虽然学者们在对 SCSR 概念的认识上存在较大的差异,但他们基本认同以下几点:

①SCSR 是一种 CSR 行为;

②SCSR 能够为企业与社会创造共享的价值;

③SCSR 是 CSR 与企业战略、业务的结合体。

由此,本书认为 SCSR 是将 CSR 纳入企业战略,并与企业业务相结合,以同时实现企业经济效益与社会效益的行为。

1.3.2 动态能力

动态能力是本书中另一个重要的概念,本节在阐述现有研究如何界定动态能力概念的基础上,对之进行再界定。

1. 现有研究对动态能力概念的界定

为弥补资源基础论的不足,Teece 和 Pisano 提出了动态能力的概念,Ambrosini 和 Bowman、Teece 解释企业如何在动态的环境中获取和保持竞争优势[3][4][5]。

---

① Porter M E, Kramer M R. Strategy and society: the link between competitive advantage and corporate social responsibility [J]. Harvard Business Review, 2006, 84 (2): 78-93.

② McWilliams A, Siegel D S. Corporate social responsibility: a theory of the firm perspective [J]. Academy of Management Review, 2001, 26 (1): 117-127.

③ Teece D J, Pisano G. The dynamic capabilities of firms: an introduction [J]. Industrial and Corporate Change, 1994, 3 (3): 537-556.

④ Ambrosini V, Bowman C. What are dynamic capabilities and are they a useful construct in strategic management? [J]. International Journal of Management Reviews, 2009, 11 (1): 29-49.

⑤ Teece D J. Explicating dynamic capabilities: the nature and microfoundations of (sustainable) enterprise performance [J]. Strategic Management Journal, 2007, 28 (13): 1319-1350.

梳理现有的文献后，可发现现有学者主要从能力视角、过程视角与行为导向视角对动态能力概念进行界定。

从1994年至今，Teece和其同事多次从能力视角对动态能力概念进行了界定，其于1997年提出的动态能力概念得到最广泛的认同，所产生的影响最大。他们认为动态能力是企业的一种高阶能力，即企业整合、培育、重构内外部资源或技能以应对快速变化的环境的能力[1]。他们在提出该概念的同时，强调应从两个方面去理解该概念的内涵：一方面，"动态"强调了动态能力是更新企业能力以适应变化的商业环境的能力；另一方面，"能力"则强调了战略管理所发挥的关键作用，即其在企业适时地调整、整合、重构内外部组织技能、资源与专业技能以适应变化的环境的过程中所发挥的关键作用。

在此概念提出十年之后，借鉴认知理论和演化经济学的观点，Teece 重申、丰富、完善了此概念，将动态能力界定为能使企业实现与外部变化的环境适配的能力，具体可分解为三种能力：感知并辨认机会和威胁的能力，把握机会的能力，通过增强、结合、保护与必要时重构企业有形、无形资产以保持竞争的能力[2]。

Eisenhardt 等学者则从过程视角对动态能力概念进行了较好的界定，其所产生的影响也不小。Eisenhardt 和 Martin 认为动态能力是企业利用资源的过程，特别是指整合、重构、获取和释放资源以匹配甚至创造市场变化的过程[3]。在此概念中，他们将资源与动态能力联系起来，特别强调了资源对动态能力的作用；同时，明确指出动态能力是匹配甚至创造市场变

---

[1] Teece D J, Pisano G, Shuen A. Dynamic capabilities and strategic management [J]. Strategic Management Journal, 1997, 18 (7): 509-533.

[2] Teece D J. Explicating dynamic capabilities: the nature and microfoundations of (sustainable) enterprise performance [J]. Strategic Management Journal, 2007, 28 (13): 1319-1350.

[3] Eisenhardt K M, Martin J A. Dynamic capabilities: what are they? [J]. Strategic Management Journal, 2000, 21 (10): 1105-1121.

化的过程。此定义得到 Zollo 和 Winter 的认同,并得到 Sune 和 Gibb 的证实[1][2]。

Wang 和 Ahmed 则将动态能力界定为不断地整合、重构、更新与再造企业资源、能力的一种行为导向,此行为导向可提升、重建企业核心能力,从而使企业匹配变化的外部环境,最终获取和保持竞争优势[3]。他们的定义融合了能力视角的内涵。

2. 本书对动态能力概念的界定

综合来看,上述学者对动态能力概念进行了较好的界定。虽然上述代表性定义尚未获得一致认同,但三者之间有着内在关联:动态能力作为企业的一种能力,根植于企业发展过程和惯例中,并通过企业行为(活动)表现出来。

依据 Li 和 Liu、Teece 等、Eisenhardt 和 Martin 提出的概念,同时鉴于动态能力概念提出的初衷,本书将动态能力界定为企业重构、更新与再造现有资源以适应环境变化的能力[4][5][6]。

---

[1] Zollo M, Winter S G. Deliberate learning and the evolution of dynamic capabilities [J]. Organization Science, 2002, 13 (3): 339-351.

[2] Sune A, Gibb J. Dynamic capabilities as patterns of organizational change: an empirical study on transforming a firm's resource base [J]. Journal of Organizational Change Management, 2015, 28 (2): 213-231.

[3] Wang C L, Ahmed P K. Dynamic capabilities: a review and research agenda [J]. International Journal of Management Reviews, 2007, 9 (1): 31-51.

[4] Li D, Liu J. Dynamic capabilities, environmental dynamism and competitive advantage: evidence from China [J]. Journal of Business Research, 2014, 67 (1): 2793-2799.

[5] Teece D J, Pisano G, Shuen A. Dynamic capabilities and strategic management [J]. Strategic Management Journal, 1997, 18 (7): 509-533.

[6] Eisenhardt K M, Martin J A. Dynamic capabilities: what are they? [J]. Strategic Management Journal, 2000, 21 (10): 1105-1121.

1.3.3 价值创造

1. 现有研究对价值创造概念的界定

理论研究中一般将企业价值创造简称为价值创造。对企业价值及其管理问题的关注使得价值创造问题成为管理学术界关注的重要问题。梳理现有文献后，可发现财务管理、战略管理和营销管理等管理领域对价值创造问题进行了较多的研究，但并未对价值创造的概念进行明确的界定。鉴于此，本书根据这三个领域对价值创造问题的关注点，归纳出价值创造在各个领域中形成的概念。

总体而言，孙艳霞认为价值创造可理解为利用各种要素为企业创造的效益。但在管理学的不同领域中，学者们的解读有所不同[1]。王世权认为，在财务管理领域中，学者们主要从资本结构、投融资、股利分配与盈余管理等角度来考察财务资本（或者物质资本）对价值创造的作用，按照这个逻辑，可将价值创造概念界定为运用财务资本为企业创造的效果[2]。

20世纪80年代，战略管理领域开始对价值创造问题进行研究，该领域的学者主要从资源或能力的视角研究企业异质性资源对价值创造的作用，依此逻辑，可将价值创造概念界定为利用资源或能力为企业创造的价值。

20世纪90年代，营销管理领域对价值创造问题日益关注，该领域的学者主要研究客户资源对价值创造的作用，依此逻辑，可将价值创造概念界定为企业运用客户资源为企业创造的效果。

2. 本书对价值创造概念的界定

鉴于本书主要研究 SCSR、动态能力对价值创造的作用，且 SCSR、动态

---

[1] 孙艳霞. 基于不同视角的企业价值创造研究综述 [J]. 南开经济研究, 2012 (1): 145 – 153.
[2] 王世权. 试论价值创造的本原性质、内在机理与治理要义——基于利益相关者治理视角 [J]. 外国经济与管理, 2010, 32 (8): 10 – 17.

能力、环境动态性与价值创造都是战略管理领域中被关注的重要研究对象；因此，本书将价值创造界定为企业借助现有资源实施某种战略的行为而产生的效果。

1.3.4 环境动态性

1. 现有研究对环境动态性概念的界定

学者们从多个角度定义了环境动态性。Duncan 首次提到了环境动态性，认为其包括环境的动态性与复杂性两个方面[1]。Dess 和 Beard 从两个方面界定了环境动态性，认为环境动态性是指环境不确定的程度及其变化的速度[2]。Miller 则从研发活动、产品（服务）创新、行业技术与环境中增长机会等四个方面的变化界定环境动态性[3]。Kessler 和 Bierly 认为环境动态性包括两个方面的动态性：一是人口系统的动态性，二是技术发展的动态性[4]。陈国权和王晓辉认为环境动态性是一种变化程度，包括两个方面：一方面是客户、合作伙伴等利益相关者行为或需求的变化程度；另一方面是行业趋势、技术创造等方面的变化程度[5]。何悦桐则认为环境动态性包括技术更新和市场更新的速度两个方面[6]。

---

[1] Duncan R B. Characteristics of organizational environments and perceivedenvironmental uncertainty [J]. Administrative Science Quarterly, 1972, 17 (3): 313-327.

[2] Dess G G, Beard D W. Dimensions of organizational task environments [J]. Administrative Science Quarterly, 1984, 29 (1): 52-73.

[3] Miller D. The structural and environmental correlates of business strategy [J]. Strategic Management Journal, 1987, 8 (1): 55-76.

[4] Kessler E H, Bierly P E. Is faster really better? An empirical test of the implications of innovation speed [J]. IEEE Transactions on Engineering Management, 2002, 49 (1): 2-12.

[5] 陈国权, 王晓辉. 组织学习与组织绩效: 环境动态性的调节作用 [J]. 研究与发展管理, 2012, 24 (1): 52-59.

[6] 何悦桐. 动态环境下组织学习与战略柔性对企业技术创新的影响研究 [D]. 长春: 吉林大学, 2013.

2. 本书采用的环境动态性概念

综上所述,本书认同并采用 Dess 和 Beard 的定义,认为环境动态性是指环境不确定的程度及其变化的速度[①]。

[①] Dess G G, Beard D W. Dimensions of organizational task environments [J]. Administrative Science Quarterly, 1984, 29 (1): 52-73.

1.4 主要研究方法说明

1.4.1 定性与定量方式相结合

本书采用定性与定量相结合的方式，系统研究 SCSR 影响价值创造的内在机制与边界条件，主要体现在构建理论模型及检验此模型效用的研究中：通过理论分析的定性方法，归纳与推演 SCSR、动态能力、环境动态性与价值创造四个变量间的假设关系，并构建四个变量间关联性的概念模型，在此基础上，采用实证分析方式，检验模型的效用。

1.4.2 文献回顾与实地访谈相结合

本书作者大量阅读了有关 SCSR 和动态能力理论的文献，充分研究了当前的理论整体情况；在此基础上，实地考察企业，开展相关研究，为构建新的概念模型，同时也为剖析 SCSR、动态能力、环境动态性与价值创造四个变量之间的相互影响关系奠定了坚实的基础。

1.5 基本思路和内容安排

1.5.1 总体思路

本书的总体思路为：基于现实与理论背景，以资源基础论与适配论为基础，构建包含SCSR、动态能力、环境动态性与价值创造四个变量的概念模型，在此基础上，借助相关软件，采用实证分析方式，对该模型进行检验（见图1.2）。

1.5.2 内容安排

根据上述思路，本书围绕SCSR、动态能力、环境动态性与价值创造四个变量间的相互影响关系展开系统的研究，具体内容安排如下。

第1章，绪论。本章主要阐述研究背景、研究目的与意义、主要概念、主要研究方法、总体思路与内容安排等方面的内容。

第2章，文献综述。本章主要围绕SCSR和动态能力的相关理论展开文献回顾，以此把握这些理论观点的内在逻辑与核心要素，为本书研究假设的提出与概念模型的构建奠定文献基础。

第3章，探索性案例研究。首先，简要介绍研究的目的和研究方法；其次，阐述研究设计的情况；最后，提出初始研究命题。

第4章，理论基础、研究假设与概念模型。首先，阐述资源基础论与适配论的主要观点；其次，阐明本书所涉及的变量间存在的基本逻辑；再次，提出相应的研究假设；最后，构建SCSR、动态能力、环境动态性与价值创造间关联性的概念模型。

第5章，实证研究设计与方法。本章对研究设计、问卷设计、数据收集和数据分析方法等四个方面的情况进行详细阐述。

第6章，实证研究分析与解释。首先，通过验证性因子分析，交叉验证

SCSR、动态能力、环境动态性与价值创造四个变量的量表；其次，对这四个变量进行描述性分析、共同方法偏差检验、相关性分析与方差分析；最后，利用调研数据，通过结构方程模型分析与多元回归分析，对包含四个变量的理论模型进行实际验证，检验第4章提出的研究假设。

　　第7章，研究结论与展望。本章从四个方面对全书进行概括与总结：一是围绕研究目标，报告本书得出的重要结论，并将其与前人的研究进行比较；二是阐述理论贡献；三是提出对企业的实务建议；四是指出存在的不足；五是对未来可能的研究方向进行展望。

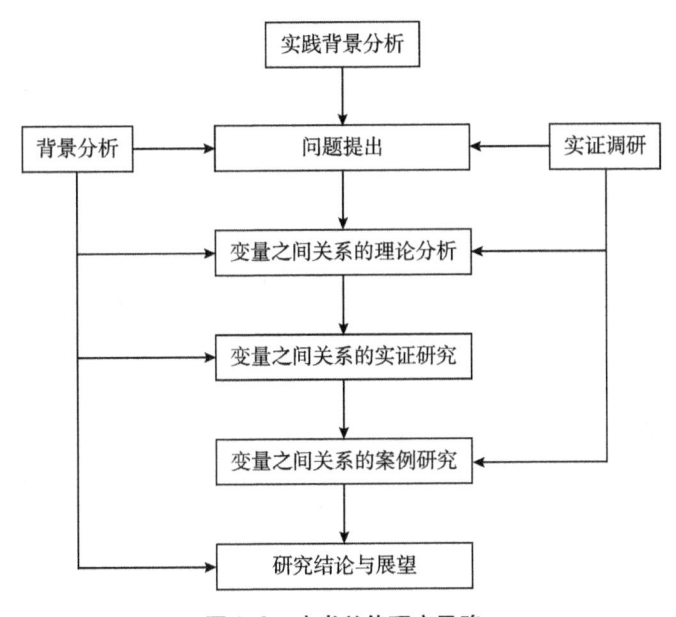

图 1.2　本书总体研究思路

第 2 章

文献综述

2.1　从企业社会责任到战略性企业社会责任的演进逻辑

从 CSR 与 SCSR 的内在关联来看，SCSR 研究脱胎于 CSR 研究，是对 CSR 研究的深化和延伸。

SCSR 概念的出现及其研究的推进主要源于以下两方面的发展。

一是源于 CSR 规范性研究推动的概念演进。Carroll 认为自 20 世纪 50 年代现代 CSR 研究开始以来，随着 CSR 规范性研究的拓展和深入，CSR 概念不断演进，并呈现一条清晰的演进线索：狭义的 CSR（20 世纪 50 年代出现）—企业社会回应（20 世纪 70 年代诞生）—企业社会表现（20 世纪 80 年代形成）—企业公民（20 世纪 90 年代产生）[1][2]。在企业社会回应阶段，为寻求社会压力的应对之策，学者们开始从战略的角度思考 CSR，提出了企业社会回应战略。随着 CSR 概念的演进，Carroll 提出企业社会绩效概念模型，三重底线战略与利益相关者管理战略也相继被提出。在此过程中，王水嫩等认为 CSR 研究与战略管理研究逐渐交叉和融合[3]。

二是源于学者们对 CSR 与企业绩效关系的孜孜以求。自 20 世纪 70 年代以来，CSR 与企业绩效的关系一直是理论界与实务界关注的一个热点问题。然而，学者们尽管为之进行了持久和深入的实证研究，但在两者的关系问题上仍未取得一致的结论。为寻求此问题的破解之道，王水嫩等学者采用新思路，从战略角度研究 CSR，"研究如何战略性地选择和实施 CSR 行为以提升企业绩效"。在此情形下，CSR 研究与战略管理研究的关系更

---

[1] Carroll A B. The pyramid of corporate social responsibility: toward the moral management of organizational stakeholders [J]. Business Horizons, 1991, 34 (4): 39–48.
[2] 沈洪涛，沈艺峰. 公司社会责任思想起源及演变 [M]. 上海：上海人民出版社，2007：111–115.
[3] 王水嫩，胡珊珊，钱小军. 战略性企业社会责任研究前沿探析与未来展望 [J]. 外国经济与管理，2011, 33 (11)：57–64.

为紧密。

在上述两方面因素作用下，Burke 和 Logsdon 于 1996 年首次提出了 SCSR 概念，由此拉开了 SCSR 研究的序幕。

2.2 战略性企业社会责任的相关研究

自 Burke 和 Logsdon 于 1996 年首次提出 SCSR 概念以来,国内外有关 SCSR 的理论和实证研究逐渐增多。通过文献的系统梳理和归纳,围绕本书的研究主题,将相关的理论探讨归纳为以下三个方面。

2.2.1 战略性企业社会责任的概念界定

SCSR 研究脱胎于 CSR 研究,是对 CSR 研究的延伸和深化。因此,学者们大都选择在 CSR 研究的基础上对 SCSR 概念进行界定。分析有关界定 SCSR 的文献后,发现可从履行 CSR 的结果、态度和动机视角,对 SCSR 概念的界定情况进行归纳,如表 2.1 所示。

表 2.1 SCSR 概念的界定情况

学者	时间	态度	动机	结果	具体的界定
Burke 和 Logsdon	1996			√	Burke 和 Logsdon 首次提出了 SCSR 概念,认为只有给企业带来重大的商业利益,特别是通过支持核心商业活动而在完成企业的使命过程中实现企业效益的 CSR 才是战略性的
Lantos	2001	√	√		Lantos 从企业履行 CSR 的态度和动机的角度,将 CSR 区分为伦理 CSR、慈善 CSR 和 SCSR,认为 SCSR 是有利于社会和企业的善举,与战略性慈善可等同而视
Baron	2001		√		Baron 从履行 CSR 动机的角度区分 CSR 行为与非 CSR 行为,将 SCSR 界定为使企业社会绩效对企业财务绩效产生正面影响的行为

续表

学者	时间	界定视角 态度	界定视角 动机	界定视角 结果	具体的界定
Porter 和 Kramer	2006			√	Porter 和 Krame 将 CSR 区分为反应性 CSR 和 SCSR，并将 SCSR 界定为把企业的重要资源和注意力投向那些将 CSR 与战略有机结合的业务活动中，创造共享的价值，实现企业经济效益和社会效益的行为
Jamali	2007	√	√		Jamali 从履行 CSR 的态度和动机的角度将 CSR 区分为强制性 CSR、自愿性 CSR（包括 SCSR 和利他性 CSR），认为 SCSR 是将 CSR 与企业战略、核心业务等相结合，旨在获得企业效益和社会效益双重回报的 CSR 行为
McWilliams 和 Siegel	2011			√	McWilliams 和 Siegel 从企业创造和获取价值的视角，将 SCSR 界定为"能够使企业获取持续竞争优势的任何'负责'的活动"

资料来源：作者根据相关文献整理。

1. 履行 CSR 结果的视角

Burke 和 Logsdon、Porter 和 Kramer、McWilliams 和 Siegel 侧重于从履行 CSR 的结果这一视角对 SCSR 概念进行界定。Burke 和 Logsdon 首次提出了 SCSR 概念，认为只有给企业带来重大的商业利益，特别是通过支持核心商业活动而在完成企业的使命过程中实现企业效益的 CSR 行为才是 SCSR 行为[①]。由此可以看出，他们认为 CSR 行为要实现企业经济效益和社会效益的双重目标

---

① Burke L, Logsdon J M. How corporate social responsibility pays off [J]. Long-Range Planning, 1996, 29 (4): 495 – 502.

是有条件的。Porter 和 Kramer 认为企业与社会是相互依赖的，因而当企业进行战略考量而将其大量的资源投入有利于社会的活动时，CSR 可以成为社会进步与企业竞争优势的来源[1]。在此基础上，他们将 CSR 区分为反应性 CSR 与 SCSR，并将 SCSR 界定为把企业的重要资源和注意力投向那些将 CSR 与战略有机结合的业务活动中，创造共享的价值，实现企业经济效益和社会效益的行为。McWilliams 和 Siegel 也是从履行 CSR 的结果的视角，具体是从企业创造和获取价值的视角，将 SCSR 界定为"能够使企业获取持续竞争优势的任何'负责'的活动"[2]。

2. 履行 CSR 态度和动机的视角

Lantos、Baron 和 Jamali 三位学者侧重于从履行 CSR 的态度和动机的视角界定 SCSR。Lantos 在回顾 CSR 概念的基础上，首先从企业履行 CSR 的态度和动机的角度，将 CSR 区分为伦理 CSR、慈善 CSR 与 SCSR；其次，他认为企业的盈利动机是区分 SCSR 与慈善 CSR 的关键；最后，他认为 SCSR 是有利于社会和企业的善举，与战略性慈善可等同而视[3]。Baron 则认为应从履行 CSR 动机的角度区分 CSR 行为与非 CSR 行为，并为 CSR 行为贴上标签。因此，通过企业社会绩效评价 CSR 时，就不应忽视企业行为的动机[4]。在此基础上，他将 SCSR 界定为使企业社会绩效对企业财务绩效产生正面影响的行为。在多位学者研究的基础上，Jamali 从履行 CSR 态度的视角，对 Carroll 的金字塔模型进行修正，将 CSR 区分为自愿性 CSR 与强制性 CSR；强制性 CSR 包括 Car-

---

[1] Porter M E, Kramer M R. Strategy and society: the link between competitive advantage and corporate social responsibility [J]. Harvard Business Review, 2006, 84 (2): 78 – 93.

[2] McWilliams A, Siegel D S. Creating and capturing value: strategic corporate social responsibility, resource – based theory and sustainable competitive advantage [J]. Journal of Management, 2011, 37 (5): 1480 – 1495.

[3] Lantos G P. The boundaries of strategic corporate social responsibility [J]. Journal of Consumer Marketing, 2001, 18 (7): 595 – 632.

[4] Baron D. Private politics, corporate social responsibility and integrated strategy [J]. Journal of Economics and Management Strategy, 2001 (10): 7 – 45.

roll 提出的经济责任、法律责任与伦理责任,自愿性 CSR 是指自我裁量的责任[1][2][3][4][5]。在此基础上,他从履行 CSR 的动机视角,将自愿性 CSR 区分为 SCSR 与利他性 CSR。他认为 SCSR 是将 CSR 与企业战略、核心业务等相结合,旨在获得企业效益和社会效益双重回报的 CSR 行为。比较来说,Jamali 对 SCSR 概念的界定更为全面和合理,王水嫩等学者认为,其研究"有助于理清 SCSR 概念以及把握 SCSR 的本质属性"[6]。

整体而言,上述学者对 SCSR 概念的界定有助于我们加深对 SCSR 的认识,也有助于进一步探索 SCSR 的构成要素及对其进行测量研究。在此基础上,可采用整合的视角,对 SCSR 概念进行更为全面的研究,以深入开展 SCSR 的相关研究。

2.2.2 战略性企业社会责任的理论结构及其测量

从已公开发表的外文文献来看,Burke、Logsdon、Husted、Allen、Bhattacharyya 等五位学者发表了四篇论文,对 SCSR 的理论结构及其测量进行了研究,其研究情况如表 2.2 所示。

Burke 和 Logsdon 认为只有给企业带来重大的商业利益,特别是通过支持核心商业活动而在完成企业的使命过程中实现企业效益的 CSR 行为才是 SCSR 行为,并认为可从中心性、专用性、前瞻性、自愿性与可见性五个方面从

---

[1] Lantos G P. The boundaries of strategic corporate social responsibility [J]. Journal of Consumer Marketing, 2001, 18 (7): 595 – 632.

[2] Baron D. Private politics, corporate social responsibility and integrated strategy [J]. Journal of Economics and Management Strategy, 2001 (10): 7 – 45.

[3] Porter M E, Kramer M R. Strategy and society: the link between competitive advantage and corporate social responsibility [J]. Harvard Business Review, 2006, 84 (2), 78 – 93.

[4] Jamali D. The case for strategic corporate social responsibility in developing countries [J]. Business and Society Review, 2007, 112 (1): 1 – 27.

[5] Carroll A B. The pyramid of corporate social responsibility: toward the moral management of organizational stakeholders [J]. Business Horizons, 1991, 34 (4): 39 – 48.

[6] 王水嫩,胡珊珊,钱小军. 战略性企业社会责任研究前沿探析与未来展望 [J]. 外国经济与管理, 2011, 33 (11): 57 – 64.

表2.2 SCSR结构研究的情况汇总

学者	时间	研究方法	研究结果					
Burke 和 Logsdon	1996	定性	中心性	专用性	前瞻性	自愿性	可见性	
Husted 和 Allen	2007	定性与定量		专用性		自愿性	可见性	
Husted 和 Allen	2009	定性与定量	中心性			自愿性	可见性	
Bhattacharyya	2010	定性	中心性	计划性	前瞻性	长期性	承诺性	嵌入性

资料来源：作者根据相关文献整理。

CSR 行为中识别出 SCSR 行为，由此他们将之归为 SCSR 理论结构的 5 个维度[1]。

以 Burke 和 Logsdon 的研究为基础，Husted 和 Allen 对 SCSR 的结构进行了测量，实际验证了 SCSR 的理论结构维度[2][3]。2007 年，他们在定性访谈的基础上，以西班牙大型企业为例，采用 110 份有效样本，以企业高层管理者作为对象，对 SCSR 进行因子分析，并检验了其信度和效度。其研究结果使 Burke 和 Logsdon（1996）所提出的 SCSR 的专用性、自愿性、可见性等三个维度得到了实际验证，这就说明 SCSR 是一个三维度的结构。2009 年，他们收集了墨西哥 111 家跨国企业子公司的有效样本数据，采用同样的方法和流程，研究结果使 Burke 和 Logsdon（1996）所提出的 SCSR 的中心性、自愿性、可见性等三个维度得到了实际验证。

在上述四位学者研究的基础上，Bhattacharyya 整合战略管理和 CSR 领域的主要研究文献，借助利益相关者理论和资源基础论，创造性地"发明"了

---

[1] Burke L, Logsdon J M. How corporate social responsibility pays off [J]. Long-Range Planning, 1996, 29 (4): 495-502.

[2] Husted B W, Allen D A. Strategic corporate social responsibility and value creation among large firms: lessons from the Spanish experience [J]. Long-Range Planning, 2007 (40): 594-610.

[3] Husted B W, Allen D A. Strategic corporate social responsibility and value creation: a study of multinational enterprises in Mexico [J]. Management International Review, 2009 (49): 781-799.

"四层过滤网",借助该过滤网,从六个方面将 SCSR 从 CSR 行为中提炼出来,以此探寻 SCSR 的理论结构,如图 2.1 所示①。其具体做法为:一是借助意图过滤网,过滤出具有计划性、前瞻性的 CSR 行为;二是借助中心过滤网,过滤出有助于实现企业使命和愿景的 CSR 行为;三是借助承诺过滤网,过滤出

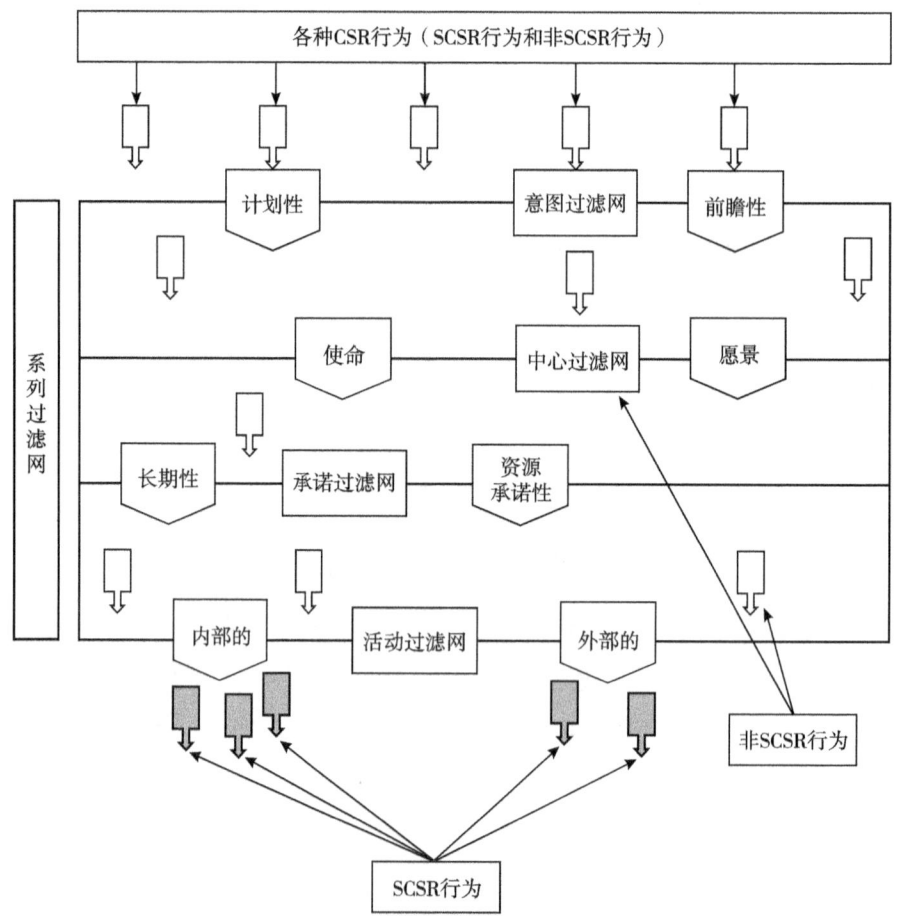

图 2.1 区分 SCSR 行为与非 SCSR 行为的过滤网

资料来源:Bhattacharyya S S. Exploring the concept of strategic corporate social responsibility for an integrated perspective [J]. European Business Review, 2010, 22 (1): 82–101.

---

① Bhattacharyya S S. Exploring the concept of strategic corporate social responsibility for anintegrated perspective [J]. European Business Review, 2010, 22 (1): 82–101.

具有长期性和资源承诺性的 CSR 行为；四是借助活动过滤网，过滤出有利于营造企业开展内外部活动的环境的 CSR 行为。通过这四层过滤网的 CSR 行为才可视为 SCSR 行为，否则只是一般性 CSR 行为。由此他提炼出 SCSR 的六个维度：中心性、计划性、前瞻性、长期性、资源承诺性和有助于企业有效开展活动的嵌入性。

综合来看，上述五位学者从 CSR 的特征视角，对 SCSR 进行了理论研究和实际验证：Burke、Logsdon、Bhattacharyya 三位学者对 SCSR 的理论结构进行了定性研究，而 Husted 和 Allen 两位学者则对 SCSR 的结构进行了定量研究。他们对 SCSR 结构研究的贡献各有侧重：Burke 和 Logsdon 首次提出了 SCSR 的五个维度，Husted 和 Allen 两次对这五个维度结构进行了实际验证，而 Bhattacharyya 则对前四位学者的研究成果进行了高度的概括，并提炼出 SCSR 的六个维度。这些研究为识别 SCSR 行为、探索 SCSR 的构成要素与测量 SCSR 奠定了良好的基础。

2.2.3 战略性企业社会责任的影响

目前，Russo 和 Fouts、Clarkson、Donaldson 和 Preston、Campbell、McWilliams 和 Siegel 等学者主要基于资源基础论、利益相关者理论、制度理论和微观经济学理论等对 CSR 的影响进行研究[1][2][3][4][5][6]。由于 SCSR 研究是对 CSR

---

[1] Russo M V, Fouts P A. A resource – based perspective on corporate environmental performance and profitability [J]. Academy of Management Journal, 1997, 40 (3): 534 – 559.

[2] Clarkson M E. A stakeholder framework for analyzing and evaluating corporate social performance [J]. Academy of Management Review, 1995, 20 (1): 92 – 117.

[3] Donaldson T, Preston L E. The stakeholder theory of the corporation: concepts, evidence and implications [J]. Academy of Management Review, 1995, 20 (1): 65 – 91.

[4] Campbell J L. Why would corporations behave in socially responsible ways? An institutional theory of corporate social responsibility [J]. Academy of Management Review, 2007, 32 (3): 946 – 967.

[5] McWilliams A, Siegel D S. Corporate social responsibility: a theory of the firm perspective [J]. Academy of Management Review, 2001, 26 (1): 117 – 127.

[6] McWilliams A, Siegel D S. Additional reflections on the strategic implications of corporate social responsibility [J]. Academy of Management Review, 2002, 27 (1): 15 – 16.

研究的延伸与深化，一些学者很自然地将这些理论视角引入对 SCSR 结果的研究中。此外王水嫩等学者认为，SCSR 是 CSR 研究与战略管理研究相交叉、融合而产生的一个新的研究议题，加之 Porter 在战略管理领域内影响甚大，因此其所提出的竞争优势理论也被引入 SCSR 影响的研究中[①]。学者们借助上述理论观点，从 SCSR 对企业竞争优势的影响、对企业绩效的影响、对价值创造的影响[②]等方面展开有关 SCSR 影响的研究。

1. SCSR 对企业竞争优势的影响

王水嫩等认为 SCSR 是 CSR 研究与战略管理研究相交叉、融合而产生的一个新的研究议题，而企业竞争优势之源又是战略管理领域的一个经久不衰的话题。因此，SCSR 是否能够使得企业获取竞争优势就成为战略管理研究者所钟爱的一个研究议题[③]。

McWilliams 和 Siegel 借助微观经济学理论和资源基础论的观点，探寻 SCSR 对企业竞争优势的影响。他们认为企业可通过适当的研发投入而将 CSR 特质嵌入产品的生产过程中，进行与 CSR 相关联的流程和产品创新，从而实现产品差异化，获取产品的溢价[④]。如此而为，企业既对利益相关者履行了社会责任，又获得了额外的收益，可实现企业和社会的双重价值。

战略性慈善行为实为 SCSR 的一种行为，可成为企业竞争优势之源（见案例专栏1）。然而，很多企业不谙此道，Porter 和 Kramer 就认为很多企业是"被迫"行善。因此，企业需要战略性地行善，其实质是告诉人们做慈善要注

[①] 王水嫩，胡珊珊，钱小军. 战略性企业社会责任研究前沿探析与未来展望 [J]. 外国经济与管理，2011, 33 (11): 57–64.
[②] 在第2.4节，本书将系统阐述 SCSR 对价值创造的影响，故在此部分不过多阐述。
[③] 王水嫩，胡珊珊，钱小军. 战略性企业社会责任研究前沿探析与未来展望 [J]. 外国经济与管理，2011, 33 (11): 57–64.
[④] McWilliams A, Siegel D S. Corporate social responsibility: a theory of the firm perspective [J]. Academy of Management Review, 2001, 26 (1): 117–127.

重方法，以达到企业和社会都获益的目的①。

Madsen 和 Rodgers 对此予以了证实②。他们通过实证研究发现，采用实物捐赠形式进行赈灾③，比只采用货币形式会更加受到利益相关者的关注，并给企业带来其他企业所不能获取的收益。他们的研究支持了 Porter 和 Kramer 的研究结论：战略性慈善可创造企业和社会共享的价值，助力企业获取竞争优势。

McWilliams 和 Siegel 借助资源基础理论和微观经济学理论的观点，分析认为 SCSR 可使企业获得具有某些特性的战略性资源，进而使得企业获取竞争优势④。

Cantrell 等人也借鉴资源基础论的观点，运用 VRIO 分析框架⑤，理论上阐明了 CSR 供给（承担/履行）过程能发展出一种可使企业获取竞争优势的动态能力⑥。他们的研究表明了两点：一是企业可通过对利益相关者进行有效的管理⑦，使得 CSR 供给为企业带来无形的回报；二是在实践中，CSR 项目的管理者应特别注重将 CSR 行为与战略管理相结合，以此获得关键利益相关者的认同，获取企业竞争优势。由此可看出，Cantrell 等人（2015）遵循"CSR 供给过程—动态能力—主要利益相关者管理—企业竞争优势"的逻辑，借鉴

---

① Porter M E, Kramer M R. The competitive advantage of corporate philanthropy [J]. Harvard Business Review, 2002, 80 (12): 56 – 69.

② Madsen P M, Rodgers Z J. Looking good by doing good: the antecedents and consequences of stakeholder attention to corporate disaster relief [J]. Strategic Management Journal, 2015 (36): 776 – 794.

③ 采用实物捐赠形式进行赈灾是一种战略性慈善行为。

④ McWilliams A, Siegel D S. Creating and capturing value: strategic corporate social responsibility, resource – based theory and sustainable competitive advantage [J]. Journal of Management, 2011, 37 (5): 1480 – 1495.

⑤ VRIO 分析框架是由 Barney（2003）开发的，其中 V 代表价值（Value），指的是企业的资源或能力可否使企业对环境或威胁做出合适的反应；R 代表稀缺性（Rarity），指的是企业拥有的资源或能力在市场竞争中的稀缺程度；I 代表难于模仿性（Inimitability），指的是企业拥有的资源或能力能被竞争对手所模仿和替代的程度；O 代表组织（Organization），指的是企业能否对拥有的资源或能力进行适当的组织。

⑥ Cantrell J E, Kyriazis E, Noble G. Developing CSR giving as a dynamic capability for salient stakeholder management [J]. Journal of Business Ethics, 2015, 130 (2): 403 – 421.

⑦ 在实现企业目标的过程中，有效地执行企业的战略。

资源基础论、战略认知理论与利益相关者理论的观点，将CSR、战略与利益相关者三者有机地结合在一起，拓展了CSR的研究视野，为我们进一步研究CSR的相关者问题提供了借鉴，同时，为企业管理者通过CSR活动管理关键利益相关者和获取竞争优势提供了可操作化的思路。

2. SCSR对企业绩效的影响

目前，学者主要从定性的角度对SCSR与企业绩效的关系进行研究。基于资源基础论和竞争力理论，在界定SCSR和SCSR适配概念的基础上，从适配论视角阐明了以下因果关系：SCSR对企业绩效能够施加积极的影响，SCSR活动社会效果在SCSR与企业绩效间起中介作用，而利益相关者群体SCSR活动归因在两者间起调节作用。他们从适配视角，理论上揭示了SCSR与企业绩效间存在的内在机制和边界条件，为探寻SCSR通过什么样的机制和在什么样的条件下对企业绩效产生作用提供了借鉴，也为企业管理者运用战略性思维配置CSR的资源及加强关键利益相关者对SCSR活动的感知提供了借鉴。此外，Orlitzky等借助微观经济学理论、资源基础论与交易成本理论的观点，阐释了SCSR的理论基础，认为SCSR是能够提升企业竞争力和声誉的自愿性行为，可促进企业经济绩效的提升[1]（见案例专栏1）。

比较遗憾的是，当前关于SCSR与企业绩效关系的实证文献尚不多见，这可能与SCSR测量维度的研究不够成熟有重要的关系。因此，未来需要加强对SCSR的测量研究，并在此基础上，实证分析SCSR与企业绩效的关系。

综合来看，上述学者主要以定性的方式对SCSR的影响进行了有力的探索，有助于探明SCSR与其结果的关系。未来要进一步加强的是，以定性和定量相结合的方式，通过探索性案例研究和大样本调查，进一步探寻SCSR在什么样的条件下和通过什么样的机制对其结果产生影响，从而揭示SCSR影响其

---

[1] Orlitzky M, Siegel D S, Waldman D A. Strategic corporate social responsibility and environmental sustainability [J]. Business & Society, 2011, 50 (1): 6-27.

结果的机理。

近年来,在西方 SCSR 理论研究和全球化 CSR 浪潮的推动下,中国学者就 SCSR 问题也进行了广泛的探索,其研究内容主要涉及以下五个方面。

第一,彭雪蓉和刘洋、邵兴东和孟宪忠、杨希娟和成瑾、顾建莉、麦影等研究了 SCSR 对企业竞争优势的影响;王译靖、张虹凯、齐义山和黄忠东、华海祥等研究了 SCSR 对企业绩效的影响;胡珊珊、王翔等了研究了 SCSR 对企业竞争力的影响[1][2][3][4][5][6][7][8][9][10][11]。

第二,李智彩和范英杰、张书莲、眭文娟等、王水嫩等对 SCSR 的文献综述[12][13][14][15]。

---

[1] 彭雪蓉,刘洋. 战略性企业社会责任与竞争优势:过程机制与权变条件 [J]. 管理评论, 2015, 27 (7): 156 – 167.

[2] 邵兴东,孟宪忠. 战略性社会责任行为与企业持续竞争优势来源的关系——企业资源基础论视角下的研究 [J]. 经济管理, 2015, 37 (6): 56 – 65.

[3] 杨希娟,成瑾. 战略型企业社会责任与企业竞争优势分析——以中华老字号企业为例 [J]. 工业经济论坛, 2015, 2 (1): 87 – 98.

[4] 顾建莉. 企业战略性慈善捐赠与企业竞争优势研究——以浙江民营公司为例 [D]. 宁波:宁波大学, 2014.

[5] 麦影. 战略性 CSR 与企业竞争优势研究 [J]. 特区经济, 2009 (4): 303 – 304.

[6] 王译靖. 战略性企业社会责任与财务绩效关系研究 [D]. 杭州:浙江财经大学, 2015.

[7] 张虹凯. 央企战略性社会责任管理体系与财务绩效研究 [D]. 杭州:浙江财经大学, 2015.

[8] 齐义山,黄忠东. 战略性企业社会责任、开放式创新与企业绩效的关系——以江苏制造业为例 [J]. 经济体制改革, 2014 (6): 116 – 120.

[9] 华海祥. 战略性慈善观下企业捐赠与财务绩效的相关性研究——基于对沪市 A 股上市公司的实证分析 [J]. 商场现代化, 2011 (14): 48 – 49.

[10] 胡珊珊. 战略型企业社会责任形成竞争力的机理研究 [D]. 杭州:浙江师范大学, 2012.

[11] 王翔. 企业战略性社会责任及其竞争力培育研究 [D]. 武汉:武汉理工大学, 2010.

[12] 李智彩,范英杰. 生态文明视野下企业绿色经营研究 [J]. 财会研究, 2014 (8): 77 – 78.

[13] 张书莲. 我国战略性企业社会责任研究进展 [J]. 商业时代, 2014 (15): 108 – 109.

[14] 眭文娟,谭劲松,张慧玉. 企业社会责任行为中的战略管理视角理论综述 [J]. 管理评论, 2012, 9 (3): 345 – 455.

[15] 王水嫩,胡珊珊,钱小军. 战略性企业社会责任研究前沿探析与未来展望 [J]. 外国经济与管理, 2011, 33 (11): 57 – 64.

第三，彭雪蓉和刘洋、朱文忠对 SCSR 的概念界定[①][②]。

第四，郑海东等、罗卫研究对 SCSR 的识别，许英杰和石颖、尹珏林和杨俊研究 SCSR 的影响因素[③][④][⑤][⑥]。

第五，邵兴东和孟宪忠、陈爽英等对 SCSR 的典型个案研究[⑦][⑧]。

[①] 彭雪蓉，刘洋. 战略性企业社会责任与竞争优势：过程机制与权变条件 [J]. 管理评论，2015，27 (7)：156 – 167.

[②] 朱文忠. 战略性企业社会责任概念界定与动因分析 [J]. 战略决策研究，2010 (2)：80 – 86.

[③] 郑海东，孙宽莉，张音. 社会责任纳入企业战略的识别要素研究 [J]. 软科学，2015，29 (7)：30 – 34.

[④] 罗卫. 战略性 CSR 活动识别的概念性模型构建 [J]. 商业时代，2011 (1)：59 – 61.

[⑤] 许英杰，石颖. 中国上市公司战略性社会责任影响因素研究——以沪深 300 指数企业为例 [J]. 经济体制改革，2014 (4)：120 – 124.

[⑥] 尹珏林，杨俊. 可持续竞争优势新探源——战略性企业社会责任整合性研究框架 [J]. 未来与发展，2009，(6)：63 – 68.

[⑦] 邵兴东，孟宪忠. 转型期中国企业战略性社会责任——以华为和碧桂园为例 [J]. 经济与管理研究，2015，36 (9)：121 – 129.

[⑧] 陈爽英，井润田，刘德山. 企业战略性社会责任过程机制的案例研究——以四川宏达集团为例 [J]. 管理案例研究与评述，2012，5 (3)：146 – 156.

2.3 动态能力的相关研究

20世纪90年代以来，随着科技、生产力水平的提高与市场机制的广泛建立，世界经济全球化发展步伐加快，使得企业赖以生存和发展的外部环境不断发生变化。Wernerfelt、Barney、Peteraf等学者基于资源基础论（Resource-Based View，RBV）重点研究现有的异质性资源以及该资源如何使企业获取并保持竞争优势，未考虑到外部环境的动态变化，Ambrosini 和 Bowman、Teece认为资源基础论难以有效解释企业如何在动态的环境中获取和保持竞争优势[1][2][3][4][5]。为弥补该理论的不足，Teece 和 Pisano 于1994年首次提出了动态能力概念，以有效地解释企业如何在动态的环境中获取和保持竞争优势[6]。

经过二十多年的发展，国外有关动态能力的理论和实证研究成果日渐丰富。深入研究这些成果后，可发现国外学者在动态能力的概念、理论结构和测量、影响等方面取得了较大的研究进展。下文将围绕这三方面，对动态能力的文献进行系统的回顾和评述。

2.3.1 动态能力的概念界定

自 Teece 和 Pisano 于1994年首次提出动态能力的概念以来，国外学者对

---

[1] Wernerfelt B A. Resource-based view of the firm [J]. Strategic Management Journal, 1984 (15): 171-180.

[2] Barney J. Firm resources and sustained competitive advantage [J]. Journal of Management, 1991, 17 (1): 99-120.

[3] Peteraf M A. The cornerstones of competitive advantage: a resource-based view [J]. Strategic Management Journal, 1993, 14 (3): 179-191.

[4] Ambrosini V, Bowman C. What are dynamic capabilities and are they a useful construct in strategic management? [J]. International Journal of Management Reviews, 2009, 11 (1): 29-49.

[5] Teece D J. Explicating dynamic capabilities: the nature and microfoundations of (sustainable) enterprise performance [J]. Strategic Management Journal, 2007, 28 (13): 1319-1350.

[6] Teece D J, Pisano G. The dynamic capabilities of firms: an introduction [J]. Industrial and Corporate Change, 1994, 3 (3): 537-556.

动态能力的认识既有分歧，也有一致。系统梳理有关界定动态能力的文献后，本书通过能力、过程或模式、行为导向等视角，对动态能力概念的界定情况进行归纳，如表 2.3 所示。

表 2.3　动态能力概念界定的代表性研究文献

学者	年份	界定视角 - 能力	界定视角 - 过程或模式	界定视角 - 行为导向	具体的界定
Teece	2016	√			动态能力与常规能力有着明显的不同：常规能力是在正确的时间把事情做正确，而动态能力与做正确的事情有关；动态能力的培育需要关注商业环境、技术变化、复杂的管理编排、以变化为导向的组织文化。具体来说，动态能力包括感知、把握与持续的更新（转化）三种能力
Sune 和 Gibb	2015		√		动态能力是组织变化的模式，具体由增强、转移、整合与分离四种能力构成
Teece	2012	√			动态能力是企业的一种高阶能力，即企业整合、培育、重构内外部资源或技能以应对、塑造快速变化的商业环境的能力
Barreto	2010	√			动态能力是企业系统解决问题的一种潜能，该潜能由感知机会和威胁的倾向、做出及时决策的倾向、做出市场导向的决策倾向与改变企业资源基础的倾向等方面构成
Ambrosini 和 Bowman	2009	√			动态能力是随着外部环境的变化，更新企业现有的、有价值的资源以保持企业竞争优势的一种能力
Wang 和 Ahmed	2007			√	动态能力是企业的一种行为导向，该行为导向不断地整合、重构、更新、再造企业资源和能力

续表

学者	年份	界定视角 能力	界定视角 过程或模式	界定视角 行为导向	具体的界定
Teece	2007	√			动态能力是能使企业实现与外部变化的环境适配的能力，具体可分解为三种能力：感知并辨认机会和威胁的能力，把握机会的能力，通过增强、结合、保护和必要时重构企业有形与无形资产以保持竞争的能力
Helfat 等	2007	√			动态能力是组织有目的地创造、拓展或者更改其资源基础的一种能力
Zahra 等	2006	√			动态能力是企业主要决策者依据其预计和认为正确的方式重构企业资源和惯例的能力
Winter	2003	√			动态能力是能够拓展、更改或创造常规能力的高阶能力，动态能力与常规能力、临时问题解决能力既有区别，又有联系
Zollo 和 Winter	2002		√		动态能力是一种积累性的、可学习的、稳定的模式，通过该模式，组织能系统地创造和改进操作惯例以获得更好的结果
Eisenhardt 和 Martin	2000		√		企业利用资源的过程，特别是指整合、重构、获取和释放资源以匹配甚至创造市场变化的过程
Teece	2000	√			动态能力是企业感知机会并及时、熟练地把握机会的一种能力
Teece 等	1997	√			动态能力是企业的一种高阶能力，即企业整合、培育和重构内外能力以应对快速变化的环境的能力
Teece 和 Pisano	1994	√			动态能力是企业的一种独特的能力，其来源于企业高效的惯例，根植于企业的过程，并受企业的过往影响

资料来源：作者根据相关文献整理。

1. 能力视角

前期主要受资源基础论的影响，后期主要受资源基础论、认知理论与演化经济理论的三重影响，Teece 和其同事在 1994 年至 2016 年的 23 年时间里，一直将动态能力界定为企业的一种高阶能力。其中 Teece 在此方面做出的贡献最大，其发表的一系列著作产生的影响广泛而深远，这与他和同事对动态能力概念进行了持续深入的 5 次界定与 1 次全面阐释[①]有着密切的关系。

Teece 和 Pisano 认为动态能力是企业的一种独特的能力，侧重于两个方面：一是环境变化的特性；二是战略管理在企业适时地调整、整合、重构内外部组织技能、资源和专业技能以适应变化的环境的过程中所发挥的关键作用[②]。在此基础上，经过 3 年的思考，Teece 等于 1997 年更为全面地界定了动态能力的概念，认为动态能力是企业的一种高阶能力，是企业整合、培育和重构内外能力以应对快速变化的环境的能力。他们特别强调应从两个方面对动态能力概念进行理解：一方面，"动态"强调动态能力是更新企业能力以实现企业与变化的商业环境相适应的能力；另一方面，"能力"强调战略管理所发挥的关键作用，即企业在适时地调整、整合、重构内外部组织技能、资源和专业技能以适应变化的环境的过程中所发挥的关键作用。

如果说 1994 年 Teece 和 Pisano 对动态能力概念的界定是一次彩排，那么 1997 年 Teece 等再次对动态能力概念的界定则是正式亮相于学术界。1997 年的这次亮相也受到众多战略管理研究者的追捧，引起 Winter、Zahra、Helfat、Ambrosini、Bowman、Barreto 等学者的重视。Winter 认为过度地把动态能力概

---

① 5 次界定动态能力概念，参考文献为 Teece 和 Pisano（1994）、Teece 等（1997）、Teece（2000）、Teece（2007）、Teece（2012），1 次全面阐释动态能力概念，参考文献为 Teece（2016）。

② Teece D J, Pisano G. The dynamic capabilities of firms: an introduction [J]. Industrial and Corporate Change, 1994, 3 (3): 537 - 556.

念与处理环境变化所带来的一般结果、持续竞争优势的通用范式相联系,很大程度上使得动态能力概念蒙上一层神秘的面纱,给人带来一种困惑[1]。有鉴于此,Winter对常规能力、临时问题解决能力与动态能力进行了区分,认为动态能力是能够拓展、调整和创造普通能力的高阶能力。由此可看出,Winter基本上认同了Teece等于1997年提出的概念,但也提出了自己的见解,并在一定程度上完善了此概念。与Winter的观点相似,Zahra等也给出了动态能力的定义[2]。因为部分学者对动态能力概念进行界定时,Zahra等认为将动态能力本身与其前因、后果相混淆,导致人们对此概念的认识出现"混乱"与"模糊"的情况,因而Zahra等在Winter研究的基础上,把动态能力与基础能力[3]、动态能力的结果、外在环境(动态能力的前因)区分开来,并强调了企业管理者对企业行为的责任,最后定义了动态能力。应当说,Williamson认为Zahra等的界定有利于避免动态能力概念的语义重复问题,Kraatz和Zajac也认为其有利于去除概念模糊的和难以捉摸的面纱[4][5]。

比较而言,Helfat等则更加强调动态能力的目的性及其对资源基础的创造、拓展、更改作用[6]。在他们研究的基础上,Ambrosini和Bowman认为,为准确理解动态能力的概念,避免混淆的情况出现,需要重点考虑两个方面的

---

[1] Winter S G. Understanding dynamic capabilities [J]. Strategic Management Journal, 2003, 24 (10): 991-995.
[2] Zahra S A, Sapienza H J, Davidsson P. Entrepreneurship and dynamic capabilities: a review, model and research agenda [J]. Journal of Management Studies, 2006, 43 (4): 917-955.
[3] Zahra等(2006)将基础能力与Winter(2003)提出的常规能力等同,认为其是指在当前的市场竞争中,企业能够生存下来的能力。
[4] Williamson O E. Strategy research: governance and competence perspectives [J]. Strategic Management Journal, 1999, 20 (12): 1087-1108.
[5] Kraatz M S, Zajac E J. How organizational resources affect strategic change and performance in turbulent environments: theory and evidence [J]. Organization Science, 2001, 12 (5): 632-657.
[6] Helfat C, Finkelstein S, Mitchell W, et al. Dynamic capabilities: understanding strategic change in organizations [M]. Blackwell: Oxford, U. K, 2007.

情况①。一方面要正确理解动态能力中的"能力"一词的含义,而这需要注意两点:其一是不能单独把能力从动态能力分离出来进行理解,而需要把能力与动态能力作为一个整体进行理解;其二是动态能力中的能力是影响资源的过程,而资源基础论中的能力是一种资源,因此不能将两者等同而视。另一方面要考虑到动态能力的动态性是指在动态的环境中,如何通过动态能力改变企业的资源基础,也就是说,动态能力与资源基础的相互作用使得动态性得以发生和体现,也使得企业的资源基础得到优化。由此可看出,Ambrosini 和 Bowman 的定义特别提醒我们在界定动态能力概念时,不但要完整地理解动态能力概念,而且要考虑到 Helfat 等提出的动态能力对资源基础的改变作用。

在上述研究的基础上,Barreto 进一步界定了动态能力概念[2]。他将动态能力定义为系统解决问题的潜力,并强调动态能力是可产生预期结果的一种潜在能力,需要在实际中被运用。这在很大程度上可避免出现语义重复问题,也能避免将动态能力与企业的成功等同,使其更能反映现实。如此看来,在 Zahra 等的研究基础上,Barreto 更细致地把动态能力本身与其结果区分开来,进一步明晰了动态能力概念的内涵与外延。

Teece 等提出那个经典的概念三年之后,Teece 借鉴认知理论的观点,将动态能力界定为企业感知机会并及时、熟练地把握机会的一种能力[3][4]。七年之后,Teece 借鉴认知理论和演化经济学的观点,重申、丰富和完善了此概

---

① Ambrosini V, Bowman C. What are dynamic capabilities and are they a useful construct in strategic management? [J]. International Journal of Management Reviews, 2009, 11 (1): 29 – 49.
② Barreto I. Dynamic capabilities: a review of past research and an agenda for the future [J]. Journal of Management, 2010, 36 (1): 256 – 280.
③ Teece D J, Pisano G, Shuen A. Dynamic capabilities and strategic management [J]. Strategic Management Journal, 1997, 18 (7): 509 – 533.
④ Teece D J. Managing intellectual capital: organizational, strategic and policy dimensions [M]. Oxford University Press, 2000.

念[1]。与 Teece 和其同事前两次对该概念的界定相比，后面这两次的界定使得动态能力的概念内涵发生了较大变化，最重要的变化是：Teece 将感知机会能力、把握机会能力纳入动态能力的概念内涵[2][3]。他把这三种能力视为演化性能力，而把他和同事于 1994 年和 1997 年提出的整合、培育和重构的能力视为 Helfat 等提出的技术适配性能力[4]。Teece 认为：在开放的、快速变化的市场竞争中，演化性能力对企业获取竞争优势，尤其是保持竞争优势更为重要[5]。在 Teece 等、Teece 两次界定的基础上，2012 年 Teece 又对动态能力概念进行了界定[6]。在此次界定中，Teece 认为动态能力决定着企业特殊资源保持一致和重新结合以匹配商业环境的速度与程度。由此，他将"能塑造快速变化的商业环境"的能力纳入动态能力的概念中，以强调动态能力的功效[7]。在这一点上，Teece 的看法与 Eisenhardt 和 Martin 保持一致[8]。四年之后，Teece 对其之前关于动态能力概念内涵的认识进行了梳理，对动态能力概念进

---

[1] Teece D J. Explicating dynamic capabilities: the nature and microfoundations of (sustainable) enterprise performance [J]. Strategic Management Journal, 2007, 28 (13): 1319 – 1350.

[2] Teece D J, Pisano G. The dynamic capabilities of firms: an introduction [J]. Industrial and Corporate Change, 1994, 3 (3): 537 – 556.

[3] Teece D J, Pisano G, Shuen A. Dynamic capabilities and strategic management [J]. Strategic Management Journal, 1997, 18 (7): 509 – 533.

[4] Helfat C, Finkelstein S, Mitchell W, et al. Dynamic capabilities: understanding strategic change in organizations [M]. Blackwell: Oxford, U. K, 2007.

[5] Teece D J. Explicating dynamic capabilities: the nature and microfoundations of (sustainable) enterprise performance [J]. Strategic Management Journal, 2007, 28 (13): 1319 – 1350.

[6] Teece D J, Pisano G, Shuen A. Dynamic capabilities and strategic management [J]. Strategic Management Journal, 1997, 18 (7): 509 – 533.

[7] Teece D J. Dynamic capabilities: routines versus entrepreneurial action [J]. Strategic Management Journal, 2012, 49 (8): 1395 – 1401.

[8] Eisenhardt K M, Martin J A. Dynamic capabilities: what are they? [J]. Strategic Management Journal, 2000, 21 (10): 1105 – 1121.

行更为全面的阐述①②。在其阐述中，他区分了常规能力与动态能力，重申了动态能力包括感知、把握与持续更新（转化）三种能力的理由，并再次论述了动态能力具有异质性、难以模仿性的原因。此外，Teece 还强调了动态能力要求关注商业环境与技术变化、复杂的管理以及培育以变化为导向的组织文化，并着重指出了企业高层管理者应对动态能力的影响予以及时的关注。

仔细分析 1994 年以来 Teece 和其同事及其他学者对动态能力概念的界定情况，可以发现：这些学者对动态能力的性质与常规能力两个方面的认识是一致的，他们都认同动态能力是企业的一种能力，而且是有别于常规能力的一种高阶能力，但对动态能力的具体作用及其与环境的联系两个方面的认识有所不同。

2. 过程或模式视角

主要受演化经济理论观点的影响，Eisenhardt 等六位学者将动态能力界定为企业的一种过程或模式。Eisenhardt 和 Martin 于 2000 年发表的文章对战略管理学术界的影响最大，因此，Peteraf 等将 Eisenhardt 和 Martin 与 Teece 等发表的这两篇文章视为"动态能力房间的（两头）'大象'"③④⑤。

Eisenhardt 和 Martin 从过程视角将动态能力界定为企业利用资源的过程。具体来说，动态能力是指组织和战略的惯例，随着市场的不断变化，企业可

---

① 此处使用"周到的阐述"而不使用"全面的界定"，原因在于：在 Teece（2016）的这篇文章中，他没有明确地给动态能力下一个定义，但他结合之前其对动态能力概念的界定，全面阐述了动态能力的概念。
② Teece D J. Dynamic capabilities and entrepreneurial management in large organizations: toward a theory of the (entrepreneurial) firm [J]. European Economic Review, 2016 (86): 202–216.
③ Eisenhardt K M, Martin J A. Dynamic capabilities: what are they? [J]. Strategic Management Journal, 2000, 21 (10): 1105–1121.
④ Teece D J, Pisano G, Shuen A. Dynamic capabilities and strategic management [J]. Strategic Management Journal, 1997, 18 (7): 509–533.
⑤ Peteraf M, Stefano G D, Verona G. The elephant of the room dynamic capabilities: bringing two diverging conversations together [J]. Strategic Management Journal, 2013, 34 (12): 1389–1410.

借此惯例实现资源的重构。由此可看出，他们的界定将资源与动态能力进行了关联。此外，他们还认为动态能力是可识别的、具体的过程，包括产品联盟、产品开发、战略决策等。如此界定就规避了定义动态能力时存在的抽象、语义重复的问题，并明晰了动态能力、资源与企业竞争优势（绩效）之间的逻辑关系。类似地，Zollo 和 Winter 将动态能力界定为一种积累性的、可学习的、稳定的模式，通过该模式，组织能系统地创造和改进操作惯例[1]。他们的界定从学习机制、操作惯例与动态能力的内在关联出发，既有助于避免在动态能力概念界定中出现的语义重复的问题，又有助于从知识的视角探讨三者间的关系。同样地，Sune 和 Gibb（2015）也认为动态能力是组织变化的模式，他们以西班牙航空公司为样本进行的案例研究证实了这一点[2]。

3. 行为导向视角

主要受战略导向观点的影响，Wang 和 Ahmed 将动态能力界定为企业的一种行为导向，他们认为该行为导向不断地整合、重构、更新与再造企业资源、能力，最重要的是提升、重建企业核心能力以匹配变化的外部环境，最终使企业获取和保持竞争优势[3]。他们还认为动态能力不是一种过程，但是其根植于过程中。此外，他们通过"等级秩序"对资源与能力进行了区分：资源作为这个"等级"的"零级"，起基础性作用；能力是"等级"的"第一级"，当企业能够有效地利用资源以实现其预期目标时，该能力可提升企业绩效；核心能力是"等级"的"第二级"，它是资源与能力的集合体，在某种条件下，核心能力对企业获取竞争优势具有战略性的作用；动态能力则为"等级"

---

[1] Zollo M, Winter S G. Deliberate learning and the evolution of dynamic capabilities [J]. Organization Science, 2002, 13 (3): 339-351.

[2] Sune A, Gibb J. Dynamic capabilities as patterns of organizational change: an empirical study on transforming a firm's resource base [J]. Journal of Organizational Change Management, 2015, 28 (2): 213-231.

[3] Wang C L, Ahmed P K. Dynamic capabilities: a review and research agenda [J]. International Journal of Management Reviews, 2007, 9 (1): 31-51.

的"第三级",它强调企业持续地追求资源、能力及核心能力的更新、重构、重造,以适应变化的环境。

表面上看,Wang 和 Ahmed 的定义可谓动态能力领域的"孤独求败"。仔细分析,可发现他们的定义融合了能力视角的内涵,尤其是 Teece 等的定义,但其定义与过程视角有着明确的区分[①]。

综上所述,可知更多的学者从能力视角,少部分学者从过程(模式)或行为导向视角界定动态能力。

尽管上述界定存在一定的争议,但实际上三者之间有着内在的关联:动态能力作为企业的一种能力,根植于企业过程、惯例中,并通过企业行为(活动)表现出来。

2.3.2 动态能力的理论结构与测量

动态能力的理论结构与测量之间本应是一致的关系,但是梳理国外有关动态能力的文献后,可发现同时对两者进行研究的文献少之又少。因此,本研究"兵分两路",综述这方面的文献。

1. 动态能力的理论结构

在 1997 年至 2016 年的 20 年时间里,学者们对动态能力的理论结构进行了较为深入的探寻,并取得了较大的进展,其主要成果如表 2.4 所示。

1997 年,Teece 等首次明确指出动态能力的理论结构有三:整合能力、建构能力与重构能力。Lin 和 Wu 认为他们提出的这一理论结构在学术界得到了较大的认同,尤其是其中的整合能力和重构能力维度[②]。Eisenhardt 和 Martin 从过程视角界定动态能力,将动态能力的理论维度划分为整合资源过程、重

[①] Teece D J, Pisano G, Shuen A. Dynamic capabilities and strategic management [J]. Strategic Management Journal, 1997, 18 (7): 509-533.

[②] Lin Y, Wu L Y. Exploring the role of dynamic capabilities in firm performance under the resource-based view framework [J]. Journal of Business Research, 2014, 67 (3): 407-413.

构资源过程、获取资源过程与释放资源过程[1]。他们对动态能力理论结构的描述中出现了"整合"和"重构"等词语,由此可看出他们也部分认同 Teece 等论述的理论结构。

表2.4 动态能力理论结构的主要研究成果归纳

作者	年份	动态能力的理论结构
Teece	1997	动态能力由整合能力、建构能力与重构能力三个维度构成
Eisenhardt 和 Martin	2000	动态能力由整合资源过程、重构资源过程、获取资源过程与释放资源过程四个维度构成
Teece	2007	动态能力由感知并辨认机会和威胁的能力、把握机会的能力,以及通过增强、结合、保护和必要时重构企业有形与无形资产以保持竞争优势的能力三个维度构成
Wang 和 Ahmed	2007	动态能力由适应能力、吸收能力与创新能力三个维度构成
Barreto	2010	动态能力由感知机会和威胁的倾向、做出及时决策的倾向、做出市场导向的决策倾向与改变企业资源基础的倾向四个维度构成
Wilhelm 等	2015	动态能力由感知能力、学习能力与重构能力三个维度构成

资料来源:作者根据相关文献整理。

Wang 和 Ahmed 总结了企业间动态能力的共性,确认了动态能力的三个构成维度:适应能力、吸收能力和创新能力[2]。其中适应能力是指企业确认和利用新兴的市场机会的能力;吸收能力是指企业识别新的、外在信息的价值,对其进行吸收并将其应用于商业过程的能力;创新能力是指企业通过使战略创新导向与创新行为、过程保持一致以开发新产品、新市场的能力。这一理

---

[1] Eisenhardt K M, Martin J A. Dynamic capabilities: what are they? [J]. Strategic Management Journal, 2000, 21 (10): 1105 – 1121.

[2] Wang C L, Ahmed P K. Dynamic capabilities: a review and research agenda [J]. International Journal of Management Reviews, 2007, 9 (1): 31 – 51.

论结构得到 Wang 等的认同[1]。

借鉴认知理论与演化经济理论的观点，Teece 认为企业实现与外部变化的环境适配的动态能力主要由三部分构成：感知并辨认机会和威胁的能力，把握机会的能力，通过增强、结合、保护和必要时重构企业有形与无形资产以保持竞争的能力[2]。Teece 的这一理论结构将感知并辨认机会和威胁的能力与把握机会的能力维度纳入其中，进一步强调了动态能力与外部环境的匹配关系，以及这种匹配关系对企业竞争优势的作用[3]。在前述学者研究的基础上，Barreto 对动态能力的理论结构进行了科学的探讨，认为其构成维度有四：感知机会和威胁的倾向、做出及时决策的倾向、做出市场导向的决策倾向与改变企业资源基础的倾向[4]。类似地，Wilhelm 等将动态能力的理论结构划分为以下三个维度：感知能力、学习能力与重构能力[5]。

从以上分析可以看出：在 1997 年至 2006 年的前十年里，Teece 等提出的整合能力、重构能力维度在动态能力领域产生的影响更大；而在 2007 年至 2016 年的后十年里，Teece 提出的感知并辨认机会和威胁的能力、把握机会的能力的维度产生的影响更大[6]。

总体而言，Teece 在动态能力理论结构研究中的贡献最大，影响也最大，其主要原因有二：一是 Teece 等最早对动态能力的结构进行了较为全面的探

---

[1] Wang C L, Senaratne C, Rafiq M. Success traps, dynamic capabilities and firm performance [J]. British Journal of Management, 2015, 26 (1): 26–44.

[2] Teece D J, Pisano G, Shuen A. Dynamic capabilities and strategic management [J]. Strategic Management Journal, 1997, 18 (7): 509–533.

[3] Teece D J. Managing intellectual capital: organizational, strategic and policy dimensions [M]. Oxford University Press, 2000.

[4] Barreto I. Dynamic capabilities: A review of past research and an agenda for the future [J]. Journal of Management, 2010, 36 (1): 256–280.

[5] Wilhelm H, Schlömer M, Maurer I. How dynamic capabilities affect the effectiveness and efficiency of operating routines under high and low levels of environmental dynamism [J]. British Journal of Management, 2015, 26 (2): 327–345.

[6] Teece D J. Explicating dynamic capabilities: the nature and microfoundations of (sustainable) enterprise performance [J]. Strategic Management Journal, 2007, 28 (13): 1319–1350.

讨；二是自 1997 年至今，Teece 每隔几年就发表一篇与此相关的论文，不断地对此主题进行反思与总结，并融入他在此方面的"新思想、新观点与新论断"[1][2][3][4][5]。

2. 动态能力的测量

科学地对动态能力进行测量研究是探寻动态能力功效的有效保证，战略管理领域的学者深知这一点。学者们主要采用问卷测量法、案例研究法等方法对动态能力进行测量研究，其主要成果如表 2.5 所示。

表2.5 动态能力测量的代表性研究成果分析

作者	年份	研究方法	测量结果
Zott	2003	仿真	结构维度：资源配置的时机、成本与学习方式
Danneels	2010	案例研究	结构维度：利用现有资源、创造新资源、获取外部资源和释放资源
Drnevich 和 Kriauciunas	2011	问卷测量	结构维度：单维度（具体包括改进现有产品或服务、改进现有商业过程等测量题项）

---

[1] Teece D J, Pisano G, Shuen A. Dynamic capabilities and strategic management [J]. Strategic Management Journal, 1997, 18 (7)：509 – 533.

[2] Teece D J. Managing intellectual capital：organizational, strategic and policy dimensions [M]. Oxford University Press, 2000.

[3] Teece D J. Explicating dynamic capabilities：the nature and microfoundations of (sustainable) enterprise performance [J]. Strategic Management Journal, 2007, 28 (13)：1319 – 1350.

[4] Teece D J. Dynamic capabilities：routines versus entrepreneurial action [J]. Strategic Management Journal, 2012, 49 (8)：1395 – 1401.

[5] Teece D J. Dynamic capabilities and entrepreneurial management in large organizations：toward a theory of the (entrepreneurial) firm [J]. European Economic Review, 2016 (86)：202 – 216.

续表

作者	年份	研究方法	测量结果
Jantunen 等	2012	案例研究	结构维度：感知机会能力、把握机会能力和重构能力
Schilke	2014	问卷测量	结构维度：联盟管理能力和新产品开发能力
Lin 和 Wu	2014	问卷测量	结构维度：整合能力、学习能力与重构能力
Li 和 Liu	2014	问卷测量	结构维度：战略意会、及时决策与动态执行能力
Makkonen 等	2014	案例研究 问卷测量	结构维度：再创能力和更新能力
Wilden 和 Gudergan	2015	问卷测量	结构维度：感知能力与重构能力
Wilhelm 等	2015	问卷测量	结构维度：感知、学习与重构能力
Sune 和 Gibb	2015	案例研究	结构维度：增强、转移、整合与分离能力
Wu 等	2016	问卷测量	结构维度：机会识别能力和机会利用能力
Josephson 等	2016	问卷测量	结构维度：开发现有能力和探索未来的能力

资料来源：作者根据相关文献整理。

（1）问卷测量法

一方面，学者们以 Teece 等、Teece 所界定的两个概念为基础对动态能力进行测量，挖掘出企业间动态能力的共性：Lin 和 Wu、Makkonen 等学者主要依据 Teece 等提出的概念，对动态能力进行了测量，而 Li 和 Liu、Wilden 和 Gudergan、Wilhelm 等、Wu 等、Josephson 等则主要依据 Teece 提出的概念，对其进行了测量[1~8]。另一方面，学者们以商业过程中的某种具体能力为基础测量动态能力，结果发现联盟管理能力、新产品开发能力、改进现有商业过程的能力等是动态能力的有效构成要素。

（2）案例研究法

上述学者采用定量的手段，运用问卷测量法测量动态能力，也有部分学者采用定性手段，运用案例研究法研究动态能力。Danneels、Jantunen 等、Makkonen 等、Sune 和 Gibb 等学者在此方面进行很好的尝试[9,10,11,12]。他们主要

---

[1] Teece D J, Pisano G, Shuen A. Dynamic capabilities and strategic management [J]. Strategic Management Journal, 1997, 18 (7): 509-533.

[2] Teece D J. Explicating dynamic capabilities: the nature and microfoundations of (sustainable) enterprise performance [J]. Strategic Management Journal, 2007, 28 (13): 1319-1350.

[3] Lin Y, Wu L Y. Exploring the role of dynamic capabilities in firm performance under the resource-based view framework [J]. Journal of Business Research, 2014, 67 (3): 407-413.

[4] Makkonen H, Pohjola M, Olkkonen R, et al. Dynamic capabilities and firm performance in a financial crisis [J]. Journal of Business Research, 2014, 67 (1): 2707-2719.

[5] Wilden R, Gudergan S P. The impact of dynamic capabilities on operational marketing and technological capabilities: investigating the role of environmental turbulence [J]. Journal of the Academy of Marketing Science, 2015, 43 (2): 181-199.

[6] Wilhelm H, Schlömer M, Maurer I. How dynamic capabilities affect the effectiveness and efficiency of operating routines under high and low levels of environmental dynamism [J]. British Journal of Management, 2015, 26 (2): 327-345.

[7] Wu H, Chen J, Jiao H. Dynamic capabilities as a mediator linking international diversification and innovation performance of firms in an emerging economy [J]. Journal of Business Research, 2016, 69 (8): 2678-2686.

[8] Josephson B W, Johnson J L, Mariadoss B J. Strategic marketing ambidexterity: antecedents and financial consequences [J]. Journal of the Academy of Marketing Science, 2016.

[9] Danneels E. Trying to become a different type of company: dynamic capability at Smith Corona [J]. Strategic Management Journal, 2010, 32 (1): 1-31.

[10] Jantunen A, Ellonen H K, Johansson A. Beyond appearances: do dynamic capabilities of innovative firms actually differ? [J]. European Management Journal, 2012, 30 (2): 141-155.

[11] Makkonen H, Pohjola M, Olkkonen R, et al. Dynamic capabilities and firm performance in a financial crisis [J]. Journal of Business Research, 2014, 67 (1): 2707-2719.

[12] Sune A, Gibb J. Dynamic capabilities as patterns of organizational change: an empirical study on transforming a firm's resource base [J]. Journal of Organizational Change Management, 2015, 28 (2): 213-231.

从能力视角采用访谈法、观点法等方式，研究动态能力在企业中的特征，有效地测量了动态能力。也有个别学者如 Danneels 从过程视角进行研究[1]。

(3) 其他方法

学者们除了采用问卷测量法、案例研究法之外，还采用仿真方法对动态能力进行测量。Zott 采用仿真研究法，理论阐述、实际验证了三个与企业绩效相关的动态能力特性[2]对企业绩效的影响[3]。

从以上分析可知，近几年来对动态能力进行测量的文献越来越多。目前，对动态能力进行测量研究的方法主要为问卷测量法与案例研究法。由于这两种方法在测量动态能力中各有其优势与劣势[4]，因而未来研究可采用两者相结合的方式，扬长避短，以更有效地测量动态能力。

2.3.3 动态能力的影响

梳理现有有关动态能力影响的文献可知，动态能力可对企业绩效与竞争优势产生不同的影响，并受到环境动态性不同程度的调节。现将有关的理论观点与实证研究成果进行归纳，如表2.6、表2.7与表2.8所示。

1. 动态能力对竞争优势的影响

为弥补资源基础论难以解释企业在动态环境中如何获取与保持竞争优势的不足，Teece 和 Pisano 提出了动态能力的概念，这就使得动态能力与竞争优

---

[1] Danneels E. Trying to become a different type of company: dynamic capability at Smith Corona [J]. Strategic Management Journal, 2010, 32 (1): 1–31.
[2] 这三个特性为资源配置的时机、成本与学习方式。
[3] Zott C. Dynamic capabilities and the emergence of intraindustry differential firm performance: insights from a simulation study [J]. Strategic Management Journal, 2003, 24 (2): 97–125.
[4] 问卷测量法可以采用大样本的数据，得出的结论的普适性较强，但难以追踪动态能力的发展过程；而案例研究法可以深入企业，全面挖掘动态能力的特性，跟踪动态能力的发展过程，但其得出的结论的普适性较弱。

势有着天然的联系，由此受到学者们的重点关注（见表2.6）①。

表2.6 动态能力影响竞争优势的代表性研究成果分析

作者	年份	研究样本	研究类型	研究方法	结果变量	观点或发现
Teece 和 Pisano	1994	—	定性	—	竞争优势	动态能力可成为企业竞争优势之源
Teece 等	1997	—	定性	—	竞争优势	在快速变化的环境中，动态能力可使企业获取和保持竞争优势
Eisenhardt 和 Martin	2000	—	定性	—	竞争优势	在不同的动态环境中，动态能力可成为竞争优势之源，但难以使该优势持续
Helfat 和 Peteraf	2003	—	定性	—	竞争优势	动态能力可成为企业竞争优势之源
Ambrosini 和 Bowman	2009	—	定性	—	竞争优势	动态能力通过改变资源基础间接影响竞争优势，内外环境调整动态能力与其绩效的关系
Danneels	2010	美国的 Smith Corona 公司	定性	案例研究	竞争优势	动态能力在很大程度上决定 Smith Corona 公司在市场上的优劣势
Peteraf 等	2013	—	定性	—	竞争优势	动态能力可成为持续竞争优势之源
Schilke	2014	美国化工、机械和汽车等行业的279家企业纵向数据	定量	问卷测量	竞争优势（战略绩效、财务绩效）	动态能力直接影响竞争优势，外部环境的条件使得动态能力对竞争优势的影响呈非线性的倒U型

---

① Teece D J, Pisano G. The dynamic capabilities of firms: an introduction [J]. Industrial and Corporate Change, 1994, 3 (3): 537-556.

续表

作者	年份	研究样本	研究类型	研究方法	结果变量	观点或发现
Li 和 Liu	2014	中国 217 家企业	定量	问卷测量	竞争优势	动态能力可对企业竞争产生直接影响,环境动态性是影响动态能力的前因变量,但不是其功效的调节变量

资料来源:作者根据相关文献整理。

从现有文献来看,学者们更多地采用定性的方式就动态能力对竞争优势的影响展开研究,取得了较大的进展,其中以 Teece 等、Eisenhardt 和 Martin 的功劳最大。

在 Teece 和 Pisano 的研究基础上,Teece 等认为动态能力独特、难以模仿和复制,是企业的一种高阶能力,可助力企业在动态的环境中获取与保持竞争优势[1][2]。

受此启发,Eisenhardt 和 Martin 进一步阐释了动态能力影响竞争优势的机理,并指出了此种影响的边界条件[3]。他们认为在中等变化的环境中,具有异质性的动态能力可成为竞争优势之源,能够对其施加有效的影响;但是,在高速变化的环境中,作为"最佳实践"的动态能力具有同质性、等效性和替换性,不能成为竞争优势之源,难以对其产生有效的影响。

尽管 Teece 等与 Eisenhardt 和 Martin 的观点存在分歧,但 Peteraf 等借鉴权变理论和资源基础论的观点,在保留两组学者的假设和核心观点的情况下,证明了在特定的情况下,无论动态能力的性质和企业外部环境的动态性如何,

---

[1] Teece D J, Pisano G, Shuen A. Dynamic capabilities and strategic management [J]. Strategic Management Journal, 1997, 18 (7): 509–533.

[2] Teece D J, Pisano G. The dynamic capabilities of firms: an introduction [J]. Industrial and Corporate Change, 1994, 3 (3): 537–556.

[3] Eisenhardt K M, Martin J A. Dynamic capabilities: what are they? [J]. Strategic Management Journal, 2000, 21 (10): 1105–1121.

动态能力都能够通过持续竞争优势的 VRIN[①] 模式检验，使企业获取持续的竞争优势[②]。Helfat 和 Peteraf、Ambrosini 和 Bowman 认为动态能力不但能够直接影响竞争优势，还可通过改变企业资源基础间接影响竞争优势，Danneels 通过案例研究从反面为此提供了证据支持[③][④][⑤]。Danneels 以 Smith Corona 为样本进行案例研究，结果发现该公司通过利用现有资源、创造新资源、使用外部资源和释放资源等四种方式，试图改变其资源基础的工作没有成功，最终导致该公司失去竞争优势。

上述理论研究为其他学者开展动态能力影响竞争优势的实证研究提供了坚实的基础，近几年有关此方面的实证研究成果日渐增加。Li 和 Liu 以中国 217 家企业为样本，证实了企业动态能力可对竞争优势产生直接影响[⑥]。进一步地，Schilke 以美国的化工、机械和汽车等行业的 279 家企业为样本，理论阐述和实际验证了此假设：动态能力能够直接影响竞争优势，其影响强度受到环境动态性的调节[⑦]。将 Schilke 的实证研究与 Teece 等及 Eisenhardt 和 Martin 的理论研究进行比较，可发现 Schilke 的研究不但支持了 Teece 等的观点，而且印证了 Eisenhardt 和 Martin 的见解，这与 Peteraf 等的上述研究结论也是一致的。

---

① VRIN 是指价值性、稀缺性、难以模仿性和难以替代性。
② Peteraf M, Stefano G D, Verona G. The elephant of the room dynamic capabilities: bringing two diverging conversations together [J]. Strategic Management Journal, 2013, 34 (12): 1389 – 1410.
③ Helfat C E, Peteraf M A. Managerial cognitive capabilities and the microfoundations of dynamic capabilities [J]. Strategic Management Journal, 2015, 36 (6): 831 – 850.
④ Ambrosini V, Bowman C. What are dynamic capabilities and are they a useful construct in strategic management? [J]. International Journal of Management Reviews, 2009, 11 (1): 29 – 49.
⑤ Danneels E. Trying to become a different type of company: dynamic capability at Smith Corona [J]. Strategic Management Journal, 2010, 32 (1): 1 – 31.
⑥ Li D, Liu J. Dynamic capabilities, environmental dynamism and competitive advantage: evidence from China [J]. Journal of Business Research, 2014, 67 (1): 2793 – 2799.
⑦ Schilke O. On the contingent value of dynamic capabilities for competitive advantage: The nonlinear moderating effect of environmental dynamism [J]. Strategic Management Journal, 2014, 35 (2): 179 – 203.

2. 动态能力对企业绩效的影响

近几年,学者们在前期理论研究的基础上,进一步加强了动态能力影响企业绩效的实证研究,有关此方面的成果逐渐增多。现有研究侧重研究动态能力对财务绩效、创新绩效的影响。

(1) 财务绩效

Makadok 认为动态能力具有异质性,使其难以被模仿,因而可使企业获得超额的经济租金;Zott 认为当资源配置的时机、成本与学习方式产生的效果结合在一起的情况下,动态能力对企业绩效的影响更大[1][2]。

近几年的实证研究结果为上述观点提供了证据支持。Lin 和 Wu 对中国台湾 157 家企业数据进行了检验,结果表明动态能力可直接影响财务绩效,并部分中介 VRIN 资源对财务绩效的影响[3]。相应地,Josephson 等利用美国公开交易市场的 578 家企业与 4258 个人回答的数据,实证发现战略营销双元创新(Strategic Marketing Ambidexterity,SMA)[4] 对企业财务绩效有着显著的直接影响[5]。

---

[1] Makadok R. Toward a synthesis of the resource – based and dynamic – capability views of rent creation [J]. Strategic Management Journal, 2001, 22 (5): 387 – 401.

[2] Zott C. Dynamic capabilities and the emergence of intraindustry differential firm performance: insights from a simulation study [J]. Strategic Management Journal, 2003, 24 (2): 97 – 125.

[3] Lin Y, Wu L Y. Exploring the role of dynamic capabilities in firm performance under the resource – based view framework [J]. Journal of Business Research, 2014, 67 (3): 407 – 413.

[4] SMA 是在战略营销活动中对企业现有能力的开发和对未来能力的探索的综合体,因而被视为一种动态能力(Josephson 等,2016)。

[5] Josephson B W, Johnson J L, Mariadoss B J. Strategic marketing ambidexterity: antecedents and financial consequences [J]. Journal of the Academy of Marketing Science, 2016.

表2.7 动态能力影响企业绩效的代表性研究成果分析

作者	年份	研究样本	研究类型	研究方法	结果变量	观点或发现
Drnevich 和 Kriauciunas	2011	智利48家企业层面和192条过程层面的纵向数据	定量	问卷测量	财务层面和过程层面相对绩效	动态能力能够直接影响过程层面,但不能影响企业财务层面相对绩效,其影响受到环境的调节
Lin 和 Wu	2014	中国台湾157家企业	定量	问卷测量	财务绩效	动态能力直接影响财务绩效,并部分中介VRIN资源对财务绩效的影响
Josephson 等	2016	美国578家公开交易的企业	定量	问卷测量	财务绩效	动态能力(战略营销双元创新)直接影响企业财务绩效
Jantunen 等	2012	北欧的4家杂志出版企业	定性	案例研究	创新绩效	企业间各动态能力维度的差异性是导致企业创新绩效不同的关键
Makkonen 等	2014	芬兰食品加工、航运与媒体行业的452家企业	定性定量	案例研究和问卷测量	创新绩效	动态能力可提高新产品销售比例
Wu 等	2016	中国179家制造业国际企业	定量	问卷测量	创新绩效	动态能力直接影响创新绩效,并部分中介国际多元化对创新绩效的影响

资料来源:作者根据相关文献整理。

Zahra 等、Zollo 和 Winter、Teece 等认为需要注意的是,运用动态能力的方式不当,或者运用动态能力所获得的收益不足以弥补成本,都会导致动态能力对企业绩效产生负面的影响[1][2][3]。Drnevich 和 Kriauciunas 通过实证研究发现,动态能力能够正面显著影响过程层面的相对企业绩效,但不能正面影响企业财务层面的相对企业绩效。

(2) 创新绩效

Teece 研究认为动态能力可帮助企业更好地感知顾客、技术、市场变化带来的机会和产生的威胁,也可助力企业把握机会与重构自我,因而,动态能力可提升企业创新绩效[4][5]。

近几年开展的案例和实证研究证明了这一点。Jantunen 等以北欧的 4 家杂志出版企业为样本,采用案例研究法,研究了动态能力对创新绩效的影响,发现动态能力各维度在企业间的差异性是导致企业创新绩效不同的关键[6]。进一步地,Makkonen 等采用定性与定量相结合的方式,研究自 2008 年国际金融危机以来芬兰的食品加工、航运与媒体行业的 452 家企业,结果表明动态能力可提高新产品销售比例。类似地,Wu 等以中国制造业的 179 家国际企业为样本,验证了国际多元化对创新绩效有着显著的直接影响,且其分别被机会识别能力、机会利用能力部分中介。

3. 动态能力对其他变量的影响

除研究动态能力对企业绩效的影响之外,近几年学者们还探索了动态能

---

[1] Zahra S A, Sapienza H J, Davidsson P. Entrepreneurship and dynamic capabilities: a review, model and research agenda [J]. Journal of Management Studies, 2006, 43 (4): 917 – 955.

[2] Zollo M, Winter S G. Deliberate learning and the evolution of dynamic capabilities [J]. Organization Science, 2002, 13 (3): 339 – 351.

[3] Teece D J. Dynamic capabilities: routines versus entreptreneurial action [J]. Strategic Management Journal, 2012, 49 (8): 1395 – 1401.

[4] Teece D J. Explicating dynamic capabilities: the nature and microfoundations of (sustainable) enterprise performance [J]. Strategic Management Journal, 2007, 28 (13): 1319 – 1350.

[5] Teece D J. Dynamic capabilities and entrepreneurial management in large organizations: toward a theory of the (entrepreneurial) firm [J]. European Economic Review, 2016 (86): 202 – 216.

[6] Jantunen A, Ellonen H K, Johansson A. Beyond appearances: do dynamic capabilities of innovative firms actually differ? [J]. European Management Journal, 2012, 30 (2): 141 – 155.

力对其他变量的影响。

Sune 和 Gibb 以西班牙航空公司为样本进行案例研究，发现在公司内外环境动荡不安的情况下，增强、转移、整合与分离四种动态能力可对资源基础的改造（转化）产生积极的影响[1]。Wilden 和 Gudergan 与 Wilhelm 等则采用定量的方式证实了动态能力产生的影响[2][3]。Wilden 和 Gudergan 通过实证研究发现感知能力、重构能力均对营销能力、技术能力有着显著的直接影响。Wilhelm 等利用德国制造业200家中小型企业的数据进行实证研究，结果表明在不考虑企业获益的成本的情况下，无论是在高的动态环境还是在低的动态环境里，动态能力都对操作能力绩效有着显著的影响。

综合来说，现有文献就动态能力对企业绩效、企业竞争优势的影响进行了持久而深入的研究，先前的研究以理论探讨为主，近期的研究以实证检验为主。

现有研究主要侧重并认可动态能力对企业绩效、竞争优势的正向影响，但在理论和实证层面对其间可能存在的中介变量研究过少，以致这方面的研究成果非常匮乏。

为此，未来需要对相应的中介变量加强研究，以阐明动态能力通过什么样的机制影响企业绩效、竞争优势。

---

[1] Sune A, Gibb J. Dynamic capabilities as patterns of organizational change: an empirical study on transforming a firm's resource base [J]. Journal of Organizational Change Management, 2015, 28 (2): 213 - 231.

[2] Wilden R, Gudergan S P. The impact of dynamic capabilities on operational marketing and technological capabilities: investigating the role of environmental turbulence [J]. Journal of the Academy of Marketing Science, 2015, 43 (2): 181 - 199.

[3] Wilhelm H, Schlömer M, Maurer I. How dynamic capabilities affect the effectiveness and efficiency of operating routines under high and low levels of environmental dynamism [J]. British Journal of Management, 2015, 26 (2): 327 - 345.

表2.8 动态能力对其他变量影响的代表性成果分析

作者	年份	研究样本	研究类型	研究方法	结果变量	观点或发现
Sune 和 Gibb	2015	西班牙航空公司	定性	案例研究	资源基础改造	动态能力对资源基础的改造有着重要的积极作用
Wilden 和 Gudergan	2015	澳大利亚228家企业	定量	问卷测量	营销能力、技术能力	动态能力直接影响营销与技术能力，环境的性质不同，影响的力度也不同
Wilhelm 等	2015	德国200家中小型制造企业	定量	问卷测量	操作能力绩效	动态能力直接影响操作能力绩效，在考虑操作效率的成本与环境的情况下，影响的力度不同

资料来源：作者根据相关文献整理。

4. 动态能力的国内研究

近十年来，在西方动态理论研究的推动下，中国学者就动态能力的相关问题也进行了广泛的探索，其研究内容主要涉及以下六个方面。

（1）动态能力的文献综述

在此方面进行了深入研究的主要有吴小节等、杜小民等、宝贡敏和龙思颖、苏云霞和孙明贵、苏志文、马鸿佳等、冯军政和魏江、李兴旺和王迎军、许晖和纪春礼、王建刚等、郑胜华和芮明杰、祝志明等、崔世娟和王志球、孟晓斌等、冯海龙和焦豪、吴晓波等[①~⑯]。

(2) 动态能力的概念界定与测量

在此方面进行了深入研究的主要有吴航、李巍、罗仲伟等、肖静华等、盛斌和杨丽丽、辛晴、黄俊等、王菁娜等、刘飞和简兆权、罗珉和刘永俊、曹红军等、

---

① 吴小节,谌跃龙,汪秀琼. 基于ABC整合框架的国内动态能力研究评述 [J]. 管理学报, 2016, 13 (6): 938-946.
② 杜小民,高洋,刘国亮等. 战略与创业融合新视角下的动态能力研究 [J]. 外国经济与管理, 2015, 37 (2): 18-28.
③ 宝贡敏,龙思颖. 企业动态能力研究:最新述评与展望 [J]. 外国经济与管理, 2015, 37 (7): 74-87.
④ 苏云霞,孙明贵. 国外动态能力理论研究梳理及展望 [J]. 经济问题探索, 2012 (10): 172-180.
⑤ 苏志文. 基于并购视角的企业动态能力研究综述 [J]. 外国经济与管理, 2012, 34 (10): 48-56.
⑥ 马鸿佳,张欢,向阳. 新创企业动态能力研究述评 [J]. 经济纵横, 2012 (12): 114-116.
⑦ 冯军政,魏江. 国外动态能力维度划分及测量研究综述与展望 [J]. 外国经济与管理, 2011, 33 (7): 26-33.
⑧ 李兴旺,王迎军. 企业动态能力理论综述与前瞻 [J]. 当代财经, 2004 (10): 103-106.
⑨ 许晖,纪春礼. 动态能力理论在营销研究中的新发展:营销动态能力研究综述 [J]. 外国经济与管理, 2010 (11): 43-49.
⑩ 王建刚,吴洁,张青,等. 动态能力研究的回顾与展望 [J]. 工业技术经济, 2010, 29 (12): 124-130.
⑪ 郑胜华,芮明杰. 动态能力的研究述评及其启示 [J]. 自然辩证法通讯, 2009, 31 (5): 56-64.
⑫ 祝志明,杨乃定,高婧. 动态能力理论:源起、评述与研究展望 [J]. 科学学与科学技术管理, 2008, 29 (9): 128-135.
⑬ 崔世娟,王志球. 企业动态能力研究综述 [J]. 深圳大学学报 (人文社会科学版), 2008, 25 (2): 92-96.
⑭ 孟晓斌,王重鸣,杨建锋. 企业动态能力理论模型研究综述 [J]. 外国经济与管理, 2007, 29 (10): 9-16.
⑮ 冯海龙,焦豪. 动态能力理论研究综述及展望 [J]. 科技管理研究, 2007, 27 (8): 12-14.
⑯ 吴晓波,徐松屹,苗文斌. 西方动态能力理论述评 [J]. 国外社会科学, 2006 (2): 18-25.

焦豪和魏江、蒋勤峰等、郑刚等、贺小刚等[1]~[15]。

（3）动态能力的影响因素

在此方面进行了深入研究的主要有葛宝山等、尤成德等、陈志军等、尚航标等、郝晓明和郝生跃、许晖等、董保宝和葛宝山、戴天婧等、曾萍、杜健等、张军和金露、曹红军和王以华、耿新和张体勤、王建安和张钢、尹苗苗

---

[1] 吴航．动态能力的维度划分及对创新绩效的影响——对 Teece 经典定义的思考 [J]．管理评论，2016, 28（3）：76-83.

[2] 李巍．营销动态能力的概念与量表开发 [J]．商业经济与管理，2015（2）：68-77.

[3] 罗仲伟，任国良，焦豪，等．动态能力、技术范式转变与创新战略——基于腾讯微信"整合"与"迭代"微创新的纵向案例分析 [J]．管理世界，2014（8）：152-168.

[4] 肖静华，谢康，吴瑶，等．企业与消费者协同演化动态能力构建：B2C 电商梦芭莎案例研究 [J]．管理世界，2014（8）：134-151.

[5] 盛斌，杨丽丽．企业国际化动态能力的维度及绩效作用机理：一个概念模型 [J]．东南大学学报（哲学社会科学版），2014 16（6）：48-53.

[6] 辛晴．动态能力的测度与功效：知识观视角的实证研究 [J]．中国科技论坛，2011（8）：106-112.

[7] 黄俊，王钊，白硕，等．动态能力的测度：基于国内汽车行业的实证研究 [J]．管理评论，2010, 22（1）：76-81.

[8] 王菁娜，王亚江，韩静．企业动态能力的概念发展与维度测量研究 [J]．北京师范大学学报（社会科学版），2010（6）：123-133.

[9] 刘飞，简兆权．可持续竞争优势：基于动态能力的视角 [J]．科学管理研究，2010（3）：51-55.

[10] 罗珉，刘永俊．企业动态能力的理论架构与构成要素 [J]．中国工业经济，2009（1）：75-86.

[11] 曹红军，赵剑波，王以华．动态能力的维度：基于中国企业的实证研究 [J]．科学学研究，2009, 27（1）：36-44.

[12] 焦豪，魏江．企业动态能力度量与功效——本土模型的构建与实证研究 [J]．中国地质大学学报（社会科学版），2008, 8（5）：83-87.

[13] 蒋勤峰，田晓明，王重鸣．企业动态能力测量之实证研究——以 270 家孵化器入孵企业为例 [J]．科学学研究，2008, 26（3）：604-611.

[14] 郑刚，颜宏亮，王斌．企业动态能力的构成维度及特征研究 [J]．科技进步与对策，2007, 24（3）：90-93.

[15] 贺小刚，李新春，方海鹰．动态能力的测量与功效：基于中国经验的实证研究 [J]．管理世界，2006（3）：94-103.

和蔡莉、魏江和焦豪、彭正龙等、李勇等[①]~[⑱]。

(4) 动态能力对企业绩效、竞争优势的影响

在此方面进行了深入研究的主要有吴航、金昕和陈松、王建军和昝冬平、

---

① 葛宝山,谭凌峰,生帆,等. 创新文化、双元学习与动态能力关系研究 [J]. 科学学研究,2016,34 (4):630-640.
② 尤成德,刘衡,张建琦. 关系网络、创业精神与动态能力构建 [J]. 科学学与科学技术管理,2016, 37 (7):135-147.
③ 陈志军,徐鹏,唐贵瑶. 企业动态能力的形成机制与影响研究——基于环境动态性的调节作用 [J]. 软科学,2015, 29 (5):59-62.
④ 尚航标,田国双,黄培伦. 管理认知特征对动态能力的影响机制研究 [J]. 华东经济管理,2014, 28 (2):79-84.
⑤ 郝晓明,郝生跃. 企业动态能力形成和培育路径研究 [J]. 中国科技论坛,2014 (1):94-100.
⑥ 许晖,郭净,邓勇兵. 管理者国际化认知对营销动态能力演化影响的案例研究 [J]. 管理学报,2013, 10 (1):30-40.
⑦ 董保宝,葛宝山. 新创企业资源整合过程与动态能力关系研究 [J]. 科研管理,2012, 33 (2):107-114.
⑧ 戴天婧,汤谷良,彭家钧. 企业动态能力提升、组织结构倒置与新型管理控制系统嵌入——基于海尔集团自主经营体探索型案例研究 [J]. 中国工业经济,2012 (2):128-138.
⑨ 曾萍. 学习、创新与动态能力——华南地区企业的实证研究 [J]. 管理评论,2011, 23 (1):85-95.
⑩ 杜健,姜雁斌,郑素丽,等. 网络嵌入性视角下基于知识的动态能力构建机制 [J]. 管理工程学报,2011, 25 (4):145-151.
⑪ 张军,金露. 企业动态能力形成路径研究——基于创新要素及创新层次迁移视角的案例研究 [J]. 科学学研究,2011, 29 (6):939-948.
⑫ 曹红军,王以华. 动态环境背景下企业动态能力培育与提升的路径——基于中国高新技术企业的实证研究 [J]. 软科学,2011, 25 (1):1-7.
⑬ 耿新,张体勤. 企业家社会资本对组织动态能力的影响——以组织宽裕为调节变量 [J]. 管理世界,2010 (6):109-121.
⑭ 王建安,张钢. 集体问题解决中的认知表征、行为惯例和动态能力 [J]. 心理学报,2010 (8):862-874.
⑮ 尹苗苗,蔡莉. 创业网络强度、组织学习对动态能力的影响研究 [J]. 经济管理,2010 (4):180-186.
⑯ 魏江,焦豪. 创业导向、组织学习与动态能力关系研究 [J]. 外国经济与管理,2008, 30 (2):36-41.
⑰ 彭正龙,陶然,季光辉. 基于元认知的认知学习对动态能力影响的实证研究 [J]. 心理科学,2008, 31 (6):1343-1347.
⑱ 李勇,史占中,屠梅曾. 知识网络与企业动态能力 [J]. 情报科学,2006, 24 (3):434-437.

杨鹏鹏等、马鸿佳等、董保宝和李白杨、江积海和刘敏、苏敬勤和刘静、蒋丽等、林海芬和苏敬勤、焦豪、刘井建、李大元、刘飞等、曹红军和赵剑波、邱钊等、田晓明等、黄俊和李传昭[1]~[19]。

---

[1] 吴航. 动态能力视角下企业创新绩效提升机制研究：以战略导向为调节［J］. 中国地质大学学报（社会科学版），2015，15（1）：132－139.

[2] 吴航. 动态能力的维度划分及对创新绩效的影响——对 Teece 经典定义的思考［J］. 管理评论，2016，28（3）：76－83.

[3] 金昕，陈松. 知识源战略、动态能力对探索式创新绩效的影响——基于知识密集型服务企业的实证［J］. 科研管理，2015，36（2）：32－40.

[4] 王建军，昝冬平. 动态能力、危机管理与企业竞争优势关系研究［J］. 科研管理，2015，36（7）：79－85.

[5] 杨鹏鹏，许译文，李星树. 民营企业家社会资本、动态能力影响企业绩效的实证研究［J］. 山西财经大学学报，2015，（9）：101－112.

[6] 马鸿佳，董保宝，葛宝山. 创业能力、动态能力与企业竞争优势的关系研究［J］. 科学学研究，2014，32（3）：431－440.

[7] 董保宝，李白杨. 新创企业学习导向：动态能力与竞争优势关系研究［J］. 管理学报，2014，11（3）：376－382.

[8] 江积海，刘敏. 动态能力重构及其与竞争优势关系实证研究［J］. 科研管理，2014，35（8）：75－82.

[9] 苏敬勤，刘静. 复杂产品系统制造企业的动态能力演化：一个纵向案例研究［J］. 科研管理，2013，34（8）：58－67.

[10] 蒋丽，蒋勤峰，田晓明. 动态能力和创业绩效的关系：新创企业和成熟企业的对比［J］. 苏州大学学报（哲学社会科学版），2013（4）：120－125.

[11] 林海芬，苏敬勤. 管理创新效力机制研究：基于动态能力观视角的研究框架［J］. 管理评论，2012，24（3）：49－57.

[12] 焦豪. 双元型组织竞争优势的构建路径：基于动态能力理论的实证研究［J］. 管理世界，2011（11）：76－91.

[13] 刘井建. 创业学习、动态能力与新创企业绩效的关系研究［J］. 科学学研究，2011，29（5）：728－734.

[14] 李大元. 动态能力创造持续优势的逻辑机制研究［J］. 贵州社会科学，2011（4）：78－81.

[15] 刘飞，简兆权、毛蕴诗. 动态能力的界定、构成维度与特性分析［J］. 暨南学报（哲学社会科学版），2010（4）：147－154.

[16] 曹红军，赵剑波. 动态能力如何影响企业绩效——基于中国企业的实证研究［J］. 南开管理评论，2008（6）：54－65.

[17] 邱钊，黄俊，李传昭，等. 动态能力与企业竞争优势——基于东风汽车有限公司的质性研究［J］. 中国软科学，2008（10）：134－140.

[18] 田晓明，蒋勤峰，王重鸣. 企业动态能力与企业创业绩效关系实证研究——以 270 家孵化企业为例分析［J］. 科学学研究，2008，26（4）：812－819.

[19] 黄俊，李传昭. 动态能力与自主创新能力关系的实证研究［J］. 商业经济与管理，2008（1）：32－37.

(5) 动态能力的中介和调节作用

在此方面进行了深入研究的主要有赵凤等、马文甲和高良谋、李巍、王萍等、孟媛等、李非和祝振铎、黄海艳、谭云清等、张钢等、董保宝、董保宝等、张洪兴和耿新、张韬、葛宝山和董保宝、曾萍、江积海和刘敏[1]~[16]。

---

[1] 赵凤, 王铁男, 王宇. 开放式创新中的外部技术获取与产品多元化：动态能力的调节作用研究 [J]. 管理评论, 2016, 28 (6): 76-85.

[2] 马文甲, 高良谋. 开放度与创新绩效的关系研究——动态能力的调节作用 [J]. 科研管理, 2016, 37 (2): 47-54.

[3] 李巍. 营销动态能力的概念与量表开发 [J]. 商业经济与管理, 2015 (2): 68-77.

[4] 王萍, 支凤稳, 沈涛. 竞争情报扫描、动态能力与企业创新绩效的关系研究 [J]. 情报杂志, 2015, 34 (3): 50-57.

[5] 孟媛, 陈敬良, 张峥, 等. 跨国公司学习导向与企业绩效关系的实证研究——基于竞争优势的中介作用与动态能力的调节作用 [J]. 预测, 2015, 34 (3): 8-13.

[6] 李非, 祝振铎. 基于动态能力中介作用的创业拼凑及其功效实证 [J]. 管理学报, 2014, 11 (4): 562-568.

[7] 黄海艳. 顾客参与对新产品开发绩效的影响：动态能力的中介机制 [J]. 经济管理, 2014 (3): 87-97.

[8] 谭云清, 马永生, 李元旭. 社会资本、动态能力对创新绩效的影响：基于我国国际接包企业的实证研究 [J]. 中国管理科学, 2013, 21 (11): 784.

[9] 张钢, 王宇峰, 高若阳. 组织模块性、知识基础与创新绩效——以动态能力为中介变量的实证研究 [J]. 浙江大学学报 (人文社会科学版), 2012, 42 (2): 206-220.

[10] 董保宝. 网络结构与竞争优势关系研究——基于动态能力中介效应的视角 [J]. 管理学报, 2012, 9 (1): 50-56.

[11] 董保宝, 葛宝山, 王侃. 资源整合过程、动态能力与竞争优势：机理与路径 [J]. 管理世界, 2011 (3): 92-101.

[12] 张洪兴, 耿新. 企业家社会资本如何影响经营绩效——基于动态能力中介效应的分析 [J]. 山东大学学报 (哲学社会科学版), 2011 (4): 106-113.

[13] 张韬. 市场导向、动态能力与组织绩效关系研究——一个新的绩效整合模型 [J]. 华东经济管理, 2010, 24 (4): 88-91.

[14] 葛宝山, 董保宝. 基于动态能力中介作用的资源开发过程与新创企业绩效关系研究 [J]. 管理学报, 2009, 6 (4): 520-526.

[15] 曾萍. 学习、创新与动态能力——华南地区企业的实证研究 [J]. 管理评论, 2011, 23 (1): 85-95.

[16] 江积海, 刘敏. 动态能力重构及其与竞争优势关系实证研究 [J]. 科研管理, 2014, 35 (8): 75-82.

(6) 动态能力理论的边界条件

在此方面进行了深入研究的主要有薛捷和张振刚、简兆权等、陈志军等、卫武等、刘刚和刘静、李大元、林萍、焦豪[①~⑧]。

---

① 薛捷,张振刚.技术及市场环境动荡中企业动态学习能力与创新绩效关系研究[J].科技进步与对策,2015,32(1):98-104.
② 简兆权,王晨,陈键宏.战略导向、动态能力与技术创新:环境不确定性的调节作用[J].研究与发展管理,2015(2):65-76.
③ 陈志军,徐鹏,唐贵瑶.企业动态能力的形成机制与影响研究——基于环境动态性的调节作用[J].软科学,2015,29(5):59-62.
④ 卫武,夏清华,贺伟,等.企业的可见性和脆弱性有助于提升对利益相关者压力的认知及其反应吗——动态能力的调节作用[J].管理世界,2013(11):101-117.
⑤ 刘刚,刘静.动态能力对企业绩效影响的实证研究——基于环境动态性的视角[J].经济理论与经济管理,2013(3):83-94.
⑥ 李大元.动态能力创造持续优势的逻辑机制研究[J].贵州社会科学,2011(4):78-81.
⑦ 林萍.组织动态能力与绩效关系的实证研究:环境动荡性的调节作用[J].上海大学学报(社会科学版),2009(6):66-77.
⑧ 焦豪.企业动态能力、环境动态性与绩效关系的实证研究[J].软科学,2008,22(4):112-117.

2.4 战略性企业社会责任对价值创造的影响研究

学者们主要采用定性与定量的方式，探讨 SCSR 对价值创造的影响，其中 Burke 和 Logsdon、Porter 和 Kramer、Husted 和 Salazar、Park 等采用定性视角研究了 SCSR 对价值创造的影响，Husted 和 Allen 则采用定量的视角，两度研究了 SCSR 对价值创造的直接影响[1][2][3][4][5][6][7]。因此，下文从定性与定量的视角对这方面的研究文献进行综述。

2.4.1 定性研究

Burke 和 Logsdon 采用定性的方式，从 SCSR 特征的角度提炼出 SCSR 的 5 个维度（中心性、专用性、可见性、专用性和自愿性），并借鉴 CSR 理论和适配论的观点[8]，分别阐述了其对价值创造的直接影响，并提出了 SCSR 能够积极影响价值创造的假设。

现有的理论研究和实践往往将 CSR 理解为一种反应性的行为，未将其

---

[1] Burke L, Logsdon J M. How corporate social responsibility pays off [J]. Long-Range Planning, 1996, 29 (4): 495–502.

[2] Porter M E, Kramer M R. The competitive advantage of corporate philanthropy [J]. Harvard Business Review, 2002, 80 (12): 56–69.

[3] Porter M E, Kramer M R. Strategy and society: The link between competitive advantage and corporate social responsibility [J]. Harvard Business Review, 2006, 84 (2), 78–93.

[4] Husted B W, de Jesus Salazar J. Taking Friedman seriously: maximizing profits and social performance [J]. Journal of Management Studies, 2006, 43 (1): 75–91.

[5] Park Y R, Soon S, Choe S, Baik Y. Corporate social responsibility in international business: illustrations from Korean and Japanese electronics MNEsin Indonesia [J]. Journal of Business Ethics, 2015 (130): 747–761.

[6] Husted B W, Allen D A. Strategic corporate social responsibility and value creation among large firms: lessons from the Spanish experience [J]. Long-Range Planning, 2007 (40): 594–610.

[7] Husted B W, Allen D A. Strategic corporate social responsibility and value creation: a study of multinational enterprises in Mexico [J]. Management International Review, 2009 (49): 781–799.

[8] 从他们发表的论文中，可概括和推断出其借用了 CSR 理论、适配论的观点。

与企业战略有机地结合起来。因此，Porter 和 Kramer 认为应将 CSR 纳入企业战略，当企业将其大量的资源投入有利于社会的活动时，CSR 可成为社会进步与企业竞争优势的来源[1]。基于此种认识，他们借助"价值链模型"（由内向外看），确认价值链条上的具体活动所产生的积极与消极的社会影响；借助"钻石模型"（由外向内看），明确在市场竞争环境中能够给企业带来战略价值的领域。最后，他们提出 SCSR 可将 CSR 与企业战略有机地结合起来，产生巨大的共享价值：企业在提升自身竞争力的同时，造福社会，从而实现经济效益与社会效益。这就启示我们：整合企业与社会需求除了需要好的意图和强有力的领导外，还需要企业进行多方面的调整，更为重要的是，要将社会问题与企业的日常管理活动、战略等有机地结合起来。

此外，Husted 和 Salazar 假定企业以追求利润最大化和社会绩效为目标，通过微观经济学的成本效益分析，分别研究和比较了企业以利他主义、被迫利己主义（Coerced Egoism）与战略主义方式进行 CSR 投资对企业、社会产生的影响[2]。其研究发现以战略主义方式对 CSR 投资而创造的社会效益、企业经济效益好于被迫利己主义的行事方式，也好于利他主义的行事方式。这就证明了 SCSR 可带来双赢的局面，能为企业和社会创造共享的价值。这就从经济学的视角支持了 Porter 和 Kramer 的 SCSR 见解。因而企业管理者应重点关注既能创造社会效益、又能创造企业经济效益的领域，以战略的方式进行 CSR 投资。

Park 等采用案例分析法和半结构访谈法，运用 Porter 和 Kramer 的 SCSR

---

[1] Porter M E, Kramer M R. Strategy and society: The link between competitive advantage and corporate social responsibility [J]. Harvard Business Review, 2006, 84 (2): 78–93.

[2] Husted B W, de Jesus Salazar J. Taking Friedman seriously: maximizing profits and social performance [J]. Journal of Management Studies, 2006, 43 (1): 75–91.

的概念框架，以位于印度的4家跨国电子企业为样本，研究了SCSR的实践情况[1]。其研究发现这4家企业强烈支持SCSR的主要原因在于：SCSR不但有利于企业提高经济效益，而且有助于企业管理社会项目、加强与利益相关者的交流。他们的研究揭示了实施SCSR的内在驱动力，为寻找CSR行为背后的动因提供了新的视角。

2.4.2 定量研究

在Burke和Logsdon研究的基础上，Husted和Allen在测量SCSR的基础上，借鉴资源基础论和适配论的观点，进一步论述了SCSR对价值创造的直接影响，并提出了相应的假设[2][3]。他们采集110家西班牙大型企业的样本数据，通过回归分析，对其提出的假设进行了验证。该研究结果表明SCSR的专用性、自愿性、可见性均可直接影响价值创造。2009年，他们以墨西哥111家跨国企业的子公司为样本，采用同样的方法，研究了SCSR对价值创造的影响。该研究结果表明SCSR的中心性、自愿性、可见性均可直接影响价值创造。

从现有文献来看，Husted和Allen首次采用定量的方法，实际验证了Burke和Logsdon提出的SCSR影响价值创造的概念模型，Porter和Kramer对SCSR可为企业、社会创造共享的价值的机理进行较为详细的阐述，Park等的

---

[1] Park Y R, Soon S, Choe S, Baik Y. Corporate social responsibility in international business: illustrations from Korean and Japanese electronics MNEsin Indonesia [J]. Journal of Business Ethics, 2015 (130): 747–761.

[2] Burke L, Logsdon J M. How corporate social responsibility pays off [J]. Long-Range Planning, 1996, 29 (4): 495–502.

[3] Husted B W, Allen D A. Strategic corporate social responsibility and value creation among large firms: lessons from the Spanish experience [J]. Long-Range Planning, 2007 (40): 594–610.

研究则对 Porter 和 Kramer 的研究结论给予了实证支持①②③④。

这些研究丰富了 SCSR 的理论研究,揭示了企业信奉、设计和实施 SCSR 的动因,有利于推进 SCSR 的思想传播和企业实践。美中不足的是,这些研究都未对 SCSR 与价值创造间为何存在因果关系,究竟是如何关联的进行深入研究。

未来研究需要探索两者间可能存在的中介变量(如企业社会资本、动态能力)和调节变量(如环境不确定性、政治关联),改善 Husted 和 Allen 所构建的 SCSR 影响价值创造的概念模型,进一步揭示 SCSR 影响价值创造的内在机理,从而为企业管理者实施、评价 SCSR 提供战略的工具⑤。

---

① Husted B W, Allen D A. Strategic corporate social responsibility and value creation: a study of multinational enterprises in Mexico [J]. Management International Review, 2009 (49): 781-799.
② Burke L, Logsdon J M. How corporate social responsibility pays off [J]. Long-Range Planning, 1996, 29 (4): 495-502.
③ Porter M E, Kramer M R. Strategy and society: The link between competitive advantage and corporate social responsibility [J]. Harvard Business Review, 2006, 84 (2), 78-93.
④ Park Y R, Soon S, Choe S, Baik Y. Corporate social responsibility in international business: illustrations from Korean and Japanese electronics MNEsin Indonesia [J]. Journal of Business Ethics, 2015 (130): 747-761.
⑤ Husted B W, Allen D A. Strategic corporate social responsibility and value creation among large firms: lessons from the Spanish experience [J]. Long-Range Planning, 2007 (40): 594-610.

2.5 战略性企业社会责任热点与前沿的可视化分析

虽然学术界对 CSR 战略管理关注较久,但目前仍未能对 CSR 战略管理的研究热点概况以及前沿趋势进行全局剖析,其原因在于不同领域的研究者探究 CSR 的侧重点各异,未能根据 CSR 战略管理的范畴去发散研究的方向。

在此背景下,SCSR 的文献计量则可以改善已有研究存在的不足之处。文献计量学依据统计思想,以文献数据的数量特征为基础,在分析相关领域研究现状的同时可以探析前沿趋势[1]。

目前有诸多研究者使用此方法研究相关领域内的热点动态与前沿趋向,但是运用文献计量方法对 SCSR 的热点及前沿趋势进行的研究尚有欠缺。检索 CSR 和文献计量相关主题的文献,发现学术界对于 SCSR 领域的文献计量研究很少,少数资料以知网的 CSR 文献作为数据来源进行计量,导致目前人们对 SCSR 领域的整体认知尚有不足。

本节结合文献计量及内容分析的结果,采用 CiteSpace 可视化分析软件针对 SCSR 的研究概况绘制科学图谱,分析 SCSR 的发文趋势,研究机构与核心作者的可视化图谱,理解 SCSR 领域基本研究概况。通过关键词共现对热点进行挖掘,结合 CiteSpace 构建的共引网络分析前沿趋势。

结论表明,战略管理视角下 CSR 一直备受关注,CSR 战略性研究角度多样化,创新与可持续发展的热点与前沿贴合时代发展趋势。

这些研究结果为未来 SCSR 的基础研究方向提供参考,同时对中国本土的 CSR 的战略发展也具有借鉴意义。

2.5.1 战略性企业社会责任文献统计分析

本研究以 CiteSpace 为主要计量工具,用于产生关键词共现网络,构建共

---

[1] 李雪蓉,张晓旭,李政阳,等. 商业模式的文献计量分析 [J]. 系统工程理论与实践,2016,36 (2):273-287.

被引文献网络。用于计量分析的文献取自在国际上具有较高查全率的权威数据库 Web of Science，将检索字段"strategic corporate social responsibility"作为 CSR 战略管理视角下文献的检索标准，检索设定语种 = English，检索年份 = 1996—2021 年。精确检索到 54 篇，其中施引文献 2108 篇，用于分析的文献去除自引文献后数量为 2035 篇，即本节是对施引 SCSR 文献的数据进行分析，以广泛检索的 CSR 主题文献与精确检索的 SCSR 主题文献为基础[①]，结合战略管理，拓展 SCSR 研究的视角。

1. 整体增长趋势与分布地区分析

如图 2.2 所示，SCSR 领域的发文量一直在稳定上升，被引频次也呈稳定增长趋势，这说明学者们一直对 SCSR 领域保持关注，并且对 CSR 战略管理的研究逐渐增多。

CSR 的战略管理备受关注，与特定宏观层面的社会文化和商业意识形态因素密切相关[②]。这些因素可以促进 SCSR 领域研究热点的形成，并且也有利于对社会责任前沿发展的追踪。

由表 2.9 可知，中国对 SCSR 主题研究最多，美国次之，但是美国的发文量与中国差别并不大，二者几乎持平。

这说明我国学者对 SCSR 领域的研究兴趣日益增加，但美国同样关注 SCSR 的发展，并且其对 SCSR 领域的研究有一定的历史，不仅因为 SCSR 的研究起源于美国，更在于美国社会的经济发展为研究 CSR 战略性实施带来了更多的可能性。

[①] Chen C, Hu Z, Liu S, Tseng H. Emerging trends in regenerative medicine: a scientometric analysis in CiteSpace [J]. Expert Opinion on Biological Therapy, 2012, 12 (5): 593 – 608.

[②] Ralston D A, Egri C P, Karam C M, et al. The triple – bottom – line of corporate responsibility: assessing the attitudes of present and future business professionals across the BRICs [J]. Asia Pacific Journal of Management, 2015, 32 (1): 145 – 179.

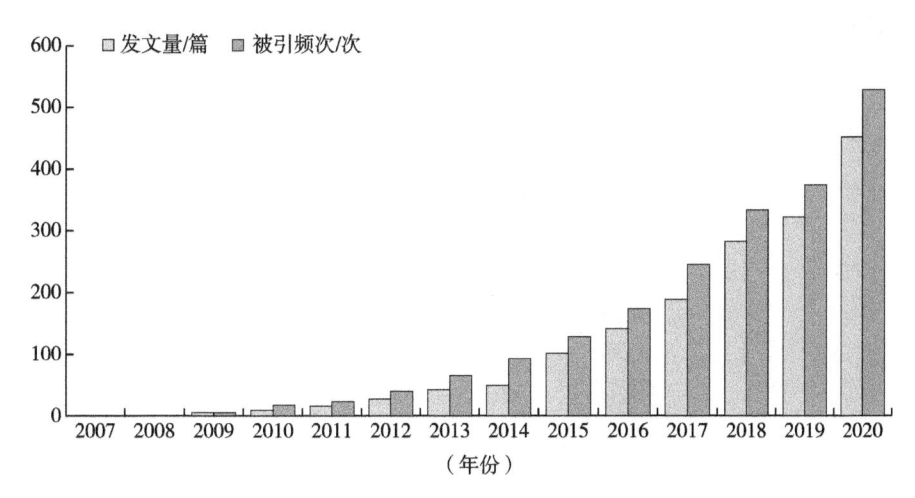

图2.2 SCSR主题的发文量与被引频次

表2.9 SCSR研究的地区分布

国家/地区	记录数/篇	比例
中国	321	0.207
美国	319	0.206
英国	225	0.145
西班牙	179	0.115
意大利	109	0.070
澳大利亚	102	0.065
法国	88	0.056
加拿大	71	0.045
韩国	66	0.042
德国	57	0.036

2. 研究涉及领域分析

SCSR领域共现是对Web of Science根据收录期刊文献内容分配的SC字段进行分析，以此对SCSR涉及的分类进行可视化图谱绘制，选择参数的时间范围为 1996—2021 年，时间切片为 2，节点的类型 Node Types 为 Category。SCSR 的相关主题如图 2.3 所示。

图 2.3　Web of Science 目录共现网络

表 2.10　SCSR 领域的目录分布

目录	最早年份	数量/篇
Business & Economics	2007	1380
Business	2007	814
Management	2007	761
Environmental Sciences & Ecology	2011	548
Environmental Studies	2011	414
Science & Technology – Other Topics	2012	329
Green & Sustainable Science & Technology	2012	322
Environmental Sciences	2013	308
Social Sciences – Other Topics	2009	197
Business & Finance	2012	146
Engineering	2012	145
Economics	2011	143
Ethics	2009	128

表 2.10 总结了图谱节点即目录的信息，表中的目录即 CSR 战略管理方向的归类，最早年份是该目录下文献发表时间中最早的时刻，数量是该目录下文献的数量。经查询 Web of Science 目录信息可知：

① Business & Economics 类别的主题包括商业道德、国际商务、发展中经济体、预测、经济统计、共同市场、房地产经济学等；

② Management 类别与经济管理类的研究主题相似，也是文献主题较为集中的目录之一；

③ Environment 类别同样内容广泛，涵盖较多学科，如应用生态学、环境健康、检测、技术、管理和生物多样性的保护等。

这些引用 SCSR 文献的主题主要涉及管理、经济、环境与可持续性等方面。这些主题与 SCSR 研究的热点紧密相关，所提供的目录信息为 CSR 的战略管理研究提供思路，因为以战略管理的视角来分析企业的社会责任行为需要考虑企业涉及领域的多样性，如此则使得 CSR 的管理战略也各异，从而 SCSR 也呈现出较多的研究主题。

3. 高水平科研机构分析

表 2.11 SCSR 领域的高产机构

机构	记录数/篇	比例
Comsats University Islamabad	20	0.013
University of London	18	0.012
Hong Kong Polytechnic University, State University System of Florida, Sun Yat Sen University	17	0.033
University of Granada, University of Manchester, University of Texas System	16	0.031
University of Bath, Xi'An Jiaotong University	15	0.019
Harbin Institute of Technology, Southwestern University of Finance and Economics, University of Salamanca, University of Surrey	14	0.036

续 表

机构	记录数/篇	比例
Texas A & M University System, University of Birmingham, University of Southampton	13	0.025
City University of Hong Kong, Renmin University of China, Tsinghua University, University of Nottingham, University of Reading, University of Zaragoza	12	0.04656
Chung-Ang University, Kedge Business School, Nankai University, Pennsylvania Commonwealth System of Higher Education Pcshe, Texas A & M University College Station, Universitat Ramon Llull, University of Michigan System, University of Michigan System, University of Queensland	11	0.057
Copenhagen Business School, Jilin University, Macquarie University, Nanjing University, Polytechnic University of Milan, Solent University. South China University of Technology, Tecnologico de Monterrey, University of Sevilla, University of Warwick, Zhejiang University	10	0.07106

由表 2.11 可知，发文前十位的研究机构中，较多为中国机构，其次为英国，美国与西班牙的机构总数持平。在中国的机构中，香港理工大学与中山大学发文量较多，排名靠前，处于第三位。但在知网检索的结果显示中山大学关于 CSR 的发文量多于香港理工大学，并且多发表于复合影响因子较高的期刊，说明中山大学的研究团队关于 CSR 领域的研究是较为深入的，研究内容具有较高的参考价值。虽然在 WOS 西南财经大学发文量低于中山大学，但知网检索得到西南财经大学对 CSR 领域的研究发文量高于中山大学。排名中相对靠后的为香港城市大学、中国人民大学、清华大学与南开大学。吉林大学、南京大学与华南理工大学的 SCSR 领域的文献较少，处于第十名的位置。总的来说，这些在 WOS 发文相对较多的机构在国内 CSR 的战略管理研究领域具有较高的影响力与权威性，对 CSR 领域的研究也更为深入，于企业在社会责任的战略管理上具有较高的参考价值。

4. 核心作者分析

SCSR 领域的大多数作者存在合作关系，具有代表性的文献通常是团队合作产出。由图 2.4 可看出这些作者在 CSR 战略管理研究上或多或少存在合作关系，并且小的合作团体较多。

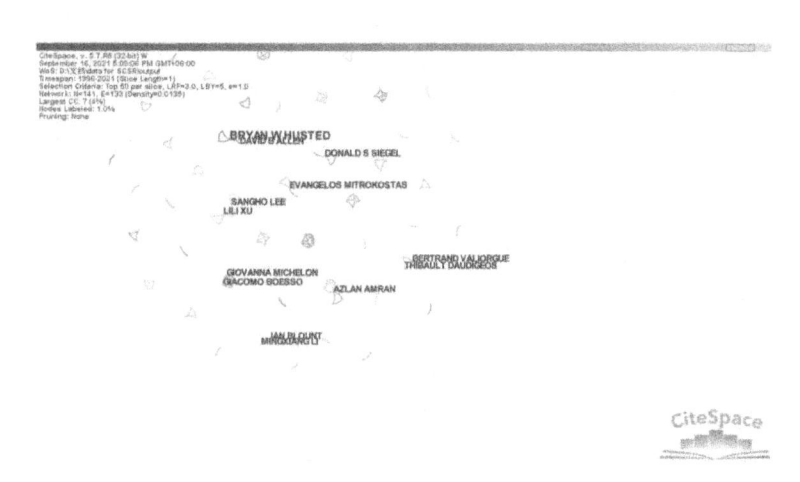

图 2.4　核心作者合作网络部分示例

SCSR 领域的研究成果是诸多学者的共同贡献，其影响力也依赖于该领域的核心作者。评测核心作者的指标主要有两个：一是作者发文量；二是文献的被引频次[1]。发文量是对作者在该领域贡献重要性的评价指标之一，文献被引频次则表明文献的影响力与质量，同时能够说明文献对推进该领域进步的贡献大小。

在对 SCSR 领域的核心作者进行确定时，借鉴普赖斯定律确定核心作者的基本发文量和基本被引量的做法，符合任一最低要求即为核心作者的标准[2]。根据 WOS 检索 1996—2021 年 SCSR 领域的文献，发现相关作者发文量最多为

---

[1] 钟文娟. 基于普赖斯定律与综合指数法的核心作者测评——以《图书馆建设》为例 [J]. 科技管理研究, 2012 (2): 57-60.
[2] 钟文娟. 基于普赖斯定律与综合指数法的核心作者测评——以《图书馆建设》为例 [J]. 科技管理研究, 2012 (2): 57-60.

12篇，根据普赖斯的计算公式：

$$M_P = 0.749\sqrt{N_{pmax}} = 0.749 \times \sqrt{12} = 2.595$$

取整结果为3，即可定义发表3篇或3篇以上关于此主题论文的作者是核心作者。

在检索时间段内，相关文献被引频次最高达565次，同样根据普赖斯计算公式得到核心作者的文献的基础被引频次：

$$M_c = 0.749\sqrt{N_{cmax}} = 0.749 \times \sqrt{565} = 17.803$$

取整得到18，即文章最低被引18次的作者方可认为其是核心作者。

依据所定义的标准删选得到核心作者258人，占发文作者总数的5.7%。发文被引频次在18次及以上的文献为467篇，占文献总量的22.78%，这反映了SCSR领域核心作者的贡献程度。

以Husted和Allen为例，两位学者同为SCSR领域的核心作者，如表2.12所示，两人合作3篇论文，均为SCSR领域高被引文献。第一次合作的文章意在检验CSR战略管理下可见性、专用性与自愿性三个维度对价值创造的显著影响。第二次合作的文章证明中心性、可见性和自愿性三个维度与价值创造有关，可以视为对CSR战略维度首次进行价值创造研究的补充。第三次是以前两次的研究为基础，阐述CSR的中心性如何影响企业治理。两位学者三次合作存在递进关系，并且合作的论文有较高的被引频次，为SCSR价值创造的定量研究提供借鉴。

表2.12　核心作者合作文献示例

作者	记录数/篇	年份	合作文献
Allen和Husted	3	2007	Strategic Corporate Social Responsibility and Value Creation Among Large Firms Lessons from the Spanish Experience
		2009	Strategic Corporate Social Responsibility and Value Creation: A Study of Multinational Enterprises in Mexico
		2010	Governance Choice for Strategic Corporate Social Responsibility: Evidence From Central America

SCSR 与相关主题的可视化分析有利于研究核心主题随时间推移的演变概况。SCSR 的研究起源于 20 世纪末，经济全球化使得企业的社会责任受到更广泛的关注，社会、环境和普遍的价值观被纳入市场，这是 CSR 得以进行战略发展的经济基础，可以部分解释 SCSR 起源于欧洲的原因。以美国为代表的北美洲，以英国等为代表的欧洲拥有更为发达的经济体系，成熟的经济基础促进企业追求更大的利益，但是为维持经济的可持续发展，CSR 逐渐被要求纳入环境责任、普遍的价值观，这使得对 CSR 进行管理成为必要，进一步推动其与战略管理的结合。

2.5.2 战略性企业社会责任的热点分析

1. 热点动态演化分析

词频分析是以研究主题所在学科领域的词频库为取词来源，对某一研究领域一定时段的研究热点进行定量分析的方法。共词分析的思想是依据一组词出现在同一组文献中的频次大小来描述每组词之间的亲疏程度，依据研究主题间的亲疏关系信息来挖掘其成因。

在 SCSR 中涉及的主题可以根据数据集中分配给每篇文章的关键词来描述，相邻的关键词通常被分配给相同的文章[1]。

CiteSpace 能够使文献以一系列独立网络合成的网络呈现出来，每个单独的网络都是由在两年时间间隔内（即时间切片）发表的文章构成。CiteSpace 整合了这些独立的网络，能形象地呈现一个科学领域随时间发展的变化情况。

关键词共现图谱的运行结果如图 2.5 所示。设置上：时间切片 = 2；时间区间 = 1996—2021 年，Node Types = Keyword；时间切片 = Top50；连线强度使用 Cosine 算法。

---

[1] 陈悦，陈超美，刘则渊，等. CiteSpace 知识图谱的方法论功能 [J]. 科学学研究，2015，33 (2)：242-253.

运行得到如图 2.5 所示的关键词共现分析的可视化界面。其中关键词的年轮圈数多少代表频次高低，年轮圈数多代表频次较高，不同层次的圈具有不同的颜色，表征不同的时间，此信息可以挖掘 CSR 主题的演进情况。

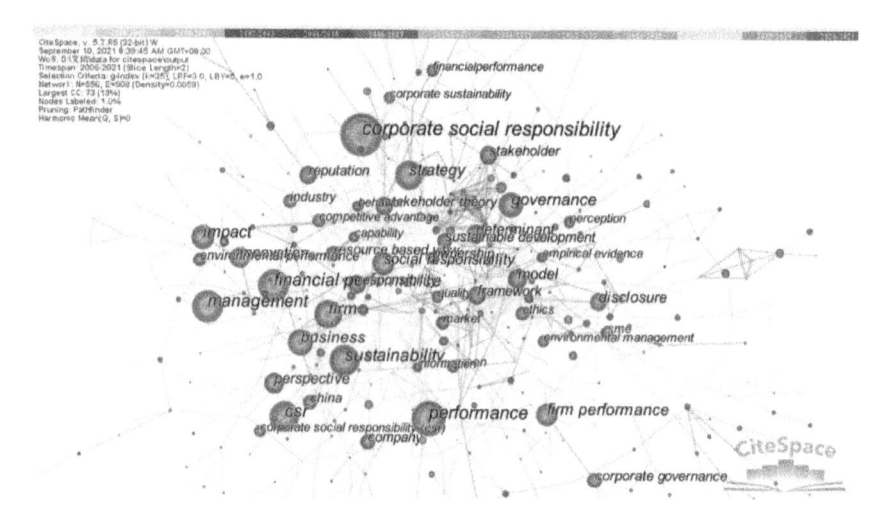

图 2.5 关键词共现网络

表 2.13 关键词共现图谱的信息提取表

平均年份	关键词数量/个	频次最高关键词	最高频次/次
2007	8	management	383
2008	1	performance	484
2009	30	corporate social responsibility	902
2010	18	sustainability	375
2011	25	csr	428
2012	41	impact	284
2013	28	determinant	155
2014	50	green	79
2015	22	entrepreneurship	34
2016	99	supply chain management	54
2017	15	research and development	35

续表

平均年份	关键词数量/个	频次最高关键词	最高频次/次
2018	113	mediating role	45
2019	9	motivation	10
2020	95	covid-19	13

如图 2.5 所示,"corporate social responsibility"(CSR)词频最高。

CSR 活动能够使企业处于有利地位时,CSR 即具有战略属性[1],这里强调 CSR 活动的出发点,对比道德属性与利他属性的 CSR 更能充分理解战略性的 CSR。

由表 2.13 可以发现,2009 年左右以"corporate social responsibility"为关键词的文献引用频次较高。这些文献研究的主题集中在讨论 CSR 战略性应用对企业财务绩效的影响[2][3][4]、SCSR 与环境可持续[5]、CSR 指标与企业财务绩效指标[6]、企业的合法性战略[7]、CSR 信息披露[8]等方面。

---

[1] Lantos, Geoffrey P. The boundaries of strategic corporate social responsibility [J]. Journal of Consumer Marketing, 2001, 18 (7): 595-632.

[2] BSPSA, BSSA, BPSA, et al. How does corporate social responsibility contribute to firm financial performance? The mediating role of competitive advantage, reputation and customer satisfaction [J]. Journal of Business Research, 2015, 68 (2): 341-350.

[3] Tang Z, Clyde Eiríkur Hull, Rothenberg S. How corporate social responsibility engagement strategy moderates the CSR - financial performance relationship [J]. Journal of Management Studies, 2012, 49 (7): 1274-1303.

[4] Mellahi K, Frynas J G, Sun P, et al. A review of the nonmarket strategy literature toward a multi-theoretical integration [J]. Journal of Management, 2016, 42 (1): 143-173.

[5] Orlitzky M, Siegel D S, Waldman D. Strategic corporate social responsibility and environmental sustainability [J]. Social Science Electronic Publishing, 2011, 50 (1): 6-27.

[6] Peloza, J. The challenge of measuring financial impacts from investments in corporate social performance [J]. Journal of Management, 2009, 35 (6): 1518-1541.

[7] Scherer A G, Palazzo G, Seidl D. Managing legitimacy in complex and heterogeneous environments: sustainable development in a globalized world [J]. Journal of Management Studies, 2013, 50 (2): 259-284.

[8] Michelon G, Pilonato S, Ricceri F. CSR reporting practices and the quality of disclosure: An empirical analysis. Critical Perspectives on Accounting, 2015, 33: 59-78.

这些主题的出现并非偶然，而是建立于一定理论基础，同时顺应社会经济的发展与要求，存在相互作用。企业财务底线作为 CSR 金字塔的基础，是企业得以存续的保证。战略性的 CSR 活动的最终结果应该是改善财务和经济业绩[1]，但 CSR 战略性应用对企业财务绩效影响的结果各异[2][3][4]，除去影响 CSR 实施的外部因素，企业进行社会责任活动所能带来的益处也受到其吸收能力和补充资源的限制。尽管 SCSR 被认为是解决 CSR 与其带来财务绩效之间关系的一种途径，但是对于 SCSR 与绩效的测量指标仍没有统一的标准，这也是在测量 CSR 战略性执行是否对绩效有提升效果的问题上难以得到一致结论的原因之一。

CSR 战略性的落实呼应环境可持续主题的出现。企业外部的利益相关者关注企业对于社会和环境责任的承担，企业对于这种期望的回应不仅是为了保证自身存在的合法性，长远来看更希望在进行社会责任承担的同时保证有所收益。如此一来，管理者要能够确定如何使组织更具有社会责任感，并且在生态可持续日益成为企业必须承担的社会责任的情况下，同时保证企业与生态环境可持续发展，战略性的 CSR 满足这一需求，在保证企业良好运行的情况下，促进社会的可持续发展。社会要求与企业财务绩效促使管理者必须更善于整合其组织的市场与非市场战略[5]，如此使得 CSR 战略管理的存在也更合理。

社会责任信息披露主题受到重视进一步说明企业在社会责任承担主体中需要发挥重要作用。社会问题与环境可持续发展是进行 SCSR 活动需要考虑的内容。企

---

[1] Orlitzky M, Siegel D S, Waldman D. Strategic corporate social responsibility and environmental sustainability [J]. Social Science Electronic Publishing, 2011, 50 (1): 6 - 27.

[2] BSPSA, BSSA, BPSA, et al. How does corporate social responsibility contribute to firm financial performance? The mediating role of competitive advantage, reputation, and customer satisfaction. Journal of Business Research, 2015, 68 (2): 341 - 350.

[3] Tang Z, Clyde Eiríkur Hull, Rothenberg S. How Corporate Social Responsibility Engagement Strategy Moderates the CSR - Financial Performance Relationship. Journal of Management Studies, 2012, 49 (7): 1274 - 1303.

[4] Mellahi K, Frynas J G, Sun P, et al. A Review of the Nonmarket Strategy Literature Toward a Multi - Theoretical Integration. Journal of Management, 2016, 42 (1): 143 - 173.

[5] Orlitzky M, Siegel D S, Waldman D. Strategic corporate social responsibility and environmental sustainability [M]. Social Science Electronic Publishing, 2011, 50 (1): 6 - 27.

业除去经济可持续责任之外还有社会和环境可持续责任,对社会、环境和财务进行披露的CSR报告一定程度上则能够表明企业对社会和环境问题的承诺。

"performance"(绩效)的引用频次次之。以绩效为关键词的文献多涉及公司财务绩效,SCSR被视为解决CSR行为与财务绩效关系问题的有力工具[1],尽管其对企业财务绩效影响的实证未得到一致结论,但研究SCSR与绩效关系的视角也在逐渐展开。

战略性的CSR不仅仅关注企业内部活动,还注意到社会需求,注重创造与社会共享的价值,因此是可持续的企业行为。SCSR使企业以可持续的视角采取可持续的管理措施,以成为公司成功、创新和盈利的源泉[2]。企业把发展的契机放在社会关注的热点趋势上,以社会需求为基础结合企业自身发展的业务来追求社会价值创造。

引用频次处于第三位的是CSR(corporate social responsibility的缩写形式,即CSR),与频次最高的关键词一致,但出现的平均年份为2011年,这说明在此时间段内CSR再次成为研究的热点,这一时段的CSR的研究理论更加丰富。责任是企业发展的一种机遇,但仅仅关注短期责任不足以维持企业长久成功,因为社会的发展会对企业提出适应性问题。可持续发展规范解释的核心是公平、公正和伦理[3],满足现世后代的需要。可持续的发展需要解决工业化国家过度的能源和资源消耗问题,有限的能源不仅要提高利用效率,还要减少负外部性。企业在考虑自身生存的经济责任的同时要兼顾社会资源的可持续性责任,即进行长远规划,与社会共生,创造共享价值,实现企业的可持续发展。

---

[1] Orlitzky M, Siegel D S, Waldman D. strategic corporate social responsibility and environmental sustainability [M]. Social Science Electronic Publishing, 2011, 50 (1): 6-27.

[2] Baumgartner, Rupert J. Managing Corporate Sustainability and CSR: a conceptual framework combining values, strategies and instruments contributing to sustainable development [J]. Corporate Social Responsibility & Environmental Management, 2013, 21 (5): 258 - 271.

[3] Baumgartner, Rupert J. Managing Corporate Sustainability and CSR: a conceptual framework combining values, strategies and instruments contributing to sustainable development [J]. Corporate Social Responsibility & Environmental Management, 2013, 21 (5): 258 - 271.

引用频次处于第四位的关键词是"management"（管理）。其既包含整合外部市场环境的管理，也有对企业内部治理的管理。市场环境主要是与企业外部联系较多的利益相关者，如供应链上下游、顾客等。相比之下，非市场环境的主要特征是约束或促进企业活动的社会、政治、法律和文化[1]。CSR 以非市场内容的方式促进企业的自我提升与改善是企业战略性发展的基础。SCSR 起初更易被理解为策略性责任，为保证顾客黏性来对生产与管理活动进行规划。CSR 作为一种非市场战略具有成本效益，但也可以成为创新和竞争优势的有力来源。基于资源基础观，CSR 战略性应用能够使企业具有动态能力，整合企业资源，进行环境创新[2]，从而形成竞争优势。另外 CSR 在治理方式中具有一定的地位，战略性的 CSR 责任兼顾社会、经济与环境三重底线[3]，此为可持续发展的基础。

除此之外，对市场环境的管理，多注重与利益相关者的关系的治理。利益相关者关系的管理尤其是公司内部的治理结构对 CSR 的披露与执行，对企业缩小合法性差距与改善绩效方面都有影响[4]。

引用频次处于第五位的是"sustainability"（可持续性）。社会可持续性发展的理念将推动企业责任的新阶段[5]。社会变革的背景下，企业本身不可能在经济、环境和社会意义上实现可持续发展，因为他们只会促进社会内部更可持续的生产和消费模式[6]。

---

[1] Jonathan P. Advancing nonmarket strategy research: institutional perspectives in a changing world [J]. The Academy of Management Perspectives, 2012, 26 (3): 22 – 39.

[2] Ghisetti C, Rennings K. Environmental innovations and profitability: how does it pay to be green? an empirical analysis on the German innovation survey [J]. Journal of Cleaner Production, 2014 (75): 106 – 117.

[3] Elkington J, Rowlands I H. Cannibals with forks: the triple bottom line of 21st century business [J]. Journal of Business Ethics, 2000 (23): 229 – 231.

[4] Cucari N, Falco S, Orlando B. Diversity of board of directors and environmental social governance: evidence from Italian listed companies [J]. Corporate Social Responsibility and Environmental Management, 2018, 25 (3): 250 – 266.

[5] Loorbach D, Wijsman K. Business transition management: exploring a new role for business in sustainability transitions [J]. Journal of Cleaner Production, 2013 (45): 20 – 28.

[6] Tukker A, Sto E, Vezzoli C. The governance and practice of change of sustainable consumption and production [J]. Journal of Cleaner Production, 2008, 16 (11): 1143 – 1145.

企业想要实现可持续发展，创造社会和经济价值，只有通过提高现有生产效率和环境友好度的社会责任行为来减轻生产和消费的负面影响。考虑环境与社会因素，并且长期规划保证企业内部发展的企业责任行为即具有战略性，其可持续项目的实施可以提高 ESG（环境、社会和治理）的绩效[1]，为社会和企业带来双重价值。

解读图谱中年轮较大的关键词有助于紧跟 SCSR 领域的研究热点。以 CSR 为研究基础，考察其为企业带来的绩效，研究中考虑 CSR 哪些因素影响企业绩效，结合不同时期的影响企业发展的政策因素与环境因素，CSR 披露、环境可持续等主题逐渐成为企业战略发展关注的焦点。这使得 CSR 由寻求短期可视利润的行为逐渐演化为能够使企业获得可持续发展的战略性行为。落脚于社会价值共享，是企业可持续发展的关键。

2. 引文聚类分析

每一篇文章都会引用一些参考文献，这些参考文献被表示为 CiteSpace 共被引网络中的节点。这些引用的节点间的连接性表示它们共同被引用的频率[2]。假设两个引用经常一起被引用，这两个引用在某些方面就是有关联的。连接的确切性质代表了被引用的参考文献和施加引用的文献之间的双重关系。已有研究表明，以这种方式形成的网络能够捕获基础科学研究的重点[3][4]。

CiteSpace 的可视化图谱可直观感受相关主题网络的新型趋势和变化模式。

---

[1] Husted B W, De Sousa – Filho J M. The impact of sustainability governance, country stakeholder orientation and country risk on environmental, social and governance performance [J]. Journal of Cleaner Production, 2017 (155): 93 – 102.

[2] Chen C, Hu Z, Liu S, Tseng H. Emerging trends in regenerative medicine: a scientometric analysis in CiteSpace [J]. Expert Opinion Biological Therapy, 2012, 12 (5): 593 – 608.

[3] Chen C. Predictive effects of structural variation on citation counts [J]. Journal of the Association for Information Science & Technology, 2012, 63 (3): 431 – 449.

[4] Chen C, Ibekwe – Sanjuan F, Hou J. The structure and dynamics of co – citation clusters: a multiple – perspective co – citation analysis [J]. Journal of the American Society for Information Science & Technology, 2010, 61 (7): 1386 – 1409.

其将共引网络划分为多个共引参考聚类,使得同一聚类内的参考文献紧密相连,不同聚类的参考文献连接松散。集群中成员数量较多,更具有代表性,因为较小的集群可能是由少量的引用行为形成。依据 Modularity Q 值、Slihouette 值来判断聚类结果的显著程度与信度,图示均符合结构显著与高信度标准。如表 2.14 总结了图 2.6 视图中的聚类信息与网络模块化的结构数值,表 2.14 中所列出的是结构显著的前四大聚类,具有一定的代表性,并且网络模块化的结构显著,所呈现的信息也更为有效。

表 2.14 文献共被引聚类

ClusterID	Size	Silhouette	Label（LLR）
0	83	0.755	innovation capability
1	81	0.942	CSR practice
2	81	0.931	social context
3	73	0.9	female director

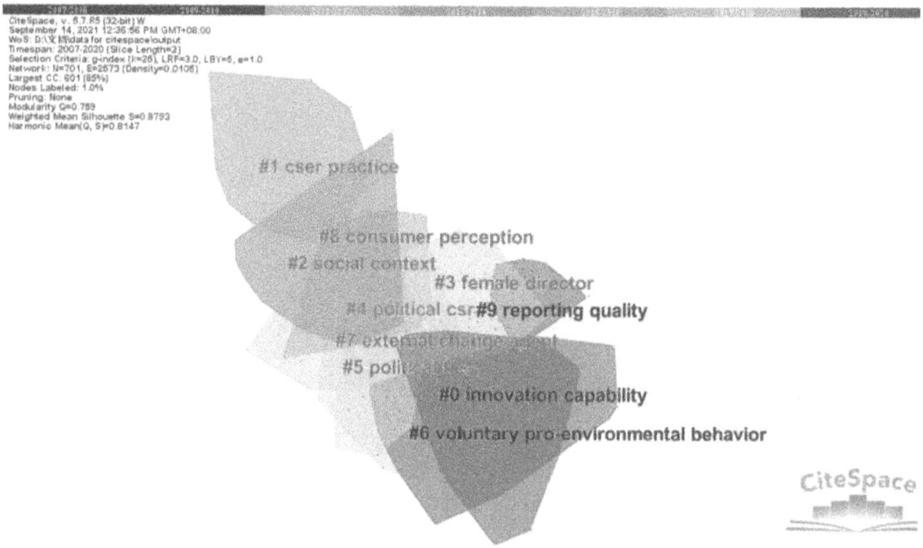

图 2.6 文献共被引网络

由图 2.6 所示的共被引网络聚类,可以得出 SCSR 领域具有代表性的动态概念与潜在研究问题[1],根据研究问题的集聚与研究热点的趋同来探讨研究方向。

(1) 聚类 0

聚类 0 的主题为"innovation capability"(创新),是根据表 2.14 的聚类信息中包含的 83 篇文献,采用 Labell 算法得到的主题。由表可知,CSR 与创新主题的文献较多,在一定时期内企业作为社会经济主体需要承担社会责任,为解决社会问题而进行创新。

企业通过创新活动增强竞争力,CSR 则能推动创新的发展[2]。商业创新由两种不同的力量控制:一是市场力量,诸如收入、相对价格等因素;二是,科学和技术的进步也意味着创造新的产品或改进旧产品的性能,或以更低的生产成本生产这些产品的可能性[3]。因此,创新的成功需要经受外部与内部的挑战。

SCSR 活动可以作为外部市场力量推进创新,也可以作为内部力量推动科技进步,从而间接推进创新。但是简单地将商业方法与社会责任相结合,往往事倍功半,无法达到理想的社会责任实践效果。创新给企业带来开发机会,组织的管理者要从 CSR 中获得更多价值,需要将社会创新纳入社会责任的规划中,如进行绿色产品创新和绿色工艺创新。

聚类 0 的创新能力主题可以衍生出较多关于社会责任与创新结合的研究内容,创新主题的发展也是 SCSR 可以继续挖掘的研究板块。

(2) 聚类 1

聚类 1 主题为"CSR practice"(CSR 活动),CSR 活动与财务绩效的关系

---

[1] Chen C, Hu Z, Liu S, Tseng H. Emerging trends in regenerative medicine: a scientometric analysis in CiteSpace [J]. Expert Opinion Biological Therapy, 2012, 12 (5): 593-608.

[2] Gallardo-Vázquez D, Valdez-Juárez L E, Castuera-Díaz Á M. Corporate social responsibility as an antecedent of innovation, reputation, performance and competitive success: a multiple mediation analysis [J]. Sustainability, 2019, 11 (20).

[3] Kline S J, Rosenberg N. An overview of innovation [J]. Studies on Science and the Innovation Process: Selected Works of Nathan Rosenberg, 2010: 173-203.

是 CSR 领域避不开的问题，但因为两者关系没有一致的研究结论，因此学者们开始研究 CSR 与其带来的价值之间存在哪些调节因素，以此间接研究两者关系[①]。

另外 CSR 活动的可持续发展与企业的绿色发展、企业的环境责任等方面也是研究的前沿趋势。共被引分析的引文中较多主题讨论企业的可持续发展，结合战略管理研究，企业也可以从可持续发展的角度来考虑企业的发展战略。

（3）聚类2

聚类2为"social context"（社会背景），CSR 的履行需要参照具体的社会环境，社会背景对企业的社会责任活动具有导向性。

研究发现，CSR 的整合取决于三个因素：宏观环境、竞争环境和管理理念[②]。管理理念是战略或运营中所依赖的内部变量，外部条件虽然影响 CSR 管理，但企业的成功也依赖企业的管理理念。SCSR 融入企业活动的决定因素和实施方式值得深入探讨。

企业采取企业责任与社会战略融合的原因如下。

一是关注到社会发展与企业盈利能力之间能够产生协同效应[③]。企业从自身业务出发，以社会需要解决的问题为抓手，可以寻求竞争优势，尽责的同时也在提升自身生存与发展的能力。

二是 CSR 融入管理是趋势要求[④]，宏观层面的社会现象的压力使得企业受到竞争力量的制约，需要采用新的应对方式。社会背景是 CSR 履行中的方

[①] Galbreath J, Shum P. Do customer satisfaction and reputation mediate the CSR - FP link? Evidence from Australia [J]. Australian Journal of Management, 2012, 37 (2): 211-229.

[②] Vitolla F, Rubino M, Garzoni A. Integrated corporate social responsibility [J]. Journal of Management Development, 2016, 35 (10): 1323-1343.

[③] Vitolla F, Rubino M, Garzoni A. Integrated corporate social responsibility [J]. Journal of Management Development, 2016, 35 (10): 1323-1343.

[④] Vitolla F, Rubino M, Garzoni A. Integrated corporate social responsibility [J]. Journal of Management Development, 2016, 35 (10): 1323-1343.

向所在，考虑社会运行的大背景下的焦点所在才能保证企业长远规划的方向符合主流趋势。

(4) 聚类3

聚类3为"female director"（女性董事），CSR的战略性考量不仅需要从宏观上研究，也需要从微观着手，因为SCSR在企业中是一项长远规划，是涉及各利益主体的决策，所以有必要从微观的企业决策者角度来考虑社会责任如何实施以产生更好的效果。由组织层面转向个人层面，个人层面的研究多考察董事会规模，研究董事会组成和公司治理结构等一系列公司治理机制。这对CSR战略性实施与企业社会绩效的改善是有意义的[1]。因为董事网络是由利益相关者组成，董事会的决策对于CSR的实施有一定的影响[2]。

随着研究更为深入，学者们发现董事会成员性别多样性与组织决定因素间也存在相关关系[3]，董事会不仅需要满足内部股东利益，还要满足外部利益相关者的需求，这使得董事会的工作也发生变化，董事会的决策不再仅限于股东价值最大化，还要解决有关社会和生态环境的问题[4]。因为这些社会问题是企业可持续发展过程中必须要关注的方面。尽管有研究认为女性董事决策对CSR的战略性履行有一定影响力，但是女性在董事会中的角色可能因文化而异，在一个社会具有显著的人道主义倾向的文化中，女性董事可能更关注与企业相关的可持续发展等的社会问题，而不是其他诸如环境方面的问题，女性董事对于社会绩效和环境绩效的影响效果有所差异。

---

[1] E Zubeltzu–JAka, I Álvarez Txeberria, Ortas E. The effect of the size of the board of directors on corporate social performance: a meta–analytic approach [J]. Corporate Social Responsibility and Environmental Management, 2020 (27): 1–14.

[2] Nandy M, Lodh S, Kaur J, et al. Impact of directors' networks on corporate social responsibility: a cross country study [J]. International Review of Financial Analysis, 2020 (72).

[3] Board. Gender diversity and organizational determinants: empirical evidence from a major developing country [J]. Emerging Markets Finance & Trade, 2019.

[4] Chams N, Garcia–Blandon J. Sustainable or not sustainable? the role of the board of directors [J]. Journal of Cleaner Production, 2019 (226): 1067–1081.

以上根据聚类结果来分析 SCSR 领域的研究前沿,对 CSR 战略性的应用具有参考价值,因为 CSR 的存在已经不仅是为了保证企业合法性,更是为了满足社会与经济日益发展的需要。社会问题的解决是社会可持续发展的基础,企业的可持续发展也需要建立于社会可持续发展之上,SCSR 连接企业与社会,推动企业的可持续发展。

2.5.3 结论与启示

1. 研究结论与讨论

本节利用文献计量工具 CiteSpace 绘制 SCSR 领域的知识图谱,对 SCSR 的研究概况、研究热点与前沿趋势进行可视化分析。通过绘制 SCSR 的关键词共现网络发掘得到 SCSR 领域相对具有代表性的研究热点,并识别其在一定时段内的演变路径,以文献共被引网络为基础,分析 SCSR 领域的研究前沿。梳理研究过程做出以下总结。

(1) CSR 热点贴合社会问题

从关键词共现图谱提取得到频次较高的 14 个关键词,其中频次排名处于前五位的关键词为 management(管理)、performance(绩效)、corporate social responsibility(企业社会责任)、sustainability(可持续性)、CSR(企业社会责任),时间区间为 2007—2011 年,经分析发现这五个关键词之间存在递进关系。

在 2012—2020 年的时间区间中,各年份中的主要关键词依次为 impact(影响)、determinant(决定因素)、green(绿色)、entrepreneurship(创业)、supply chain management(供应链管理)、research and development(研发)、mediating role(调节作用)、motivation(动机)、covid-19(新型冠状病毒肺炎)。

CSR 在各年份中研究的主题与社会所关注的热点较为契合,企业作为社会中的经济主体,需要关注社会的需求,以此保证企业的长远发展,这就衍

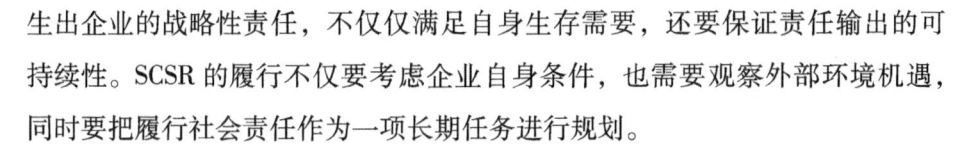

生出企业的战略性责任，不仅仅满足自身生存需要，还要保证责任输出的可持续性。SCSR 的履行不仅要考虑企业自身条件，也需要观察外部环境机遇，同时要把履行社会责任作为一项长期任务进行规划。

（2）CSR 行为的战略性实施逐渐成为前沿趋势

根据文献共被引网络得到具有代表性的四大聚类，聚类主题分别为 innovation（创新）、CSR practice（企业社会责任活动）、social context（社会背景）、female director（女性董事）。

聚类所体现的研究趋势与研究热点密不可分，分析得到企业社会战略性发展的方向趋向于更为具体的社会责任活动。创新主题的出现呼应社会责任管理的战略属性，企业的创新与社会责任战略协同来提高企业竞争力。CSR 活动主题呼应相应时期的社会热点，热点聚集促成 CSR 活动趋同。女性董事主题是对 CSR 行为决策者的分析，CSR 作为企业管理战略的一部分，其履行程度与效果很大程度上取决于管理者的态度与决策，这也是 CSR 研究的微观角度之一。

值得关注的是，当前在社会责任问题上，企业承担的节能减排责任对于碳达峰与碳中和目标的实现至关重要，这是经济低碳发展与企业绿色转型的契机，也是 CSR 战略性实践长远部署的关键。

2. 研究启示

根据 SCSR 热点及前沿趋势的结论，从 SCSR 的基础研究方向与 CSR 的管理两个方面分析可得如下启示。

（1）SCSR 理论研究应该采用学科交叉视角

对 CSR 进行管理应该作为企业战略管理的一部分，企业的战略管理是立体行为，理论的完善也应该以整合的视角多方面把握。

（2）SCSR 的理论框架需要完善

理论框架的构建不仅有益于 SCSR 的研究规范，对 SCSR 领域的深入探索与交流也大有裨益。SCSR 可以以社会责任理论为基础，以战略管理研究的范式对 CSR 具体行为进行挖掘，而不过于关注绩效方面的结论，以扩展研究范畴。

（3）SCSR 的价值评估不能局限于企业内部

SCSR 的价值评估应考虑企业所处的行业环境与社会背景，SCSR 督促企业以社会问题作为与社会共同发展的机遇。这种视角下，CSR 可以为企业带来动态能力，这些动态能力可以为企业赋能，为企业带来独特的竞争优势与价值。

（4）创新性发掘可以与企业整合的 CSR 行为是关键

SCSR 创新方面的研究应该基于企业的业务流程与管理，创新性发掘可以与企业整合的 CSR 行为。企业作为社会中的经济主体，社会问题是企业发展的机会所在，CSR 促成企业对这一机会的把握，形成企业发展的潜力。

3.1 研究目的与研究方法

3.1.1 研究目的

在现实背景、理论背景与文献综述的基础上,本章针对战略性企业社会责任如何影响价值创造的问题,以深圳某检测股份有限公司(以下简称为 A 检测公司)为样本,采用探索性案例研究(Exploratory Case Study)方法,探寻 SCSR、动态能力、环境动态性与价值创造四者间的关系,以此为下一章基于理论、文献分析提出研究假设与构建概念模型奠定基础。

3.1.2 研究方法

根据研究的需要,参照 Yan 和 Gray 的研究与做法,本书采用内容分析法和探索性案例研究方式进行案例研究[①]。

1. 内容分析法

内容分析法产生于 20 世纪初,"是一种对研究对象的内容进行深入分析,透过现象看本质的科学方法",邱均平和邹菲认为该方法可全面、客观、真实地反映文本内容,适合个案研究[②]。在管理学研究中,内容分析法已得到广泛的应用。

本书在开展探索性案例研究时,按照 Yan 和 Gray 的做法,围绕"SCSR 对价值创造的影响",采用内容分析法对获取的资料进行开放式编码,具体过程如下:从获取的有关 A 检测公司的资料中提炼出 39 个概念,在此基础上划分出 39 个概念的类属,并从中归纳出 10 个范畴(见表 3.1)。

[①] Yan A, Gray B. Bargaining power, management control and performance in United States – China joint ventures: a comparative case study [J]. Academy of Management Journal, 1994, 37 (6): 1478 – 1517.
[②] 邱均平,邹菲. 关于内容分析法的研究 [J]. 中国图书馆学报, 2004 (30): 12 – 17.

表3.1　对A检测公司资料的开放式编码

原始数据	概念化	范畴化
成立了一个由高层领导挂帅的机构，将CSR纳入企业战略；与其他机构共同举办"书香永存，惠泽千秋"西部小学援建活动；搭建"创+"众创空间平台，为创客人员提供免费检测；多次举办公益能效与环保研讨会，宣传法规要求和提升办法	a1：保护环境 a2：支持社会事业 a3：开展社区项目合作 a4：将CSR与企业使命相结合	A1：中心性（a1、a2、a3、a4）
每年获得深圳市政府发放的各种补助；按照国家检测法规开展业务；遵守行业规范	a5：获得优惠的税收待遇 a6：履行法律义务 a7：遵循本行业的惯例	A2：自愿性（a5、a6、a7）
推行无纸化电子档证书报告；参加各种公益活动，增加曝光度；组织其他社会力量进行捐款	a8：履行法律义务 a9：遵循本行业的惯例	A3：可见性（a8、a9）
公司开展的社会责任活动基本与企业的业务、战略紧紧结合，相互促进；公司业务能力越强，盈利能力越强，社会责任相关活动的开展也会越频繁、越有影响力	a10：履行社会责任，增加企业利润 a11：实现社会目标，提升企业效益	A4：专用性（a10、a11）
紧跟行业变化，调整企业行动；关注各国检测法规的变化；出具的报告及证书获得国内外各个行业的领头羊企业以及国际买家的认可	a12：审视社会环境，使企业与社会环境保持一致 a13：为更好地满足社会期望，调整企业行动 a14：跟踪法律法规的发展 a15：成为符合新的社会期望的先锋	A5：前瞻性（a12、a13、a14、a15）

第3章　探索性案例研究

续表

原始数据	概念化	范畴化
关注环保及生活环境变化；公司每月召开研讨环境变化的会议；2014年，加大对电池实验室的投入，完善电池测试设备；面对公司内外环境的变化，提高技术和技术人员水平，并加大对外宣传力度，让目标客户更多地认识我们；不断洞察行业变化，调整销售策略	a16：能先于多数竞争者察觉环境变化 a17：经常召开部门间会议讨论市场需求情况 a18：能正确理解内外环境变化对企业的影响 a19：能从环境信息中发现可能的机会与威胁 a20：有比较完善的信息管理系统 a21：对市场的判断力、洞察力很强	A6：战略意会能力（a16、a17、a18、a19、a20、a21）
面对行业的变化，不断培养业务员竞争意识，真正地解决客户的问题；公司有一个VI部门，并由一个副总经理挂帅，进行品牌推广，上升到公司战略高度；凭借丰富的业务运营经验和较强的技术研发优势，公司对市场上国内外新出台的标准和法规具备快速反应的能力；招揽越来越多的技术性人才，确保给客户提供最专业的服务，传递最准确的信息	a22：能很快处理战略决策过程中的各种冲突 a23：能做出及时处理战略问题的决策 a24：能准确地根据环境变化进行市场再定位 a25：当发现顾客不满意时，立即采取纠正措施 a26：能快速重新组合资源以适应环境变化	A7：及时决策能力（a22、a23、a24、a25、a26）
依托多年积累的技术优势和运营经验，公司能及时响应客户需求，为各行业客户提供快捷、高效的"一站式"检测服务；在以人为本的企业理念指导下，职工幸福感随着公司的不断发展节节攀升；在进行股份制改革以后，公司更是焕发出新的活力和动力；公司部门合作意识强；公司建立有效的奖惩系统	a27：战略能有效分解落实 a28：不同执行部门间合作好 a29：在执行部门战略时，能得到其他相关部门的协助 a30：战略目标实现程度与个人奖惩结合 a31：能有效追踪执行效果	A8：动态执行能力（a27、a28、a29、a30、a31）

续表

原始数据	概念化	范畴化
检测行业属于现代服务业，覆盖领域广，变动性强；随着相关国家政策法规的调整，客户的检测需求也会不断发生变化；国内外宏观经济整体及各项检测法规不断发生变化；每次标准更新都要求获证企业须对照新的产品标准重新检测产品；不断满足差异化客户，公司需要不断提高自身的服务与检测能力	a32：外部环境变化剧烈 a33：顾客经常对本企业（服务）提出新的需求 a34：外部环境在不断发生变化 a35：市场上的产品（服务）数量和种类在不断变化	A9：环境动态性（a32、a33、a34、a35）
获得国家实验室 CNAS 认可；获得韩国 KTC 机构的授权，KC 的业务量居同行业之首；获 TÜV 南德意志集团最佳年度合作伙伴荣誉；取得国家认监委 CCC 实验室资质；并购中检设备，产品服务涉及环境可靠性设备研发制造；成功登陆"新三板"；湖南分公司注册成立并投入实际运营，进军环境检测领域	a36：进入新的市场 a37：提供新的服务 a38：提升老顾客的忠诚度 a39：获得新的顾客	A10：价值创造（a36、a37、a38、a39）

2. 探索性案例研究

案例研究是一种定性研究方法，其核心在于"理解某种单一情境下的动态过程"[①]。Yin 认为案例研究借助一定的手段，深入和全面地探寻现实，既适合建构理论，又适合寻找因果关系，进行验证性分析。根据研究设计和研究需要的不同，案例研究可以分为以下三大类[②]。

[①] 李平，曹仰锋. 案例研究方法：理论与范例——凯瑟琳·艾森哈特论文集 [J]. 北京：北京大学出版社，2013.

[②] Yin R K. Case study research: design and methods [M]. London: Sage, 1994.

（1）描述性案例研究（Descriptive Case Sstudy）

此类案例研究是在研究前有一个较为明确的理论导向，以及研究者对案例特性与研究问题有一定的了解的情况下，对研究的案例进行更为周全的分析。

（2）探索性案例研究（Exploratory Case Study）

此类案例研究是研究者在对相关情况不是很了解时进行的试验性研究。

（3）因果性案例研究（Causal Case Study）

此类案例研究是通过观察现实中的因果关系来证明相关的理论陈述和研究预设。

鉴于本书尝试从动态能力与环境动态性视角探索SCSR对价值创造的影响机理，且尚未形成确切的理论假设，因而适合采用探索性案例研究方法，提出初始的命题假设。

3.2 研究设计

与实证研究一样，案例研究也需要进行严密的设计，以保证案例研究的质量，提高案例研究的信度与效度。就案例研究来说，研究设计实质是指"用实证资料把需要研究的问题和最终研究结论连接起来的逻辑顺序"。Merrilees 和 Tiessen 认为，一般来说，好的设计至少应考虑好如下问题：分析单元的界定、适当案例的选择、恰当的资料收集方式与资料分析的步骤[①]。

3.2.1 分析单元界定

通过界定分析单元，我们可以确定研究的边界问题。根据前述研究，本案例研究以 SCSR、动态能力、价值创造与环境动态性之间的内在关联的个案作为分析单元。

3.2.2 案例选择原则

杨建锋认为选择合适的案例，需要把握三个原则：一是构思的关联性；二是信息的真实性；三是取样的方便性[②]。按照这三个原则，本书选择 A 检测公司为研究样本。

1. 构思的关联性

从案例的构思关联性来看，A 检测公司主要从事检测业务，是一个民营的检测机构。检测机构的公信力和品牌影响力是获取客户的决定性因素，这种公信力和品牌影响力是企业长期对消费者、员工等利益相关者履行应尽的

[①] Merrilees B, Tiessen J H. Building generalizable SME international marketing models using case studies [J]. International Marketing Review, 1999, 16 (4-5): 326-344.
[②] 杨建锋. 家族企业的组织学习及其形成机制研究 [D]. 杭州：浙江大学，2008.

责任而产生的结果。而 SCSR 就是将对利益相关者履行的 CSR 与企业战略进行有机结合，为企业创造一定价值的行为。由此看来，A 检测公司的公信力和品牌影响力与 SCSR 有着内在的关联。此外，近几年 A 检测公司所面临的外部环境处于动态变化中，这就要求 A 检测公司进行一定的调整和采取相应的措施，以适应环境的变化。因此，本书选取 A 检测公司作为样本，研究 SCSR、动态能力、价值创造与环境动态性之间的因果关系。

2. 信息的真实性

从信息的真实性来看，我们与 A 检测公司有着良好的关系，能够获取比较真实和详尽的资料，并也可对 A 检测公司相关人员进行访谈。此外，在撰写此部分材料时，A 检测公司的"全国中小企业股份转让系统"的公开转让说明书已公示过，这也为本书进一步获取相关资料提供了便利。

3. 取样的方便性

从取样的方便性来看，由于我们与 A 检测公司有着良好的关系，这非常有利于获取 A 检测公司的相关资料，并有助于进行相应的访谈和信息的反馈。

3.2.3 案例资料收集

本书通过多种方式，收集了访谈资料、文献资料与档案资料，依此资料进行交叉验证与相互补充，提升案例研究的信度与效度。

1. 访谈资料

对 A 检测公司的高层领导、骨干人员、基层员工等共 11 人进行了访谈，了解一些关键事件，并就相关问题进行深入的交流。访谈结束后的 6 小时内，及时将录音材料整理成文字材料。部分材料如表 3.2 所示。

表 3.2　访谈后整理的部分材料

受访者	受访者例句或事例
高层领导 1	"通过 A 检测公司自身捐款和组织其他社会力量进行捐款，并进行广告投放号召更多有力量的人员参与西部援建，关注西部失学儿童，A 检测公司被更多的企业客户所知晓，提升了品牌影响力。"
高层领导 2	"A 检测公司开展的社会责任活动基本与企业的业务、战略紧紧结合，相互促进。企业社会责任活动的开展是为了践行责任，也是在落实企业战略或从策略上推广检测业务，公司检测业务能力越强，盈利能力越强，社会责任相关活动的开展也会越频繁、越有影响力。两者相互影响，共同促进。"
骨干人员 1	"A 检测公司不是资源型企业，但是也在竭尽所能地为国家节能减排发展战略做出贡献，在较早的时候就已开始全面推进无纸化办公，并不断向员工宣传绿色出行的理念。A 检测公司自 2004 年成立，从一个微型企业逐步发展为一个有着稳定盈利的上市企业，以发展为中心，在实现企业价值的同时也不断扩大企业规模，提高纳税份额，完成纳税任务，为国家发展做出贡献。"
骨干人员 2	"因为坚持着诚信、中立的第三方检测机构立场，A 检测公司所出具的报告及证书获得了国内外各个行业的领头羊企业以及国际买家的认可。"
基层员工 1	"在以人为本的企业理念下，职工幸福感随着公司的不断发展节节攀升；在进行股份制改革以后，公司更是焕发出新的活力和动力。"
基层员工 2	"公司在发展的同时不忘慈善，在其他地区的同胞遇到重大灾害的时候，一定会积极组织捐款捐物，为救灾和灾后重建尽一份自己的绵薄之力，对贫困山区也会竭尽所能予以支持，秉承着为爱而行动的理念。"

2. 文献资料

一是浏览 A 检测公司的网站，了解其发展历程，对获取的资料进行详尽的分析，为本书进行探索性案例研究提供合适的资料。

二是获取检测行业的相关资料。通过浏览检测行业网站和对检测行业专家进行咨询，获取检测行业的相关资料，进一步了解该公司在检测行业的地位和参与行业竞争的基本情况。

3. 档案资料

档案资料主要包括以下三种：

①内部资料。包括公司的产品简介、内部刊物、高层领导讲话记录等资料。

②公司上市"公开转让说明书"与年报。包括西南证券股份有限公司为该公司出具的"公开转让说明书"与2016年披露的年报[①]。

③公司申报检测资质与质量奖所形成的文字报告。

3.2.4 资料分析步骤

案例资料的分析需要遵循严格的逻辑，根据郑伯埙和黄敏萍的研究，并考虑本案例研究的性质与类型（探索性案例研究），本书采取以下步骤对案例资料进行分析（见图3.1）。

```
建立文本
   ↓
建立编码系统
   ↓
寻找数据（资料）间的关系
   ↓
提出初始假设命题
```

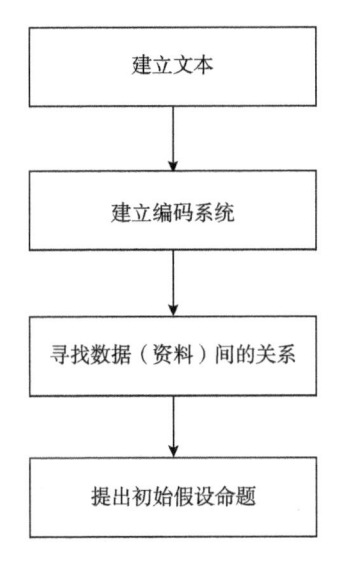

图 3.1　案例资料分析的四个步骤

---

① A检测公司于2016年成功在"新三板"挂牌上市。

第一步，建立文本。通过访谈、实地观察、阅读档案、浏览网站等方式收集资料，建立相应的文本。

第二步，建立编码系统。运用内容分析法进行编码，建立解读文本的架构。

第三步，寻找数据（资料）间的关系。对获取的数据（资料）进行重组与归类，探寻其与研究主题的契合、矛盾之处。

第四步，提出初始假设命题。围绕 SCSR、动态能力、环境动态性与价值创造四者间的关系，提出初始假设命题。

3.3 案例简介

A检测公司成立于2004年，是一家从事综合性检测服务的高新技术企业，历经多年的发展，在电子电器，新能源、消费品等三大检测领域取得了不错的业绩。现从以下几方面对A检测公司进行详细的介绍[①]。

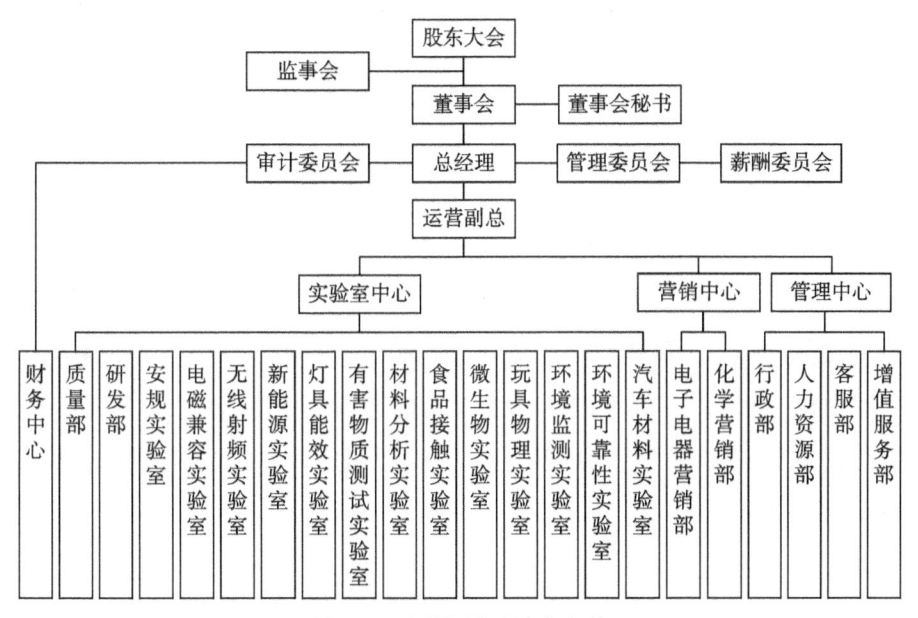

图3.2 A检测公司内部架构

资料来源：A检测公司的"公开转让说明书"。

3.3.1 组织架构和人员构成情况

1. 组织架构

A检测公司设立了股东大会、监事会和董事会，在董事会下设总经理、

[①] 案例简介的主要内容来自公司的"公开转让说明书"，该说明书由独立的第三方机构（西南证券股份有限公司）出具。

审计委员会、管理委员会和薪酬委员会，总经理下设运营副总，并下设了实验室中心、营销中心和管理中心。其中实验室中心下设了15个部门，营销中心下设了2个分中心，管理中心下设了4个分中心，如图3.2所示。

2. 人员构成情况

表3.3显示，A检测公司目前有175名员工。从专业结构来看：管理人员14人，占8%；财务人员5人，占2.86%；营销人员70人，占40%；技术人员69人，占39.43%；后勤人员17人，占9.71%。由此可看出，A检测公司的营销人员和技术人员最多。从年龄结构来看，50岁以上2人，占1.14%；40至50岁1人，占0.57%；30至40岁38人，占21.71%；30岁以下134人，占76.57%。一般来说，从事营销工作和技术工作的人员更年轻一些。表3.3显示，公司人员的年龄大都在30岁以下，年富力强，这与公司人员的专业结构是吻合的。从受教育程度来看，研究生学历的有2人，占1.14%；本科学历的有45人，占25.71%；专科学历的有78人，占44.57%；其他学历的有50人，占28.27%。由此可看出，公司人员的受教育程度大都为专科及其他学历。

表3.3 A检测公司的人员构成情况

专业结构	人数（人）	比例（%）	年龄结构	人数（人）	比例（%）	教育程度	人数（人）	比例（%）
管理人员	14	8.00	50岁以上	2	1.14	研究生	2	1.14
财务人员	5	2.86	40~50岁	1	0.57	本科	45	25.71
营销人员	70	40.00	30~40岁	38	21.71	专科	78	44.57
技术人员	69	39.43	30岁以下	134	76.57	其他学历	50	28.57
后勤人员	17	9.71						
合计	175	100	合计	175	100	合计	175	100

注：由于计算中的四舍五入，某一类数据相加之和可能与合计数据略有差异。
资料来源：A检测公司"公开转让说明书"。

3.3.2 主营业务、主要产品及其用途

1. 主营业务

A 检测公司主要从事综合性检测服务，其提供的产品主要有三大类：一是电子电器产品，二是消费品，三是新能源产品。目前，A 检测公司绝大部分的业务集中于电子电器行业，对公司业务贡献排名前五的客户基本上来自电子电器行业。为有效地对产品进行检测，A 检测公司已建设了电磁兼容、无线射频、材料分析和环境监测等 13 个设备先进的实验室。此外，A 检测公司还拥有完善的研发体系和快捷灵活的检测服务流程。这些为 A 检测公司接受客户的委托，为其提供合格的检测报告和证书奠定了良好的基础。此外，A 检测公司也在未雨绸缪，为获得更多的来自消费品和新能源行业的业务努力奋进。

2. 主要产品及其用途

根据检测服务内容的不同，A 检测公司的业务划分为电子电器检测、消费品检测和新能源产品检测三大领域，具体情况如表 3.4 所示。

表 3.4　A 检测公司的检测业务

检测领域	产品与服务简介
电子电器检测	信息技术设备（ITE）、音视频（Audio&Video）、LED 照明产品、家电、智能穿戴设备、无线通信设备、智能手机等产品的电磁兼容、产品安全、有毒有害物质、环境可靠性和能效方面的技术检测服务
消费品检测	汽车材料、玩具及婴童产品、金属和非金属材料、纺织品和鞋材等的物理、化学性能检测服务
新能源产品检测	包括锂电池、各类储能电池、动力电池（动力车用电池、混合动力车用电池）在内的电池类产品的电性能、产品安全、环境和机械等方面的技术检测服务

资料来源：A 检测公司的"公开转让说明书"。

3.3.3 商业模式

多年来，A检测公司致力于检测技术的研究、开发和应用，专注于提供电子电器、消费品和新能源产品等领域的检测认证服务，目前已经形成完整的检测系统和完善的检测服务运营体系。经过多年的发展，A检测公司形成的商业模式主要有两种①。

第一种是销售模式。A检测公司经过多年的摸索，形成了直销和"互联网+检测"的双轮驱动销售模式，从表3.5所提供的数据来看，直销模式对企业发展的贡献最大。2013—2016年两种模式的贡献情况如表3.5所示。

表3.5 2013—2016年两种销售模式的贡献情况

销售模式	2016年 金额/元	比例	2015年 金额/元	比例	2014年 金额/元	比例	2013年 金额/元	比例
直销	37059933.74	75%	22250975.76	76%	11064786.10	72.46%	9001295.22	76.03%
互联网+检测	12353311.25	25%	7026623.93	24%	4205122.71	27.54%	2838335.46	23.97%
合计	49413244.98	100%	29277599.69	100%	15269908.81	100%	11839630.68	100%

资料来源：2016年和2015年的数据由A检测公司提供，2014年与2013年的数据来源于A检测公司的"公开转让说明书"。

第二种是服务模式。A检测公司的服务模式具体包括实验室检测模式和代理认证服务模式。实验室检测模式是指A检测公司运用其先进的实验设备对客户委托的产品进行检测，并出具合格的认证证书的模式；代理认证服务模式是指A检测公司接受客户委托，在对客户产品进行检测后，代理客户向相关机构申请认证报告的模式。

总体来看，销售模式为服务模式带来客户资源，而服务模式则支撑销售模式，两种模式相辅相成，"双轮驱动"A检测公司的发展。

---

① 公司的"公开转让说明书"中将公司的商业模式归为四种，本书认为其提出的前两种商业模式（研发模式和采购模式）并不是真正的商业模式，应是支撑后两种商业模式（销售模式和服务模式）的公司运作机制。

3.4 主要发现与初始假设命题提出

本节对获得的案例资料进行详细的分析,从中归纳出 SCSR、动态能力、环境动态性与价值创造四者间的关系,并提出初始的研究假设命题。

3.4.1 战略性企业社会责任与价值创造

由于 A 检测公司是一家服务性的检测公司,其公信力和品牌影响力对客户有着至关重要的影响,因此,A 检测公司特别注重 CSR 的履行,并将其与自身的战略、业务相结合,使 SCSR 活动能够得到有效的落实。近几年,A 检测公司结合自身的战略、业务,积极开展多项与 SCSR 相关的活动,取得了积极的成效,为自身创造了较大的价值。

第一,推行无纸化电子档证书报告,开展绿色环保活动。该项活动每年节约 132 万张纸,为 A 检测公司节省了约 40 万元的成本,同时也推动了整个行业的绿色环保行动,影响相当多的从事检测业务的企业实行电子档证书报告。

第二,组织策划西部小学援建公益活动。A 检测公司捐款并组织其他社会力量进行捐款,并进行广告投放,号召更多有影响力的人员参与援建西部小学和关注西部失学儿童的活动。此类活动传播了品牌的影响力,使 A 检测公司被更多的客户知晓。2016 年 6 月 3 日,媒体报道:由光大银行深圳分行、南方日报深圳办事处、中国人民大学商学院 EMBA1505 班、元培学堂和 A 检测公司共同举办的"书香永存,惠泽千秋——西部小学援建行动",为四川甘孜阿坝州石渠县阿日扎乡的中心小学与慈悲小学的 500 多位孩子圆了他们的图书室与音乐教室梦。作为参与主力之一的 A 检测公司,其对社会的爱心得到了充分的展现,正如公司总经理 Daniel 所说的那样:"能有机会为孩子做些力所能及的事情是企业应尽的责任,这次募捐活动是我与公司的 300 多位家人一同努力,将爱心接力传承下去的一次尝试,未来我们的爱心与热心将永不熄灭，薪火相传。"

第三，多次举办公益能效与环保研讨会，宣传法规要求和提升办法。公益研讨会的举办直接或间接地让生产制造型企业、社会与个人关注到节能、环保的有效措施和标准，也让客户进一步知晓了A检测公司的检测能力和范围，提升了A检测公司的知名度和认可度，促进了其业务增长。2016年4月21日，A检测公司举办了"照明产品北美效能及安规认证研讨会"；2016年3月7日，为帮助客户更好地了解欧美国家环保的相关规定，A检测公司举办了"欧美环保动态研讨会"[①]。

第四，响应国家号召，搭建有关检测的"创+"众创空间平台[②]，为创客人员提供免费检测。搭建"创+"众创空间平台，使A检测公司在政府、企业联盟、协会和创客新生代力量群体中的影响力得到提升。平台开展的一系列活动，扩大了公司的知名度，提升了公司的美誉度。

多年来，A检测公司坚持在技术研发、业务开拓和服务提供中履行CSR，取得了不错的成效。A检测公司重视技术研发，依托高质、高效以及标准化的服务，在电子电器产品、消费品和新能源产品的检测领域形成了具有自身特色和优势的业务模式，逐步树立了良好的口碑和市场公信力。公司凭借先进服务优势和对主营业务的专注，获得了欣旺达、比亚迪等高端客户的认可，由此提升了公司的品牌形象，并形成了较强的示范效应。[③]

通过上述分析，可知A检测公司实施的SCSR在同行间产生了正面的影响力，提升了知名度和认可度，促进了业务增长，并为A检测公司节约了成本，创造了良好的经济效益。由此本书提出以下初始假设命题。

命题1：SCSR与价值创造之间存在正向相关关系。

---

① 资料来源于A检测公司的官方网站。
② 目前，有关检测的"创+"众创空间平台在国内只有一个。
③ 引自公司的"公开转让说明书"第79页。

3.4.2 战略性企业社会责任与动态能力

A检测公司一直坚持将CSR与企业战略、业务相结合，实施SCSR，助力动态能力提升，主要体现在以下三方面。

首先，A检测公司成立了一个由副总经理挂帅的"VI部门"，该部门积极关注企业外部环境的变化，提前规划所需推广事项，其中就包含CSR需要落地的项目。此外，A检测公司定期举办、参加与检测行业相关的研讨会，使该公司能够把握行业动态，并做出相应的决策。正如接受访谈的一位高层领导M1所说："我们关注政府部门、客户等对公司的评价，重视他们的诉求，并将之与企业战略结合起来，使得公司可以更好地感知行业环境的变化。"由此可知，A检测公司实施的SCSR提升了其战略意会的能力。

其次，A检测公司有70位销售员工[①]，他们长期与顾客打交道，可密切跟踪顾客的需求变化，并及时将此变化反馈给公司。然后，公司召开会议，及时做出决策。正因如此，A检测公司的销售业绩不断攀升，在2016年达到了4941多万元（见表3.6）。由此思之，A检测公司实施的SCSR也增强了其及时决策的能力。

表3.6 2013—2016年营业业务收入情况

类别	2016年 金额/元	比例	2015年 金额/元	比例	2014年 金额/元	比例	2013年 金额/元	比例
检测服务	37059933.74	75%	22552535.04	77.01%	11299817.52	74%	8795036.32	74.28%
认证服务	12353311.25	25%	6725064.64	22.99%	3970091.29	26%	3044594.36	25.72%
合计	49413244.98	100%	29277599.69	100%	15269908.81	100%	11839630.68	100%

资料来源：2016年和2015年的数据由A检测公司提供，2014年和2013年的数据来源于"公开转让说明书"。

---

① 占公司总人数的70%。

最后，A 检测公司采取各种措施激励员工，如"通过培训及职业生涯规划帮助员工成长，合理激励员工，关注员工的薪酬与福利"，"适时推进股权激励计划，将员工的利益与全体股东财富的增值有机地结合起来"，"通过开展各类丰富的企业文化活动，提升员工对 A 检测公司的归属感，增强员工凝聚力"，等等①。受到激励的企业员工通过自身的努力，更好地服务顾客，积极与非营利组织、环保部门和检测行业专家进行良好的沟通，保持健康的关系。由此可看出，A 检测公司积极履行对员工的责任，提升了其动态执行能力。

综合以上三点，可知 A 检测公司实施的 SCSR 提升了其战略意会能力、及时决策能力与动态执行能力，进而增强了公司的动态能力。由此本书提出以下初始假设命题。

命题 2：SCSR 与动态能力之间存在正向相关关系。

3.4.3　动态能力与价值创造

近年来，A 检测公司凭借逐渐增强的动态能力，业务范围不断扩大，营销收入也随之不断增长②，可从以下三个方面对此进行分析。

一是 A 检测公司定期召开研讨会，对行业发展情况进行跟踪调查，洞察行业发展态势。接受访谈的另一位公司高层领导 M2 说："随着相关国家政策法规的调整，客户的检测需求也会不断发生变化，这就要求我们公司高层领导密切关注这种调整与变化，为此我们也会与相关国家的研究机构进行合作，以及时知晓相关国家对政策法规的调整情况，并将这种情况反馈给客户，以使客户生产的产品符合相关国家的要求。"

二是在密切关注、知晓外部环境的基础上，A 检测公司对其变化做出预判，据此做出相应的决策。尤其值得一提的是，在对公司一位一线员工访谈

---

① 引自公司的"公开转让说明书"第 200 页。
② 2016 年的营业收入达到了 4941 多万元，与 2013 年的营业收入相比，增长超过 3 倍（见表 3.6）。

时，他说："我觉得我们公司做得比较好的一点是，公司赋予一线员工灵活决断的权力，这就让我们在面对一些突发情况时，能够及时做出决策，满足客户的要求。"

三是在中国新常态和国际国内复杂经济形势下，A 检测公司采取了积极的应对措施：其一，招揽越来越多的技术性人才，确保给客户提供最专业的服务，传递最准确的信息；其二，细化各个工作岗位的工作职责，增加各个产品线技术支持，确保内外部问题咨询有专业对应的窗口；其三，A 检测公司为员工提供越来越多的外出学习机会，吸收外部经验和理念，拓宽员工视野；其四，为员工提供更好的工作和居住环境，本着以人为本的理念，帮助员工实现自己的理想和获得安居乐业的基本条件；其五，制定公平合理的薪资制度及晋升流程，保证员工践行职业规划。这些措施大大提升了 A 检测公司的动态执行能力，进而助力公司更好地开展新业务、进入新市场，增强对客户的影响力。正如一位被采访的员工所说："在以人为本的企业理念指导下，职工幸福感随着公司的不断发展节节攀升；在进行股份制改革以后，公司更是焕发出新的活力和动力。"

以上三点分析表明，近年来 A 检测公司的动态能力不断帮助公司拓展业务范围，增加营业收入。由此本书提出以下初始假设命题。

命题 3：动态能力与价值创造之间存在正向相关关系。

3.4.4 战略性企业社会责任、动态能力与价值创造

本节遵循"SCSR—动态能力—价值创造"的逻辑，从三个方面阐明 A 检测公司实施的 SCSR 经由战略意会能力、及时决策能力和动态执行能力[①]对价值创造产生的影响。

其一是 A 检测公司成立了一个由高层领导挂帅的机构，将 CSR 纳入企业战略，并在具体的业务中予以落实。此外，A 检测公司定期召开研讨会，并

---

① 本书中的动态能力由战略意会能力、及时决策能力和动态执行能力等三个维度构成。

与国外的相关机构进行合作,与行业保持密切接触,把握行业的发展态势。如此一来,A检测公司在把握行业变化与先机上快人一步。被访谈的一位高层领导 M1 谈道:"我们公司尽管是一家小型民营企业,但是公司高层特别重视与外界的接触,密切注视行业的变化,并据此调整公司的销售策略,激励员工不断开拓新的业务。"

其二是 A 检测公司积极地实施 SCSR,使其面对外部环境变化时,能够做出及时的决策。由独立的第三方机构出具的"公开转让说明书"显示,A 检测公司"对市场上国内外新出台的标准和法规具备快速反应的能力"。"随着产品更新和技术升级速度的不断加快,客户对检测服务时效性的要求也不断提高","依托多年积累的技术优势和运营经验,公司能及时响应客户需求,为各行业客户提供快捷、高效的'一站式'检测服务,最大限度节省客户时间成本"。

其三是 A 检测公司积极实施 SCSR,采取多种措施激励企业员工,使各项措施能够得到真正的落实。如一位被采访的员工说:"在以人为本的企业理念指导下,职工幸福感随着公司的不断发展节节攀升;在进行股份制改革以后,公司更是焕发出新的活力和动力。"如前所述,A 检测公司采取多种措施对员工关怀备至,并让骨干员工持有公司的股份,可激发员工的工作热情与创造力,助力业务的拓展与业绩的增长。

综合上述三点,可知 A 检测公司实施的 SCSR 可分别通过战略意会能力、及时决策能力与动态执行能力对价值创造产生正面的影响。由此本书提出以下初始假设命题。

命题 4:SCSR 通过动态能力影响价值创造。

3.4.5 战略性企业社会责任、环境动态性与价值创造

近几年检测行业风云变幻,国有检测机构实行体制改革,外资检测机构快速兼并,国家进一步放开检测资质授权,使民营企业与外资企业都可获得国家层面的检测授权。此外,企业自主技术提升与检测能力的提升大大降低

了检测需求量，国家采取市场抽检方式，减免强制性检测认证费用。上述变化对A检测公司产生了较大的影响，主要体现在以下几个方面。

第一，国有检测机构实行体制改革，企业实行股份制、市场化，国有检测机构也能参与到检测市场中。它们依托原有的雄厚检测技术力量、强大的检测设备及与政府的良好关系，抢夺市场，导致检测市场竞争进一步加剧，加大了A检测公司的经营压力。

第二，国家资质授权进一步放开，为A检测公司带来了商机，也带来了考验。商机是A检测公司能够申请国家授权资质，更好地做好客户服务和取得更高的营业收入；考验是国家层面对技术要求的提高，对A检测公司的技术能力提出了更大的挑战。

第三，随着生产、制造与研发型企业技术的升级与对检测技术标准法规的逐步理解与掌握，企业自购设备进行预检，供应商各层级把关检测品质，大大降低了企业的检测需求量，并把检测成本和品质风险转嫁给上一级供应商，推动了企业品质提升；但另一方面，高额的检测费分流到检测设备厂家和企业自主实验室上，这就导致A检测公司从中获取的收益大大降低。

第四，国家为进一步给企业减负，降低强制检测的各类费用，设置免费或补助形式，使得检测机构被迫寻找和增加新的业务收入来源，这对A检测公司的经营管理创新提出了更高的要求。

面对上述环境的变化，A检测公司积极应对，寻找思变之策。A检测公司积极履行CSR，使得公司与企业、社会、居民的联系更为紧密。此外，A检测公司主动申请成为"创+服务空间"，为创客提供免费服务平台，同时不定期地配合深圳卫视进行产品安全公益节目宣传，提升市民对于产品选购的安全、环保、健康与节能的意识。值得称道的是，A检测公司不是单纯地履行CSR，而是将CSR纳入公司战略，并与其检测业务相结合，取得了较好的效果。2013—2016年，A检测公司营业收入从1183多万元增长到4941多万元（见表3.6），为此提供了很好的证明。

综合以上分析，可知尽管A检测公司赖以生存与发展的环境发生了较大的变化，但此种变化对该公司实施 SCSR 及其效果产生了正面的影响。

由此本书提出以下初始假设命题。

命题 5：环境动态性可调节 SCSR 与价值创造之间的关系。

第 4 章

理论基础、研究假设与概念模型

4.1 理论基础

4.1.1 资源基础论和 VRIO 分析框架

1. 资源基础论

资源基础论（Resource-Based View，RBV）诞生和发展于 20 世纪 80 年代，主要用于分析和解释企业是否能够获取短暂或持续竞争优势，以及这些竞争优势之源是什么（Barney），也可用于分析和解释企业创造卓越价值或优异绩效的原因。

传统经济学和有关企业特性的研究为 RBV 的产生奠定了良好的基础，前者以 Ricardo 和 Penrose 为代表，后者以 Selznick 为代表。Ricardo 研究后认为，企业有的生产要素没有供给弹性，比如土地，这些没有供给弹性的生产要素可使企业获得超出正常利润的回报，后人将之称为李嘉图租金（Ricardo Rent）[1]。以此推理，企业的许多资源也没有供给弹性，这些资源可能成为经济租金的源泉。Ricardo 的观点为人们判断资源是否可成为企业竞争优势之源[2]提供了一个依据。Penrose 借鉴经济学的观点，阐述了企业资源与企业成长之间的关系[3]。她认为企业应该是由生产性资源构成的集合体，不同的企业所控制的资源存在显著的差异，这种差异造成了企业之间的异质性，使得企业获取竞争优势成为可能。Penrose 的研究使学者们开始重视资源与成长的关系，也成为 RBV 第一个假设的基础。Selznick 则从企业内部特性的角度，认为制度性领导能力能使企业产生差异化的竞争力，进而使得企业获得竞争

---

[1] Ricardo D. Principles of political economy and taxation [M]. London: John Wiley & Sons, 1817.
[2] 使企业获得高于正常利润的回报的资源可视为企业竞争优势之源。
[3] Penrose E. The theory of the growth of the firm [M]. New York: John Wiley & Sons, 1959.

优势[1]。

在上述研究的基础上，20世纪80年代以来，RBV在对主流企业理论的反叛中正式诞生，并逐渐得以成长和发展。为RBV的正式产生和发展做出贡献的学者主要有：Wernerfelt、Barney、Rumelt、Dierick和Cool、Conner、Grant、Peteraf、Amit和Schoemaker等，其中Wernerfelt和Barney的贡献尤为显著[2~10]。1984年，Wernerfelt在《战略管理杂志》(*Strategic Management Journal*)上发表了《企业资源基础观》一文，标志着资源基础论的正式诞生。在该论文中，他认为企业是由资源构成的集合体，且企业资源能够影响企业的绩效，并对获取竞争优势具有决定性的作用。七年之后，Barney在Wernerfelt等人研究的基础上，在《管理学杂志》(*Journal of Management*)上发表了《企业资源与保持竞争优势》一文。在该论文中，Barney进一步补充和明确了RBV的基本假设，即企业资源是异质的，并且是不可转移的，在此基础上，文章认为如果企业资源具有价值性、稀缺性、不完全流动性（难以模仿性）和

---

[1] Selznick P. Leadership in administration [M] New York: Harper & Row, 1957.

[2] Wernerfelt B A. Resource-based view of the firm [J]. Strategic Management Journal, 1984 (15): 171–180.

[3] Barney J B. Strategic factor markets: expectations, luck and business strategy [J]. Management Science, 1986, 32 (10): 1231–1241.

[4] Barney J. Firm resources and sustained competitive advantage [J]. Journal of Management, 1991, 17 (1): 99–120.

[5] Rumelt R. Toward a strategic theory of the firm [M] New York: Prentice Hall, 1984.

[6] Dierick X I, Cool K. Asset stock accumulation and sustainability of competitive advantage [J]. Management Science, 1989, 35 (12): 1504–1511.

[7] Conner K R. A historical comparison of resource-based theory and five schools of thought within industrial organization economics: do we have a new theory of the firm? [J]. Journal of Management, 1991, 17 (1): 121–154.

[8] Grant R M. The resource-based theory of competitive advantage: implications for strategy formulation [J]. California Management Review, 1991, 33 (3): 114–135.

[9] Peteraf M A. The cornerstones of competitive advantage: a resource-based view [J]. Strategic Management Journal, 1993, 14 (3): 179–191.

[10] Amit R, Schoemaker P J H. Strategic assets and organizational rent [J]. Strategic Management Journal, 1993, 14 (1): 33–46.

不完全替代性（难以替代性）等四个特性，那么企业能够获取持续竞争优势[1]。

RBV 的基本假设有二：一是企业资源异质性（Resource Heterogeneity）假设，该假设以 Penrose 的理论为基础，假设企业是由资源构成的集合体，且不同的企业拥有不同的资源；二是企业资源不可转移性（Resource Immobility）假设，该假设来源于 Ricardo 和 Selznick 的理论，假设企业的某些资源复制成本特别高或者没有供给弹性[2][3][4]。满足这两个假设的资源可成为企业持续竞争优势之源。

2. VRIO 分析框架

由于企业资源或能力概念以及 RBV 的两个假设都比较抽象，难以直接用之解释企业的优势或劣势，因此，需要在该概念和这两个假设的基础上开发一个更具解释力、应用性的模型。受战略管理理论的 SWOT 分析工具和 RBV 的启发，Barney 开发了一个 VRIO 分析框架，其中：V 代表价值（Value），指的是企业的资源或能力可否使企业对环境或威胁做出合适的反应；R 代表稀缺性（Rarity），指的是企业拥有的资源或能力在市场竞争中的稀缺程度；I 代表难以模仿性（Inimitability），指的是企业拥有的资源或能力能被竞争对手所模仿、替代的程度；O 代表组织（Organization），指的是企业能否对拥有的资源或能力进行适当的组织（见表 4.1）。

表 4.1　VRIO 框架"询问"企业的四个问题

序号	问题	具体内容
1	价值问题	企业的资源或者能力是否能够使企业对环境或者威胁做出合适的反应？

---

[1] Barney J. Firm resources and sustained competitive advantage [J]. Journal of Management, 1991, 17 (1): 99–120.

[2] Penrose E. The theory of the growth of the firm [M]. John Wiley & Sons, 1959.

[3] Ricardo D. Principles of political economy and taxation [M] John Wiley & Sons, 1817.

[4] Selznick P. Leadership in administration [M] New York: Harper & Row, 1957.

续表

序号	问题	具体内容
2	稀缺性问题	这些资源当前是否仅为少数企业所控制？
3	难以模仿性问题	没有这些资源的企业在获得或者研制这些资源时是否面临成本劣势？
4	组织问题	其他企业的制度和程序也是为支持企业有价值的、稀缺的、仿制成本高的资源而组织的吗？

资料来源：杰恩·巴尼. 获得和保持竞争优势 [M]. 王俊杰, 等译. 北京：清华大学出版社, 2003：155 – 182.

3. 依据资源基础论和 VRIO 分析框架做出的基本推理

经由上述分析，Barney 认为 RBV 可用来"理解企业是否能够获取竞争优势"，以及"这些竞争优势的源泉是什么"。进一步说，RBV 将资源或能力与企业竞争优势联系起来，假定具有某些特性的资源或能力成为企业竞争优势之源，可为企业创造独特的价值。

睢文娟等认为 SCSR 不但将 CSR 与企业战略相结合，而且将其嵌于企业业务中，助力企业获得内外利益相关者的认同，此种认同可使 SCSR 成为企业的一种宝贵资源[①]。SCSR 与企业的独特文化相联系，烙上了企业独特的印记，难以模仿、替代，也不能通过市场交易获得，可为企业创造价值。SCSR 具有难以模仿性、难以替代性、稀缺性与价值性，可称为企业的一种战略性资源。依据 RBV 的观点，可知 SCSR 能成为企业竞争优势之源，可为企业创造独特的价值。此外，已有研究表明动态能力也具有难以模仿性、难以替代性、稀缺性与价值性，因而动态能力也能成为企业竞争优势之源，也可为企业创造独特的价值。

由于企业资源或能力的概念以及 RBV 的两个假设都比较抽象，因而 Bar-

---

① 睢文娟, 谭劲松, 张慧玉. 企业社会责任行为中的战略管理视角理论综述 [J]. 管理评论, 2012, 9 (3)：345 – 455.

ney 开发了一个更为实用的 VRIO 分析框架。该分析框架根据企业的具体经营活动（行为）对上述"四个问题"的回答，判断企业的某些资源或能力是否可以成为企业竞争优势之源，即能够对这"四个问题"做出肯定回答的活动（行为），可使得企业的这些资源或能力成为企业竞争优势之源。

与 RBV 相比，VRIO 分析框架将企业活动（行为）纳入"资源或能力 - 企业竞争优势"分析框架中，将这三者有机地联系起来，从而更有利于理解企业活动（行为）、资源或能力与企业竞争优势三者间的关系。依此推断，VRIO 分析框架有助于本书解释 SCSR 影响价值创造[1]以及动态能力影响价值创造的基本逻辑。

4.1.2 适配论

1. 适配论

根据 Van de Ven 等的研究，适配（Fit）这一概念来源于人口生态学和权变理论，陶文杰和金占明认为适配是指"不同主体间的协调一致性或互补搭配关系"）[2][3]。Venkatraman 和 Camillus 认为作为一个普遍的概念，适配在许多管理学科中，尤其是在战略管理学科中有着广泛的应用，因而它被视为战略管理研究中的一个核心概念[4][5]。适配理论与战略管理理论间的这种内在逻辑关系使得张竟浩做出如下推断："战略管理中的经典理论均在不同程度上根植于适配理论的思想。"这种适配理论的观点聚焦于战略管理研究中的核心问

---

[1] 即动态能力在 SCSR 和价值创造两者间起中介作用。

[2] Van de Ven A H, Walker G, Liston J. Coordination patterns within an interorganizational network [J]. Human Relations, 1979, 32 (1): 19 - 36.

[3] 陶文杰, 金占明. 适配理论视角下 CSR 与企业绩效的关系研究——基于联想（中国）的单案例研究 [J]. 河北经贸大学学报（综合版），2015, 15 (4): 46 - 57.

[4] Venkatraman N, Camillus J C. Exploring the concept of "fit" in strategic management [J]. Academy of Management Review, 1984, 9 (3): 513 - 525.

[5] Venkatraman N. The concept of fit in strategy research: toward verbal and statistical correspondence [J]. Academy of Management Review, 1989, 14 (3): 423 - 444.

题，即战略与企业外部环境、资源或能力的适配问题[①]。

自20世纪60年代适配概念或思想被引入战略管理领域以来，其一直是推动战略管理领域相关理论向前发展的核心力量[②]。1984年，Venkatraman和Camillus在《管理学会评论》(*Academy of Management Review*)上发表了《探寻战略管理中的适配概念》一文。在该论文中，他们从战略管理中的适配概念化和适配领域两个维度，对战略管理的六个学派所呈现的适配观点进行了明确的区分，并以此归类六个学派。他们提出的适配概念化实际是指适配思想在战略管理中的内化，依据这个逻辑，他们将战略分为两类：一类是将战略视为组织与环境适配的过程，他们称之为"交互的模式"，聚焦于实现预期的配置的过程；另一类是将战略视为系统中与其他要素适配的一种要素，聚焦于适配的内容，即为达到预期的配置的有机适配要素。另外，他们从内部、外部和内外整合的视角划分了适配的领域。应当说，Venkatraman和Camillus是首次将适配理论与战略理论进行"匹配"而对战略进行分类的学者，他们的研究为后来的学者研究战略适配理论奠定了基础。

受Venkatraman和Camillus从适配视角对战略的分类影响，张竞浩根据战略适配对象和程度的不同，将战略演进过程中产业组织理论、资源基础理论、核心能力理论和动态能力理论分为三大类：外部环境主导的战略适配、组织主导的战略适配和组织内外环境主导的均衡战略适配。

2. 根据适配论做出的基本推理

张竞浩提出的均衡战略适配思想为本书进行理论推演提供了有力的工具[③]。具体来说，随着CSR相关理论研究的推进和实践活动的开展，CSR的

[①] 张竞浩. 基于适配理论的制造企业服务创新战略路径研究[D]. 大连：大连理工大学，2010.
[②] Venkatraman N, Camillus J C. Exploring the concept of "fit" in strategic management [J]. Academy of Management Review, 1984, 9 (3): 513 – 525.
[③] 张竞浩. 基于适配理论的制造企业服务创新战略路径研究[D]. 大连：大连理工大学，2010.

"功能战略"和"战略功能"[1]的双重身份已越来越被战略管理理论界与企业高层领导所接受和认可,因此,CSR 的相关问题理应受到战略管理理论和主流企业理论的关注。SCSR 是将 CSR 与企业战略、核心业务相结合,以谋求企业获取持续竞争优势的一种行为[2][3]。从适配视角来看,SCSR 关注 CSR 与企业战略、核心业务的适配,寻求在 CSR 与企业战略、内外环境适配的基础上获取持续竞争优势。因此,SCSR 能够实现 CSR 与企业外部环境、内部环境三者间相互适配,增强企业动态能力,并为企业创造更高的价值。

由上述分析可知,适配论有助于本书解释 SCSR 影响动态能力、SCSR 通过动态能力影响价值创造以及环境动态性对 SCSR 与价值创造之间关系影响的基本逻辑。

---

[1] 根据陶文杰和金占明(2015)的理解,"功能战略"可被视为企业战略的一部分,而"战略功能"是新世纪培育责任竞争力的战略手段。
[2] Jamali D. The case for strategic corporate social responsibility in developing countries [J]. Business and Society Review, 2007, 112 (1): 1-27.
[3] McWilliams A, Siegel D S. Creating and capturing value: strategic corporate social responsibility, resource-based theory and sustainable competitive advantage [J]. Journal of Management, 2011, 37 (5): 1480-1495.

4.2 研究假设

基于上述理论和分析框架，下文进一步分析 SCSR、动态能力、环境动态性与价值创造四个变量间的相互影响关系，据此提出相应的研究假设。

4.2.1 战略性企业社会责任对价值创造的影响

根据 RBV 和 VRIO 分析框架提供的思路，本节详细论述 SCSR 在价值问题、稀缺性问题、难以模仿性问题与组织问题上的表现，以此判断 SCSR 对价值创造的影响。

1. 对价值问题的回答

眭文娟等认为 SCSR 将 CSR 纳入企业战略，并与企业业务相结合，可促进企业创造未来价值、识别机会、专注投资创新[1]。Burke 和 Logsdon 进一步研究，认为 SCSR 可帮助企业在产品开发、市场开拓、顾客服务等方面创造独特的价值，为企业带来显而易见的经济收益[2]。具体来看，一方面，陶文杰和金占明认为 SCSR 能在很大程度上获得主要外部利益相关者的认可，并诱发其产生关于企业的正面联想，为企业创造独特的价值；另一方面，Basu 和 Palazzo 认为企业通过 CSR 与其资源、能力适配，将 CSR 与企业战略有机地结合起来，可提升企业资源、能力的产出效果，为企业创造更高的价值[3][4]。2007

---

[1] 眭文娟, 谭劲松, 张慧玉. 企业社会责任行为中的战略管理视角理论综述 [J]. 管理评论, 2012, 9 (3): 345–455.
[2] Burke L, Logsdon J M. How corporate social responsibility pays off [J]. Long-Range Planning, 1996, 29 (4): 495–502.
[3] 陶文杰, 金占明. 适配理论视角下 CSR 与企业绩效的关系研究——基于联想（中国）的单案例研究 [J]. 河北经贸大学学报（综合版）, 2015, 15 (4): 46–57.
[4] Basu K, Palazzo G. Corporate social responsibility: A process model of sensemaking [J]. Academy of Management Review, 2008, 33 (1): 122–136.

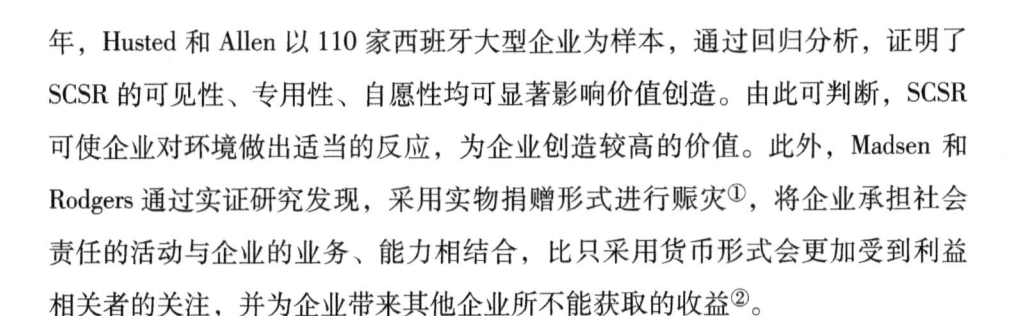

年，Husted 和 Allen 以 110 家西班牙大型企业为样本，通过回归分析，证明了 SCSR 的可见性、专用性、自愿性均可显著影响价值创造。由此可判断，SCSR 可使企业对环境做出适当的反应，为企业创造较高的价值。此外，Madsen 和 Rodgers 通过实证研究发现，采用实物捐赠形式进行赈灾①，将企业承担社会责任的活动与企业的业务、能力相结合，比只采用货币形式会更加受到利益相关者的关注，并为企业带来其他企业所不能获取的收益②。

2. 对难以模仿性问题的回答

SCSR 的产生有着独特的历史条件，使得其具有较强的路径依赖性。此外，SCSR 与社会有着复杂的联系，这就使得 SCSR 难以被模仿。具体来说，McWilliams 和 Siegel 研究认为，企业可通过适当的研发投入而将 CSR 特质嵌入产品的生产过程中，进行与 CSR 关联的流程、产品创新，从而实现产品差异化③。此外，Porter 和 Krame 认为 SCSR 运用企业的专长和资源解决社会问题，可获得利益相关者的认可，在此过程中将 CSR 嵌于企业业务中，使得 SCSR 烙上企业独特的印记④。在此情形下，企业如果想模仿这种烙上了独特印记的 SCSR，需要付出极高的成本。

3. 对稀缺性问题的回答

由上述两点分析可知，烙上了独特印记的 SCSR 对企业具有较高的价值，在市场竞争中，这种 SCSR 也是稀缺的。Hadjikhani 等的研究为此提供了有力的证据，他们研究韩国三星企业在中国将 CSR 与其核心业务相结合的情况，

---

① 采用实物捐赠形式进行赈灾是一种战略性慈善行为。
② Madsen P M, Rodgers Z J. Looking good by doing good: the antecedents and consequences of stakeholder attention to corporate disaster relief [J]. Strategic Management Journal, 2015 (36): 776-794.
③ McWilliamsA, Siegel D S. Corporate social responsibility: a theory of the firm perspective [J]. Academy of Management Review, 2001, 26 (1): 117-127.
④ Porter M E, Kramer M R. Strategy and society: The link between competitive advantage and corporate social responsibility [J]. Harvard Business Review, 2006, 84 (2), 78-93.

发现在同行业中该企业的这种 SCSR 行为并不多见[①]。

4. 对组织问题的回答

SCSR 可从战略的高度为 CSR 的履行提供有力的支持，并为企业在具体的业务中履行 CSR 提供指导和保障。Park 等采用案例分析法和半结构访谈法，运用 Porter 和 Kramer 提出的 SCSR 的概念框架，以位于印度的四家跨国电子企业为样本，研究了 SCSR 的实践情况[②③]。其研究发现：得到企业高层支持的 CSR 行为可得到方方面面的支持、切实的落实，此种行为有助于企业提升经济效益，也有助于企业管理社会项目、加强与利益相关者的交流。

由上述分析可知，SCSR 能够使企业对价值问题、稀缺性问题、难以模仿性问题与组织问题做出有效的回答。根据前述的 RBV 观点和 VRIO 分析框架，可判断 SCSR 能对价值创造产生有效的直接影响。

因此，本书提出假设 H1。

H1：SCSR 对价值创造具有显著的直接影响。

4.2.2 战略性企业社会责任对动态能力的影响

Teece 和 Pisano、Teece 等认为动态能力是企业整合、培育与重构现有的资源、能力以适应快速变化的环境的一种高阶能力，其功效的达成有赖于通

[①] Hadjikhani A, Lee J W, Park S. Corporate social responsibility as a marketing strategy in foreign markets: the case of Korean MNCs in the Chinese electronics market [J]. International Marketing Review, 2016, 33 (4): 530-554.

[②] Park Y R, Soon S, Choe S, Baik Y. Corporate social responsibility in international business: illustrations from Korean and Japanese electronics MNEsin Indonesia [J]. Journal of Business Ethics, 2015 (130): 747-761.

[③] Porter M E, Kramer M R. Strategy and society: The link between competitive advantage and corporate social responsibility [J]. Harvard Business Review, 2006, 84 (2), 78-93.

过企业战略实现企业的资源、能力与外部变化的环境的适配[1][2]。根据适配论与 SCSR 的定义，可知 SCSR 将 CSR 纳入企业战略，并与企业业务相结合，可使 CSR 与企业外部环境、内部环境协调一致，达成动态能力的功效。由此可知，SCSR 可促进动态能力的提升，如图 4.1 所示。

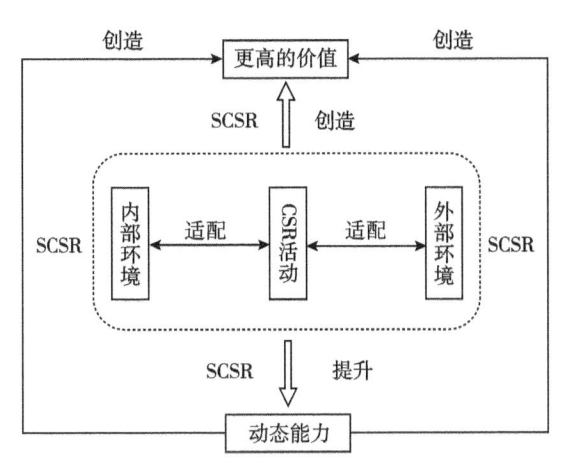

图 4.1　SCSR 促进动态能力的提升

Minor 和 Morgan 认为 SCSR 通过履行 CSR，对外可助力企业获得较高的知名度和声誉，杨家宁认为 SCSR 对内有助于企业获得新的资源和能力[3][4]。获得的知名度和声誉与企业新的资源、能力的适配可使企业适应环境的变化，从而提升企业的动态能力。此外，Ramachandran 认为 SCSR 还可通过将 CSR 特性植入产品[5]，并以价格溢价对具有社会责任感的消费者进行营销而实施产

---

[1] Teece D J, Pisano G. The dynamic capabilities of firms: an introduction [J]. Industrial and Corporate Change, 1994, 3 (3): 537－556.

[2] Teece D J, Pisano G, Shuen A. Dynamic capabilities and strategic management [J]. Strategic Management Journal, 1997, 18 (7): 509－533.

[3] Minor D, Morgan J. CSR as reputation insurance: primum－non nocere [J]. California Management Review, 2011, 53 (3): 40－59.

[4] 杨家宁. 资源基础理论视角下的企业社会责任 [J]. 理论导刊, 2007 (9): 91－94.

[5] 即使 CSR 特性与企业产品相互适配，融为一体。

品差异化战略，这种行为可提升企业适应环境的能力①。Porter 和 Kramer 认为 SCSR 有利于企业发现新的商机、解决社会问题与把握市场的机会②。此外，邵兴东和孟宪忠通过研究发现，华为公司通过战略性地承担 CSR③，将企业专长运用于社会问题的解决，使企业较好地适应外部环境的变化，从而提升了 CSR 竞争力④⑤。

基于上述理论推演和相关研究成果的分析，本书认为 SCSR 会对动态能力产生积极的正面影响，因此提出假设 H2。

H2：SCSR 对动态能力具有显著的直接影响。

4.2.3 动态能力对价值创造的影响

同理，本节也根据 RBV 和 VRIO 分析框架提供的思路，分析动态能力在价值问题、稀缺性问题、难以模仿性问题与组织问题上的表现，以此判断动态能力对价值创造的影响。

1. 对价值性问题的回答

Teece 等研究动态能力通过整合现有的资源、能力，可使企业适应快速变化的环境，实现现有资源、能力与外部环境的适配。Wang 和 Ahmed 认为动态能力不断地整合、重构、更新与再造企业的资源、能力，并提升、重建企业核心能力以匹配变化的外部环境，从而使企业获取和保持竞争优势。Peteraf 等认为在特定的情况下，无论是动态能力的性质、企业外部环境的动态性如

---

① Ramachandran V. Strategic corporate social responsibility: a 'dynamic capabilities' perspective [J]. Corporate Social Responsibility and Environmental Management, 2011 (18): 285-293.
② Porter M E, Kramer M R. Strategy and society: The link between competitive advantage and corporate social responsibility [J]. Harvard Business Review, 2006, 84 (2), 78-93.
③ 战略性地承担 CSR 实际上就是一种 SCSR。
④ CSR 竞争力实际上是企业通过战略性地履行 CSR 而获得的一种能力，这种能力可使企业较好地适应环境的变化，实际上是一种动态能力。
⑤ 邵兴东，孟宪忠. 战略性社会责任行为与企业持续竞争优势来源的关系——企业资源基础论视角下的研究 [J]. 经济管理，2015, 37 (6): 56-65.

何，动态能力都能通过持续竞争优势的价值性、稀缺性、难以模仿性和难以替代性等四个方面的模式检验，使企业获取持续的竞争优势。由此可知，动态能力可为企业创造较高的价值。

2. 对难以模仿性问题的回答

动态能力是企业内部与外部相互作用而产生的一种结果，因而动态能力的产生有其独特的条件，这就使得动态能力具有较高的路径依赖性，进而使得动态能力难以被模仿。

Teece 认为具体来说，企业的管理和组织过程中包含了很多"只可意会不可言传"的知识，如企业的价值观、文化、品牌等软性资产，这种知识结构复杂、难于编码，因而具有独特性，难以复制、模仿[1][2]。此外，Peteraf 等认为由于"最佳实践"的动态能力在诸如经验、附加值、时机等异质的细节方面存在差异，具有专有性，因而此种动态能力难以模仿，也不能被完全替代，可成为持续竞争优势之源。

3. 对稀缺性问题的回答

Teece 和 Pisano 认为通过上述方式获得的动态能力不能通过市场交易而得，只能通过企业自我培养而成，此外，Eisenhardt 和 Martin 认为这种动态能力还具有较强的路径依赖性、异质性，因此，该动态能力在市场竞争中是稀缺的[3][4]。

---

[1] Teece D J. Dynamic capabilities and entrepreneurial management in large organizations: toward a theory of the (entrepreneurial) firm [J]. European Economic Review, 2016 (86): 202–216.

[2] Teece D J, Pisano G, Shuen A. Dynamic capabilities and strategic management [J]. Strategic Management Journal, 1997, 18 (7): 509–533.

[3] Teece D J, Pisano G. The dynamic capabilities of firms: an introduction [J]. Industrial and Corporate Change, 1994, 3 (3): 537–556.

[4] Eisenhardt K M, Martin J A. Dynamic capabilities: what are they? [J]. Strategic Management Journal, 2000, 21 (10): 1105–1121.

4. 对组织问题的回答

Teece 等认为，实际上，动态能力本身就是一种可整合现有资源、能力的高阶能力，依此判断，动态能力能够对企业拥有的资源或能力进行适当的组织，从而使企业获得竞争优势[①]。Peteraf 等通过案例研究，发现动态能力的等级层次、简单惯例与过程的特殊性使处于高速变化的环境中的企业仍能获得和保持竞争优势[②]。由此可判断，动态能力具有较强的组织性。

由上述分析可知，动态能力也能使企业对价值问题、稀缺性问题、难以模仿性问题和组织问题做出较好的回答。根据前述的 RBV 观点和 VRIO 分析框架，可知动态能力能对价值创造产生有效的直接影响。

因此，本书提出假设 H3。

H3：动态能力对价值创造具有显著的直接影响。

4.2.4 动态能力的中介作用

由适配论和图 4.1 可知，SCSR 可实现 CSR 与企业内外环境的良好适配，提升动态能力，动态能力的提升又可为企业创造更高的价值。这就说明动态能力在 SCSR 与价值创造的关系中起中介作用。

由上述分析可知，SCSR 可实现 CSR 与企业内外环境的适配，这种适配可以促进企业战略与其能力发展相适配。Wang 和 Ahmed 认为当企业战略与能力发展相适配时，企业的动态能力就会得到提升，提升的动态能力可创造更佳的企业绩效，使企业获取持续竞争优势[③]。南都电源公司由于在 SCSR 方面的投入而积累了相关的技术和声誉，使该公司在面对政府部门对电池行业进行

[①] Teece D J, Pisano G, Shuen A. Dynamic capabilities and strategic management [J]. Strategic Management Journal, 1997, 18 (7): 509-533.

[②] Peteraf M, Stefano G D, Verona G. The elephant of the room dynamic capabilities: bringing two diverging conversations together [J]. Strategic Management Journal, 2013, 34 (12): 1389-1410.

[③] Wang C L, Ahmed P K. Dynamic capabilities: a review and research agenda [J]. International Journal of Management Reviews, 2007, 9 (1): 31-51.

专项整治时迅速反应，并将风险转化成机会。由此，他们认为 SCSR 可助力企业培育动态能力。

Porter 和 Kramer 研究认为，企业将 CSR 与企业战略有机地结合起来，可增强企业适应环境的能力，使得 SCSR 成为社会进步与企业竞争优势的来源①。企业通过 SCSR 活动，能够与利益相关者建立"相互信任、长期合作、互惠互利的关系"，提高企业的收益率，带来企业绩效的高速增长，进而助力企业适应环境，提升企业价值创造力。

此外，彭雪蓉和刘洋借助动态能力理论②，阐述了 SCSR 在动态能力与企业持续竞争优势关系中起中介作用的基本逻辑③。此种逻辑与 Cantrell 等、Ramachandran 的认识亦是一致的④⑤。

Cantrell 等借鉴 RBV 的观点，运用 VRIO 框架，理论上阐明了 CSR 供给过程能发展出一种动态能力，此动态能力可使企业获取竞争优势。他们通过对澳大利亚大型企业的高级管理人员进行定性访谈获得的结果也支持了这一观点。

Ramachandran 遵循"过程—能力—战略性 CSR 成功"的逻辑，认为 SCSR 将 CSR 活动、人力资本与社会资本相结合，企业的两种动态能力⑥在"过程"与"战略性 CSR"之间起重要的作用⑦。

---

① Porter M E, Kramer M R. Strategy and society: The link between competitive advantage and corporate social responsibility [J]. Harvard Business Review, 2006, 84 (2): 78–93.
② 根据适配论和张竟浩（2010）的研究，动态能力理论可被视为组织内外环境主导下的均衡战略适配。
③ 彭雪蓉, 刘洋. 战略性企业社会责任与竞争优势：过程机制与权变条件 [J]. 管理评论, 2015, 27 (7): 156–167.
④ Cantrell J E, Kyriazis E, Noble G. Developing CSR giving as a dynamic capability for salient stakeholder management [J]. Journal of Business Ethics, 2015, 130 (2): 403–421.
⑤ Ramachandran V. Strategic corporate social responsibility: a 'dynamic capabilities' perspective [J]. Corporate Social Responsibility and Environmental Management, 2011 (18): 285–293.
⑥ 这两种能力是指意会能力或反应能力、执行能力。
⑦ Ramachandran V. Strategic corporate social responsibility: a 'dynamic capabilities' perspective [J]. Corporate Social Responsibility and Environmental Management, 2011 (18): 285–293.

这就说明了 SCSR 可以通过 CSR 供给过程提升企业的动态能力，并创造更高的企业价值。

基于上述理论推演和相关研究成果的分析，本书认为 SCSR 会通过动态能力对价值创造产生积极的正面影响，因此提出假设 H4。

H4：SCSR 可通过动态能力间接影响价值创造。

4.2.5 环境动态性的调节作用

左莉和周建林认为环境是企业赖以存续的基石，对企业的战略决策与行为有着重要的影响[①]。由前面的分析可知，SCSR 是企业主动地将 CSR 纳入企业战略的一种行为，因而此种行为的确定与实施势必受到环境因素的影响。

Dess 和 Beard 认为环境动态性是指环境不确定的程度及其变化的速度，彭雪蓉和刘洋研究得出，这是影响 SCSR 与价值创造之间关系的关键情境变量。因此，环境的动态变化会对 SCSR 及其创造的价值产生不同的影响，且随着环境动态性的不断提高，SCSR 对价值创造施加的影响更大。

陈宏辉认为 SCSR 将 CSR 与企业战略、业务相结合，因而能帮助企业改善竞争环境的影响因素，进而提升企业竞争优势。彭雪蓉和刘洋则认为在动态变化的环境中，企业可通过 SCSR 与利益相关者建立相应的关系，获得其良好的认可，由此获得其控制的资源，从而实现企业可持续发展[②]。

Baum 和 Wally 认为随着环境动态性的增强，环境中各要素原有的关联变得模糊，导致不确定性增强。汪丽等表示处于此情景下的企业将面临各种非结构问题，市场竞争、技术发展等方面的变化迅速且呈现显著的非连续性，[③] 从而使得战略决策与行为面临极强的不确定性。在此情况下，企业如果单纯

[①] 左莉，周建林. 认知柔性、创业拼凑与新企业绩效的关系研究——基于环境动态性的调节作用 [J]. 预测, 2017, 36 (2): 17-23.

[②] 彭雪蓉, 刘洋. 战略性企业社会责任与竞争优势: 过程机制与权变条件 [J]. 管理评论, 2015, 27 (7): 156-167.

[③] 汪丽, 茅宁, 龙静. 管理者决策偏好、环境不确定性与创新强度——基于中国企业的实证研究 [J]. 科学学研究, 2012, 30 (7): 1101-1109.

地履行 CSR，则会增加负担，导致企业绩效难以提升。

然而，SCSR 将 CSR 纳入企业战略，并与企业业务相结合，主动性地、前瞻性地考虑 CSR 履行的问题，使得企业做出的 CSR 决策更为全面与科学，可实现 CSR 与动态环境的适配，进而促进企业经济效益与社会效益的提升。

经由上述分析，本书认为环境动态性在 SCSR 与价值创造之间的关系中起调节作用，因此提出假设 H5。

H5：SCSR 对价值创造的影响受到环境动态性的调节，随着环境动态性的增强，SCSR 对价值创造的影响增大。

将本书提出的研究假设进行汇总，如表 4.2 所示。

表 4.2　研究假设汇总

序号	研究假设
H1	SCSR 对价值创造具有显著的直接影响
H2	SCSR 对动态能力具有显著的直接影响
H3	动态能力对价值创造具有显著的直接影响
H4	SCSR 可通过动态能力间接影响价值创造
H5	SCSR 对价值创造的影响受到环境动态性的调节，随着环境动态性的增强，SCSR 对价值创造的影响增大

4.3 概念模型

在上述理论推演与研究假设的基础上，本书构建 SCSR、动态能力、环境动态性与价值创造四个变量关联的概念模型[①]，如图 4.2 所示。

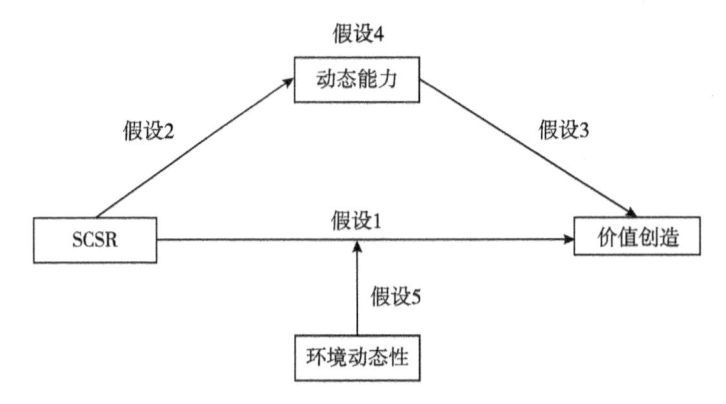

图 4.2 四个变量关联的概念模型

[①] 该概念模型也可称为理论模型。

第 5 章

实证研究设计与方法

本章从以下五个方面，阐明本书的实证设计与采用的定量研究方法：

①介绍研究设计的目的与流程；②阐述问卷设计的过程与问卷有效性提升的措施；③说明问卷的收集情况；④阐释四个变量的操作定义与测量；⑤陈述数据分析的方法。

5.1 研究设计和过程

5.1.1 研究设计

Babble 认为研究设计是整个研究过程的总纲领，贯穿始终。

研究设计主要是为探索、描述与解释服务，陈晓萍等认为其目的有三：一是有效地回答研究问题；二是满足实证研究效度的要求；三是控制研究过程中涉及的各种变异量。[①]

在本书中，研究目的为：其一，在检验总体概念模型的基础上，探明 SC-SR 影响价值创造的内在机理与情景因素；其二，满足检验 SCSR、动态能力、环境动态性与价值创造四个变量之间相互影响关系的实证效度要求；其三，控制概念模型验证中的各种变异量。

5.1.2 研究过程

实证研究的过程有其自身的规律性，根据罗胜强和姜燕、Royer 和 Zarlowski 的研究，[②] 一般科学的实证研究过程可细分为八个步骤，如图 5.1 所示。

[①] 陈晓萍，徐淑英，樊景立. 组织与管理研究的实证方法 [M]. 北京：北京大学出版社，2012：127 - 128；241.

[②] 罗胜强，姜燕. 管理学问卷调查研究方法 [M]. 重庆：重庆大学出版社，2014 (16)：156 - 157.

这八个步骤分别为：第一步，发现现象或管理中的难题；第二步，确定研究问题；第三步，提出研究假设；第四步，制订数据收集计划；第五步，收集数据；第六步，整理数据；第七步，分析数据；第八步，解释结果。

对应到本书，这八个步骤分别为：第一步，通过文献的阅读和实际的观察，探寻企业在 CSR 履行中存在的问题；第二步，确定 SCSR 为研究主题；第三步，提出 SCSR、动态能力、环境动态性与价值创造四者间关系的假设；第四步，制定本书的实证数据收集计划；第五步，收集有关四个变量的数据；第六步，对收集的有关四个变量的数据进行整理；第七步，分析有关四个变量的数据；第八步，解释实证分析的结果。

```
第一步：发现现象或管理中的难题
            ↓
第二步：确定研究问题
            ↓
第三步：提出研究假设
            ↓
第四步：制订数据收集计划
            ↓
第五步：收集数据
            ↓
第六步：整理数据
            ↓
第七步：分析数据
            ↓
第八步：解释结果
```

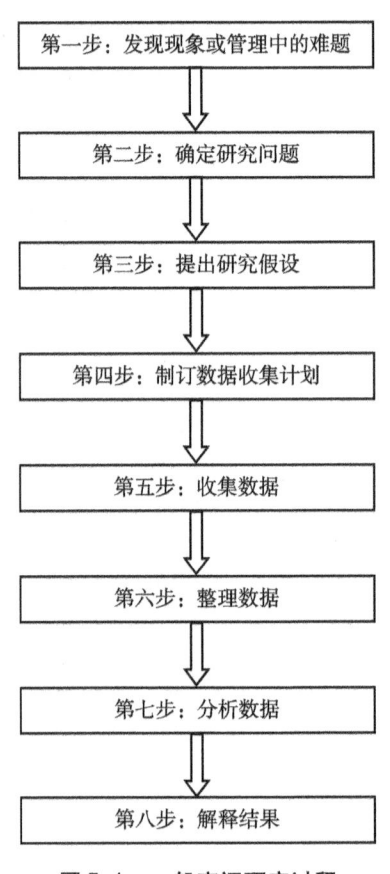

图 5.1　一般实证研究过程

5.2 问卷设计

5.2.1 问卷设计的过程

本书的研究对象为企业，牵涉到企业的内部信息，无法从公开的资料获取所需要的数据，因此，采用问卷调查的方法获取四个变量的数据。根据 Churchill 与胡杨成的研究，[1][2] 问卷设计分为以下四个阶段。

(1) 文献研究

充分阅读有关四个变量的相关文献，从中寻找本研究需要的素材，选取四个变量的测量题项。

(2) 反复斟酌测量题项

本书涉及 SCSR、动态能力、环境动态性与价值创造四个变量的测量题项，其中 SCSR、环境动态性与价值创造的测量题项均来自外文，在翻译方面进行了反复的思量，翻译时重点考虑两个方面的情况：一是尽量忠实于原文；二是翻译的问卷是否能被调查对象看懂。

(3) 设计第一批调查问卷（见附录1）

把经过前二个阶段形成的调查问卷，发放给企业 6 个高管进行预测试，随后对预测试的数据进行分析，并依据分析的结果，对调查问卷的少量题项、措辞、表达方式等情况进行调整，最终形成第一批调查问卷[3]。

(4) 设计第二批调查问卷（见附录2）

通过第一批调查问卷获取的数据，对 SCSR、动态能力、环境动态性与价

---

[1] Churchill. A Paradigm for developing better measures of marketing constructs [J]. Journal of Marketing Research, 1979, 16 (1): 64-73.

[2] 胡杨成. 非营利组织市场导向与组织绩效关系的研究：环境变动与组织创新的影响 [D]. 杭州：浙江大学, 2008.

[3] 第一批问卷用于对 SCSR、动态能力、环境动态性与价值创造进行信度和效度分析。

值创造四个变量进行信度、效度分析，之后，根据该结果，设计第二批调查问卷①。

5.2.2 问卷有效性提升的措施

问卷调查法具有快捷、灵活和调查费用低等优点，目前已成为管理学定量研究中最为普遍采用的数据收集方法，但是Podsakoff等认为该方法如运用不当，容易产生共同方法偏差（Common Method Biases）问题。② 为此，本书采取以下措施，尽量避免或减少共同方法偏差问题的出现。

第一，采用多群体问卷法设计第二批调查问卷，收集该问卷数据。第二批调查问卷包括两部分：SCSR、动态能力与环境动态性问卷编制在一起，形成第一部分调查问卷，由企业高层管理人员填答；动态能力问卷单独编制，形成第二部分调查问卷，由企业骨干员工填答。

第二，由企业的高层管理人员、骨干员工分别填答对应的问卷。如上所述，第二批调查问卷由企业高层管理人员、骨干员工分别填答；第一批调查问卷由企业高层管理人员填答。

第三，为打消调查对象的心理顾虑，实行匿名填写。

第四，在调查问卷第一页的开头部分，做出相应的声明③。现场集中发放、回收调查问卷时，说明相关情况，尽可能地消除问卷填答者的心理顾虑。

第五，正式调查之前进行预测，对测量题项语义模糊不清或难以理解的地方进行修改。

---

① 第二批问卷用于因子分析、描述性分析、共同方法偏差分析、相关性分析、方差分析、结构方程模型分析与多元回归分析。
② Podsakoff P M, MacKenzie S B, Lee J Y, et al. Common method biases in behavioral research: a critical review of the literature and recommended remedies [J]. Journal of applied psychology, 2003, 88 (5): 879–903.
③ 声明的具体内容：此问卷不涉及个人及公司隐私，结果仅用于学术研究，问卷的内容将会被严格保密。

5.3 数据的收集、使用和分布情况

根据研究的需要和数据的用途,本书分两个阶段收集了两批问卷数据,具体情况如下。

5.3.1 第一批问卷数据的收集、使用与分布情况

1. 数据的收集

本书根据研究主题的相关性、问卷回收的可能性与企业在行业中的代表性,选择样本企业。

第一批问卷全部由企业高层管理人员填写。第一批问卷主要通过以下两种方式发放、回收:一是现场发放给读 EMBA 的学员[①],当场收回问卷;二是通过熟人关系,采用"滚雪球"的方式发放、回收问卷。第一种方式发放问卷 280 份,回收问卷 230 份,其中有效问卷为 201 份;第二种方式发放问卷 160 份,回收问卷 132 份,其中有效问卷为 108 份。考虑到上述两种问卷发放方式对研究可能有影响,本书对得到的数据进行了 c^2 分析,结果表明问卷数据在企业规模、产业类型等特征变量上的分布没有显著性差异,这说明问卷发放方式未对本书产生系统影响,可运用相关数据进行实证分析。

2. 数据的使用

第一阶段总共收集到 309 份有效问卷,该问卷数据用于对 SCSR、动态能力、环境动态性与价值创造四个变量进行第一次信度和效度检验,根据此结果编制第二批调查问卷(见附录2)。

---

① EMBA 是高级管理人员工商管理硕士的简称,攻读该学位的人员一般是企业高层管理人员。

3. 数据的分布情况

第一批问卷数据的基本分布情况如表 5.1 所示。

表 5.1 第一批问卷数据的基本情况

变量	类别	数量（份）	百分比（%）	有效百分比（%）
性别	男	186	60.2	60.2
	女	123	39.8	39.8
学历	研究生	90	29.1	29.3
	本科	163	52.8	53.1
	大专	50	16.2	16.3
	大专以下	4	1.3	1.3
	缺失	2	0.6	
所属行业	电子设备制造业	61	19.7	19.7
	房地产和建筑业	31	10.0	10.0
	金融业	50	16.2	16.2
	批发和零售业	39	12.6	12.6
	教育和服务业	60	19.4	19.4
	交通运输、仓储和邮政业	21	6.8	6.8
	其他制造业	47	15.2	15.2
2015 年销售额	1000 万元以下	60	19.4	19.7
	1000 万～2000 万元	28	9.1	9.2
	2000 万～3000 万元	23	7.4	7.6
	3000 万～1.5 亿元	45	14.6	14.8
	1.5 亿～2 亿元	17	5.5	5.6
	2 亿～3 亿元	15	4.9	4.9
	3 亿～5 亿元	8	2.6	2.6
	5 亿元以上	108	35.0	35.5
	缺失	5	1.6	

注：由于计算中的四舍五入，同类数据各部分占比相加之和可能约等于 100%。

5.3.2 第二批问卷数据的收集、使用与分布情况

1. 数据的收集

为尽可能控制同源偏差问题，将第二批问卷设计为高层领导问卷、骨干员工问卷两部分，分别由 1 名企业高层管理人员、3 名骨干员工[①]填写。

具体来说，每家企业的高层管理人员填答 SCSR 量表、环境动态性量表与价值创造量表，3 名骨干均填答动态能力量表，如此从每家企业得到的 4 份问卷形成一套有效的问卷。

第二批问卷主要通过以下几种方式发放、回收：一是通过税务局的人员利用工作的便利到企业发放、回收；二是通过政府官员发放、回收问卷；三是通过熟人关系，采用"滚雪球"的方式发放、回收问卷。第一种方式发放问卷 90 套，回收问卷 90 套，其中有效问卷为 83 套；第二种方式发放问卷 130 套，回收问卷 121 套，其中有效问卷为 105 套；第三种方式发放问卷 182 套，回收问卷 131 套，其中有效问卷为 101 套。

考虑到上述三种问卷发放方式对研究可能有影响，本书对通过此方式得到的数据进行了 c^2 分析，结果表明问卷数据在企业规模、产业类型等特征变量上的分布没有显著性差异。这说明这三种问卷发放方式未对本书产生系统影响，可运用相关数据进行实证分析。

2. 数据的使用

第二阶段总共收集到 289 套有效问卷，该问卷数据用于对 SCSR、动态

[①] 骨干员工是指那些企业各部门各方面开展业务所必需的人才，是企业实现业务目标的基本力量，他们是在一定程度上参与或影响决策，接触一定秘密的人。判断骨干员工的标准有三个：一是就职于企业的关键岗位且表现合格；二是掌握企业的核心资源（技术、工艺、业务等）；三是替代成本过高。根据以上定义和判断标准，从以下两类人员中选取骨干员工：一是销售总监、人力资源总监、财务总监、研发主管和生产主管等企业中层管理人员；二是业务骨干，在业务水平、业务技能等领域掌握较高技术水平的一般企业员工。

能力、环境动态性与价值创造四个变量进行因子分析、描述性分析、共同方法偏差分析、相关性分析、方差分析、结构方程模型分析与多元回归分析。

3. 数据的分布情况

第二批问卷数据的分布情况如表5.2所示。

表5.2 第二批问卷数据的基本情况

变量	类别	数量（份）	百分比（%）	有效百分比（%）
性别（骨干）	男	558	64.4	64.7
	女	305	35.2	35.3
	缺失	4	0.4	
学历（骨干）	研究生	114	13.1	13.2
	本科	507	58.5	58.9
	大专	194	22.4	22.5
	大专以下	46	5.3	5.3
	缺失	6	0.7	
所属行业	电子设备制造业	60	20.8	20.8
	采矿业	48	16.6	16.6
	房地产	37	12.8	12.8
	建筑业	24	8.3	8.3
所属行业	金融业	17	5.9	5.9
	批发和零售业	25	8.7	8.7
	教育业	21	7.3	7.3
	其他制造业	28	9.7	9.7
	其他非制造业	29	10.0	10.0

续表

变量	类别	数量（份）	百分比（%）	有效百分比（%）
2015年销售额	1000万元以下	73	25.3	25.3
	1000万~2000万元	26	9.0	9.0
	2000万~3000万元	24	8.3	8.3
	3000万~1.5亿元	63	21.8	21.8
	1.5亿~2亿元	21	7.3	7.3
	2亿~3亿元	15	5.2	5.2
	3亿~5亿元	10	3.5	3.5
	5亿元以上	57	19.7	19.7
企业员工人数	100人以下	81	28.0	28.0
	100~200人	61	21.1	21.1
	200~300人	45	15.6	15.6
	300~400人	18	6.2	6.2
	400~500人	12	4.2	4.2
	500~600人	8	2.8	2.8
	600~1000人	16	5.5	5.5
	1000~2000人	11	3.8	3.8
	2000~3000人	3	1.0	1.0
	3000人以上	34	11.8	11.8

注：由于计算中的四舍五入，同类数据各部分占比相加之和可能约等于100%。

5.4 变量的操作定义与测量

Babble 认为概念化、操作化和测量三者之间存在着一定的逻辑关系，这种关系为学者们根据研究主题对变量进行有效的测量提供了依据。现实中，许多管理现象难于直接被测量。依据 Babble 的研究，我们可经过一定的转换，对其进行有效的测量：首先，将此管理现象概念化；然后，将其操作化；最后，对其进行测量。本书的四个变量为 SCSR、动态能力、价值创造与环境动态性，其测量工具如下。

5.4.1 战略性企业社会责任

在第 1 章中，本书将 SCSR 概念界定为：将 CSR 纳入企业战略，并与企业业务相结合，以实现企业经济效益与社会效益的行为。

据此定义，可推断企业履行 CSR 的动机不是 SCSR 的应有之义。实际上，企业履行 CSR 有可能是受到外部环境施加的压力，也有可能是企业的主动行为。此外，Husted 和 Allen 认为"自愿性"与价值创造的关系不明确，[1] 其进行的实证研究结论也未支持 Burke 和 Logsdon 关于"自愿性"的观点。[2] 由此来看，如彭雪蓉和刘洋的观点，企业履行 CSR 的"自愿性"不是区分 SCSR 行为与非 SCSR 行为的标准，"自愿性"不应被确定为 SCSR 的构成维度。

"中心性"回答了企业应该"做哪些"，才能实现经济效益与社会效益的二元目标，[3] 由此可看出"中心性"是 SCSR 的结构维度之一。

"专用性"是指企业通过 CSR 活动，将社会目标实现与经济收益相联系

---

[1] Husted B W, Allen D A. Strategic corporate social responsibility and value creation: a study of multinational enterprises in Mexico [J]. Management International Review, 2009 (49): 781-799.

[2] Burke L, Logsdon J M. How corporate social responsibility pays off [J]. Long-Range Planning, 1996, 29 (4): 495-502.

[3] 彭雪蓉, 刘洋. 战略性企业社会责任与竞争优势：过程机制与权变条件 [J]. 管理评论, 2015, 27 (7): 156-167.

的能力，实现二元目标是 SCSR 的一个重要特征，也是区分 SCSR 行为与非 SCSR 行为的一个重要标准，因而"专用性"是 SCSR 的一个重要构成维度。

企业前瞻性地考虑社会问题，并将其与企业战略相结合，才能更好地将 CSR 纳入企业战略，由此思之，"前瞻性"也是 SCSR 的一个重要构成维度。

CSR 活动被企业利益相关者感知的程度越高，企业通过 CSR 实现二元目标的能力越强，由此可看出"可见性"也是 SCSR 的一个重要构成维度。

综合来看，SCSR 的结构维度有四：中心性、专业性、前瞻性与可见性。

测量此四个维度的工具选用 Husted 和 Allen 的量表，[①] 由 10 个测量题项构成，如表 5.3 所示。该量表使用李克特五点尺度评分法编制题项，其中"1"表示"完全不符合或完全不同意"，"5"表示"完全符合或完全同意"，请企业高层管理人员根据其企业的实际情况，判断测量题项，并以主观的方式作答。本书也沿用此方式编制 SCSR 量表。

表 5.3　战略性企业社会责任的测量工具

维度	操作化定义	测量题项
中心性	CSR 活动与企业使命、目标相符合的程度	S1：开展社区项目合作 S2：保护环境 S3：支持社会事业
专用性	企业通过 CSR 活动，将社会目标实现与经济收益相联系的能力	S4：企业社会目标的实现对于其利润目标的达成是必要的
前瞻性	CSR 活动预见社会趋势的程度	S5：我们审视社会环境，是为了促使企业与社会期望保持一致 S6：我们通常是最先调整企业行动来反映不断变化的社会期望的企业之一 S7：我们跟踪法律法规的发展，是为了能使企业的遵约机制与最新制定的法律保持一致 S8：我们想成为使企业决策符合新的社会期望的企业先锋

[①] Husted B W, Allen D A. Strategic corporate social responsibility and value creation: a study of multinational enterprises in Mexico [J]. Management International Review, 2009 (49): 781-799.

续表

维度	操作化定义	测量题项
可见性	CSR活动被企业利益相关者感知的程度	S9：提升企业形象 S10：增加企业的媒体曝光度

表5.4 动态能力的测量工具

维度	操作化定义	测量题项
战略意会能力	企业搜寻内外环境信息并进行有效解析的能力	D1：公司能先于多数竞争者察觉环境变化 D2：公司经常召开部门间会议讨论市场需求情况 D3：公司能正确理解内外环境变化对企业的影响 D4：公司能从环境信息中发现可能的机会与威胁 D5：公司有比较完善的信息管理系统 D6：公司对市场的判断力、洞察力很强
及时决策能力	企业及时地制定、评估和选择战略方向以适应环境变化的能力	D7：公司能很快处理战略决策过程中的各种冲突 D8：很多情况下，公司能做出及时处理战略问题的决策 D9：公司能准确地根据环境变化进行市场再定位 D10：当发现顾客不满意时，公司会立即采取纠正措施 D11：公司能快速重新组合资源以适应环境变化
动态执行能力	根据特定的目标和任务，企业综合运用各种资源和机制执行和调整战略决策和企业变革的能力	D12：公司战略能有效分解落实 D13：不同执行部门间合作很好 D14：在执行部门战略时，能得到其他相关部门的协助 D15：战略目标实现程度与个人奖惩结合 D16：公司能有效追踪执行效果

5.4.2 动态能力

自 Teece 和其同事提出动态能力概念以来,[1] 学者们对动态能力进行了持久深入的定性与定量研究。考虑到 Li 和 Liu 的动态能力量表的信效度较好，并且是在中国背景下开发的，因而本书采用他们开发的动态能力量表。Li 和 Liu 的动态能力量表由 3 个维度和 16 个测量题项构成,[2] 如表 5.4 所示。该量表使用李克特五点尺度评分法编制题项，其中"1"表示"极不符合"，"5"表示"完全符合"，由企业骨干员工根据其企业的实际情况，判断测量题项，并以主观的方式作答。本书也沿用此方式编制动态能力量表。

5.4.3 价值创造

Burke 和 Logsdon 等人认为在 CSR 领域中，价值创造是指企业开展 CSR 活动时，期望获得的可识别的、可测量的经济收益。[3] 本书采用 Husted 和 Allen（2009）的价值创造量表，以测量 SCSR 的功效。Husted 和 Allen 的价值创造量表是单维的，由四个测量题项构成，如表 5.5 所示。该量表使用李克特五点尺度评分法编制题项，其中"1"表示"非常小"，"5"表示"非常高"，请企业高层管理人员根据其企业的实际情况，判断"企业通过履行社会责任而获得的益处，在多大程度上来自以上四个方面[4]"，本书也沿用此方式编制价值创造量表。

---

[1] Teece D J, Pisano G, Shuen A. Dynamic capabilities and strategic management [J]. Strategic Management Journal, 1997, 18 (7): 509 – 533.

[2] Li D, Liu J. Dynamic capabilities, environmental dynamism and competitive advantage: Evidence from China [J]. Journal of Business Research, 2014, 67 (1): 2793 – 2799.

[3] Husted B W, Allen D A. Strategic corporate social responsibility and value creation: a study of multinational enterprises in Mexico [J]. Management International Review, 2009 (49): 781 – 799.

[4] 在 Husted 和 Allen（2009）的原文中，"以上四个方面"是指表 5.5 中四个测量题项对应的内容。

表 5.5　价值创造的测量工具

维度	操作化定义	测量题项
价值创造	企业开展 CSR 活动时，期望获得的可识别的、可测量的经济收益	V1：影响顾客的购买决策 V2：获得新的顾客 V3：开发新的产品和服务 V4：进入新的市场

5.4.4　环境动态性

Dess 和 Beard 认为，环境动态性是指环境不确定的程度及其变化的速度。[①] 鉴于 Jansen 等较好地刻画了环境动态性，本书采用他们使用的环境动态性量表。其编制的环境动态性初始量表是单维的，由五个测量题项构成，其中包括一个反向测量题项[②]。Jansen 等验证的结果显示，该反向测量题项未得到数据支持，最终被删除。有鉴于此，本书采用的 Jansen 等的环境动态性量表只包括四个测量题项，如表 5.6 所示。Jansen 等使用李克特七点尺度评分法编制题项，其中"1"表示"完全不符合"，"7"表示"完全符合"，本书也沿用此方式编制环境动态性量表。

表 5.6　环境动态性的测量工具

维度	操作化定义	测量题项
环境动态性	环境不确定的程度及其变化的速度	E1：企业所处的外部环境变化剧烈 E2：顾客经常对本企业的产品（服务）提出新的需求 E3：外部环境在不断发生变化 E4：企业所在市场上的产品（服务）数量和种类在不断变化

[①] Dess G G, Beard D W. Dimensions of organizational task environments [J]. Administrative Science Quarterly, 1984, 29 (1): 52-73.

[②] 该反向测量题项的内容为：一年内，市场没有任何的变化。

5.5 数据分析方法

根据研究目的与检验假设的需要，本书采用以下几种方法进行实证研究。

5.5.1 描述性统计分析

张文彤指出在 SPSS 统计软件分析中，一般我们要用到的描述性统计量主要包括集中趋势指标、离散趋势指标、百分数指标和分布指标。[1]

根据研究目的与检验假设的需要，本书通过分析 SCSR、动态能力、价值创造与环境动态性四个变量的平均值与标准差，了解样本企业在变量上的表现水平。

5.5.2 验证性因子分析

邱皓政和林碧芳认为因子[2]分析（Factor Analysis）是"为了要证实研究者所设计的测验工具的确能够用以测量某一潜在特质的强度与内在结构，将一组具有共同特性或特殊结构关系的测量指标，抽离出其背后潜在构念并进行因素关系的探究的统计分析技术"。[3] 因子分析可区分为两个方面：一是探索性因子分析（Exploratory Factor Analysis，EFA），二是验证性因子分析（Confirmatory Factor Analysis，CFA）。

根据研究的需要，本书只进行验证性因子分析。邱皓政和林碧芳认为验证性因子分析是根据研究者"提出某种特定的结构关系的假设"，通过因子分

---

[1] 张文彤. SPSS11 统计分析教程 [M]. 北京：北京希望电子出版社，2002：271.
[2] 中国台湾学者一般称"因子"为"因素"，本研究参考的中国台湾学者吴明隆和邱皓政的著作中均是如此。为了统一名称，本研究中统一使用"因子"称呼；但为了尊重原作者的劳动和使用习惯，引用原文统一以"因素"称之，以下同。
[3] 邱皓政，林碧芳. 结构方程模型的原理与应用 [M]. 北京：中国轻工业出版社，2012：6-10；92；100-101.

析"确认数据的模式"[1] 是否符合研究者所预期的形式。

本书借助 AMOS20.0 统计分析软件,采用最大似然法(Maximum Likelihood Estimates,ML),对 SCSR、动态能力、价值创造与环境动态性四个量表进行验证性因子分析,以评估其信度与效度。

5.5.3 信度和效度分析

1. 信度分析

邱皓政和林碧芳认为信度(Reliability)是指"代表了测量的可靠程度(Trustworthiness)或不受测量误差影响真分数测量的程度"。本书采用 Cronbach's α 系数(又称内部一致性 α 系数)检验量表的信度。吴明隆关于一致性 α 系数指标的判断原则为:一般要求总量表的 α 系数大于 0.70,最好大于 0.80;分量表的 α 系数则要求大于 0.50,最好大于 0.60。[2]

2. 效度分析

胡杨成认为效度主要包括内容效度(Content Validity)和建构效度(Construct Validity)两种。[3] 本书的 SCSR、动态能力、价值创造与环境动态性量表均来自比较成熟的量表,确保了内容效度。因此,本书主要进行建构效度分析,从收敛效度和区别效度两个方面对其进行衡量。

(1)收敛效度

收敛效度指相同概念上的测量项目彼此之间的关联度。其主要用于评估测量题项彼此之间一致性的程度,"衡量相同潜在特质或构念的指标变量会位

---

[1] 一个因子与相对应的测度项之间的关系。
[2] 吴明隆. 问卷统计分析实务——SPSS 操作与应用[M]. 重庆:重庆大学出版社,2010:5:194-195;244.
[3] 胡杨成. 非营利组织市场导向与组织绩效关系的研究:环境变动与组织创新的影响[D]. 杭州:浙江大学,2008.

于相同的因素层面中"。根据吴明隆（2013）的研究，本书从因素负荷量、潜变量的平均方差抽取量（Average Variance Extracted，AVE）和组合信度（Composite Reliability，CR）三个方面判别测量模型的收敛效度。

（2）区别效度

区别效度"是指构面所代表的潜在特质与其他构面所代表的潜在特质间有低度的相关或有显著的差异存在"（吴明隆，2013）。根据吴明隆（2013）的研究与建议，本书采用卡方值差异检验法判别量表的区别效度。

5.5.4 相关性分析、方差分析与多元回归分析

1. 相关性分析

张文彤的相关性分析（Correlation Analysis）是用于描述两个变量之间的关系强度的一种统计方法。[①] 本书借助相关分析法，分析 SCSR、动态能力、价值创造与环境动态性四个变量间的关系，以及变量的各构成维度间的关系，以此对这些变量关系进行初步的检验。

2. 方差分析

在实际研究中，有时需要考察多种因素对中介变量和因变量的影响情况，方差分析（Analysis of Variance，ANOVA）可在此方面派上用场。本书运用单因素方差分析（One-way ANOVA）检验控制变量（企业规模与产业类型）对中介变量、因变量的影响情况。

3. 多元回归分析

为考察自变量对因变量的影响及影响的方向、程度，可对变量进行回归分析（Regression Analysis）。依据自变量的数量，可将回归分析分为简单回归

[①] 张文彤. SPSS11 统计分析教程 [M]. 北京：北京希望电子出版社，2002：271.

分析（Simple Regression Analysis）与多元回归分析（Multiple Regression Analysis）。根据研究的需要，本书通过多元回归分析检验环境动态性对 SCSR 与价值创造之间关系的调节作用。

5.5.5 结构方程模型分析

1. 结构方程模型的特性

结构方程模型（Structural Equation Modeling，SEM）是一种"多变量统计（Multivariate Statistics），它整合了因素分析（Factor Analysis）与路径分析（Path Analysis）两种统计方法，同时检验模型中包含的显性变量（Observed Variables）、潜在变量（Latent Variables）、干扰或误差变量（Disturbance Variables/Error Variables）间的关系"（吴明隆，2013）。

邱皓政和林碧芳指出 SEM 具有极大的普及性，受到众多从事管理研究的学者的青睐，主要因为其具有以下特性："一是 SEM 具有理论先验性；二是 SEM 可以同时处理测量与分析问题；三是 SEM 以协方差的运用为核心，亦可处理平均数估计；四是 SEM 适用于大样本分析；五是 SEM 包含了许多不同的统计技术；六是 SEM 重视多重统计指标的运用。"[①]

2. 结构方程模型的构成

SEM 包含两个次模型：测量模型（Measurement Model）和结构模型（Structural Model）。测量模型描述的是潜在变量如何被相对应的显性指标所测量或概念化（Operationalized）；而结构模型指的是潜在变量之间的关系，以及模型中其他变量无法解释的变异量部分（吴明隆，2013）。

[①] 邱皓政，林碧芳. 结构方程模型的原理与应用 [M]. 北京：中国轻工业出版社，2012：6 – 10；92；100 – 101.

3. 结构方程模型适配度的评价

根据吴明隆（2013）、Bagozzi 和 Yi 的研究，并参考谢洪明等的具体做法，[①] 本书从三个方面评估模型与数据的适配情况：其一是从基本适配度（Preliminary Fit Criteria）进行评估；其二是从整体模型适配度（Over Model Fit）进行评估；其三是从模型内在结构适配度（Fit of Internal Structural Model）进行评估。

（1）基本适配度评价

可从测量误差、因子载荷和标准误差等三方面评估模型的基本适配情况[②]。

（2）整体模型适配度评价

本书根据绝对适配度（Absolute Fit）、简约适配度（Parsimonious Fit）和增值适配度（Relative Fit）的 7 个指标值，评估整体理论模型与实际数据的适配情况，其判断的标准如表 5.7 所示。

表 5.7 整体模型适配度的评价指数及其评价标准

适配度指数	绝对适配度指数			简约适配度指数		增值适配度指数	
	c^2/df	GFI	RMSEA	PGFI	PNFI	IFI	CFI
评价标准	<3.0	>0.90	<0.08	>0.50	>0.50	>0.90	>0.90

（3）模型内在结构适配度评价

可从两个方面评估模型内在结构适配情况：一方面是检验估计参数的显著性水平，此方面要求模型中所有参数均显著；另一方面是检验潜变量的信度情况。

[①] 谢洪明，刘常勇，陈春辉. 市场导向与组织绩效的关系：组织学习与创新的影响——珠三角地区企业的实证研究［J］. 管理世界，2006（2）：80-94.

[②] 这三方面的具体判断标准为：观察指标的测量误差不能有负值；因子载荷值最好为 0.50 至 0.95 之间，且均达显著水平；标准误差值很小。

4. 对结构方程模型的运用

鉴于 SEM 的特性，根据研究的需要，本书将 SEM 用于以下两个方面：一是用于验证包含 SCSR、动态能力、价值创造与环境动态性四个变量的测量模型，探寻其测量的效度；二是用于揭示 SCSR、动态能力与价值创造间的相互影响关系。

第 6 章

实证研究分析与解释

在前述章节的基础上,本章借助 SPSS21.0 与 AMOS20.0 统计分析软件,首先,通过第一批问卷数据（$N_1 = 309$）[1]对初始量表进行信度和效度检验;其次,运用第二批问卷数据（$N_2 = 289$）[2]量表进行第二次信度和效度检验;最后,运用因子分析、描述性分析、共同方法偏差分析、相关性分析、方差分析、结构方程模型分析与多元回归分析等方法,对第二批问卷数据进行量化分析,以验证第 4 章正式提出的研究假设是否成立。

6.1 第一次信度和效度检验

通过第一批问卷数据（$N_1 = 309$）对 SCSR、动态能力、价值创造与环境动态性四个量表进行信度和效度检验,并根据其结果编制第二批调查问卷。

因此表中未呈现该维度的 α 信度值。[3]

6.1.1 信度检验

本书采用 Cronbach's α 系数（又称内部一致性 α 系数）检验量表的信度。根据吴明隆的研究[4],内部一致性 α 系数指标的判断原则为:要求总量表的 α 系数大于 0.70（一般标准）,最好大于 0.80（良好标准）;分量表的 α 系数则要求大于 0.50（一般标准）,最好大于 0.60（良好标准）。

---

[1] 第一批问卷数据是指 2016 年 6 月至 8 月收集的 309 份有效数据。
[2] 第二批问卷数据是指 2016 年 9 月至 11 月收集的 289 套有效数据,每套数据包含 4 份问卷,其中 3 份问卷由骨干员工填写,1 份问卷由高层管理人员填写。
[3] Husted B W, Allen D A. Strategic corporate social responsibility and value creation: a study of multinational enterprises in Mexico [J]. Management International Review, 2009 (49): 781 - 799.
[4] 吴明隆. 问卷统计分析实务——SPSS 操作与应用 [M]. 重庆: 重庆大学出版社, 2010: 5; 194 - 195; 244.

1. SCSR 量表信度检验

借助 SPSS21.0 统计分析软件，通过第一批问卷数据对 SCSR 量表进行信度检验，其结果如表 6.1 所示。结果显示分量表"中心性"的 α 值为 0.670，"前瞻性"的 α 值为 0.760，"可见性"的 α 值为 0.677，这三个分量表的 α 值均大于 0.60，达到了"良好标准"。由于本书采用 Husted 和 Allen 的 SCSR

表 6.1　SCSR 量表的信度检验结果（N_1 =309）

分量表（维度）	测量题项	分量表的 α 值	总量表的 α 值
中心性	S1：开展社区项目合作 S2：保护环境 S3：支持社会事业	0.670	0.795
专用性	S4：企业社会目标的实现对于其利润目标的达成是必要的		
前瞻性	S5：我们审视社会环境，是为了促使我们企业与社会期望保持一致 S6：我们通常是最先调整企业行动来反映不断变化的社会期望的企业之一 S7：我们跟踪法律法规的发展，是为了能使企业的遵约机制与最新制定的法律保持一致 S8：我们想成为使企业决策符合新的社会期望的企业先锋	0.760	
可见性	S9：提升企业形象 S10：增加企业的媒体曝光度	0.677	

注：Husted 和 Allen（2009）原始量表的"专用性"维度只有一个测量题项，不能计算出其 α 信度值。

原始量表的"专用性"只有一个测量题项,因而未计算该分量表的信度[1],但是该题项在上述信度分析中较好地通过了检验。综合判断,SCSR 总量表和分量表的信度较好。

2. 动态能力量表信度检验

借助 SPSS21.0 统计分析软件,通过第一批问卷数据对动态能力量表进行信度检验,其结果如表 6.2 所示。结果显示:动态能力总量表的 α 值为 0.925,

表 6.2 动态能力量表的信度检验结果 (N_1 =309)

分量表 (维度)	测量题项	分量表 的 α 值	总量表的 α 值
战略 意会能力	D1:公司能先于多数竞争者察觉环境变化	0.854	0.925
	D2:公司经常召开部门间会议讨论市场需求情况		
	D3:公司能正确理解内外环境变化对企业的影响		
	D4:公司能从环境信息中发现可能的机会与威胁		
	D5:公司有比较完善的信息管理系统		
	D6:公司对市场的判断力、洞察力很强		
及时 决策能力	D7:公司能很快处理战略决策过程中的各种冲突	0.842	
	D8:很多情况下,公司能做出及时处理战略问题的决策		
	D9:公司能准确地根据环境变化进行市场再定位		
	D10:当发现顾客不满意时,公司会立即采取纠正措施		
	D11:公司能快速重新组合资源以适应环境变化		
动态 执行能力	D12:公司战略能有效分解落实	0.832	
	D13:不同执行部门间合作很好		
	D14:在执行部门战略时,能得到其他相关部门的协助		
	D15:战略目标实现程度与个人奖惩结合		
	D16:公司能有效追踪执行效果		

---

[1] Husted B W, Allen D A. Strategic corporate social responsibility and value creation:a study of multinational enterprises in Mexico [J]. Management International Review, 2009 (49):781-799.

大于 0.80，达到了"良好标准"；分量表"战略意会能力"的 α 值为 0.854，"及时决策能力"的 α 值为 0.842，"动态执行能力"的 α 值为 0.832，三者的 α 值均大于 0.60，达到了"良好标准"。综合判断，动态能力量表具有较好的信度。

3. 价值创造量表信度检验

价值创造是一个单维的量表，包含 4 个测量题项。借助 SPSS21.0 统计分析软件，通过第一批问卷数据对价值创造量表进行信度检验，其结果如表 6.3 所示。结果显示价值创造量表的 α 值为 0.810，大于 0.80，达到了评价的"良好标准"，这表明价值创造量表具有较高的信度。

表 6.3 价值创造量表信度检验（N_1 =309）

量表	测量题项	α 值
价值创造	V1：影响顾客的购买决策	0.810
	V2：获得新的顾客	
	V3：开发新的产品和服务	
	V4：进入新的市场	

4. 环境动态性量表信度检验

环境动态性量表是一个单维的量表，包含 4 个测量题项。借助 SPSS21.0 统计分析软件，通过第一批问卷数据对环境动态性量表进行信度检验，其结果如表 6.4 所示。结果显示环境动态性量表的 α 值为 0.789，大于 0.70，达到了评价的"一般标准"，这表明环境动态性量表的信度尚好。

表6.4　环境动态性量表信度检验（N_1 =309）

量表	测量题项	α值
环境动态性	E1：企业所处的外部环境变化剧烈	0.789
	E2：顾客经常对本企业的产品（服务）提出新的需求	
	E3：外部环境在不断发生变化	
	E4：企业所在市场上的产品（服务）数量和种类在不断变化	

6.1.2　效度检验

借鉴胡杨成的做法①，本书从收敛效度（Convergent Validity）和区别效度（Discriminate Validity）两个方面考察量表的建构效度（Construct Validity）。

参照李锐等、李忆、Theodorakis 等的做法，本书将所有变量放在一起做验证性因子分析，检验量表的效度。具体来说，将 SCSR、动态能力、价值创造与环境动态性四个变量所包含的 34 个观察变量按九维拟合模型②进行一阶验证性因子分析。

1. 模型适配情况

本书借鉴 Bagozzi 和 Yi 的做法从绝对适配度指数、简约适配度指数和增值适配度指数等三个方面评估模型的适配情况，③ 采用的 7 个适配指数和评价标准如表 6.5 所示（吴明隆，2013）。④

---

① 胡杨成. 非营利组织市场导向与组织绩效关系的研究：环境变动与组织创新的影响 [D]. 杭州：浙江大学，2008.
② 拟合的模型简称九维模型，下文中出现的"九维"均指：前瞻性、中心性、专用性、可见性、战略意会能力、及时决策能力、动态执行能力、价值创造与环境动态性。
③ Bagozzi R P, Yi Y. On the evaluation of structural equation models [J]. Journal of the Academy of Marketing Science, 1988, 16 (1): 74–94.
④ 吴明隆（2013）认为：平均方差抽取量（AVE）可以直接显示被潜变量所解释的变异量有多少来自测量误差，平均方差抽取量越大，观察变量被潜变量解释的变异量百分比越大，相对的测量误差越小。

表 6.5　模型的整体适配情况（$N_1 = 309$）

适配度指数	绝对适配度指数			简约适配度指数		增值适配度指数	
	c^2/df	GFI	RMSEA	PNFI	PGFI	IFI	CFI
九维模型	2.101	0.834	0.060	0.702	0.690	0.885	0.883
评价标准	<3.0	>0.90	<0.08	>0.50	>0.50	>0.90	>0.90

通过第一批问卷数据对初始九维模型进行一阶验证性因子分析，结果显示：c^2/df、RMSEA、PNFI 和 PGFI 等四个指数均达到了评价标准；IFI 值为 0.885，CFI 值为 0.883，两者都非常接近 0.90；GFI 值为 0.834，稍小于 0.90（见表 6.5）。综合来看，模型与样本数据的适配情况尚好，可通过此模型进行效度检验。

2. 收敛效度

根据吴明隆（2013）的研究，可从潜变量的平均方差抽取量（Average Variance Extracted，AVE）[①]、标准化因子负荷量与组合信度（Composite Reliability，CR）等三方面评估模型的收敛效度。一般来说，如果标准化因子负荷量大于 0.71，相应的 AVE 值大于 0.50，则认为收敛效度非常理想。但是，邱皓政和林碧芳（2012）认为："受限于测量本质的特性、外在干扰和测量误差"等方面的影响，[②] 社会科学研究所编制的量表的因子负荷量都不会太高，在此情况下，不必坚守因子负荷量大于 0.71 的判定标准。由此，他们建议采用 Tabachnica 和 Fidell 所定义的标准：当观察变量的标准化因子负荷量大于 0.71，AVE 值大于 0.50 时，[③] 达到了"优秀"的判定标准；当观察变量的标准化因子负荷量大于 0.63，AVE 值大于 0.40 时，达到了"非常好"的判定

[①] 吴明隆（2013）认为：平均方差抽取量（AVE）可以直接显示被潜变量所解释的变异量有多少来自测量误差，平均方差抽取量越大，观察变量被潜变量解释的变异量百分比越大，相对的测量误差越小。

[②] 邱皓政，林碧芳. 结构方程模型的原理与应用 [M]. 北京：中国轻工业出版社，2012：6-10；92；100-101.

[③] Tabachnick B G, Fidell L S. Using multivariate statistics [M]. MA：Allyn & Bacon, 2007.

标准；当观察变量的标准化因子负荷量大于 0.55，AVE 值大于 0.30 时，则达到了"良好"的判定标准；当观察变量的标准化因子负荷量大于 0.45，AVE 值大于 0.20 时，达到"普通"的判断标准。潜变量的 AVE 值一般要求大于 0.50，CR 值一般要求大于 0.60（吴明隆，2013）。

表 6.6 显示，14 个观察变量的标准化因子负荷量大于 0.71，16 个观察变量的标准化因子负荷量大于 0.63，3 个观察变量的标准化因子负荷量大于 0.55，且均在 0.001 水平上显著。根据上一段中阐述的 Tabachnica 和 Fidell (2007) 定义的标准，可看出所有的标准化因子负荷量达到了"良好"及以上的评价标准。

战略意会能力、及时决策能力、动态执行能力、可见性、价值创造和环境动态性六个潜变量的 AVE 值分别为 0.502、0.529、0.505、0.552、0.526 和 0.501，均大于 0.50，达到了评价标准；中心性、前瞻性的 AVE 值分别为 0.412、0.445，稍小于 0.50，接近于评价标准（吴明隆，2013）[①]。

所有潜变量的 CR 值均大于 0.60，达到了评价标准（吴明隆，2013）。综合来看，本书的测量模型具有较好的收敛效度。

表 6.6 模型的收敛效度情况（N_1 =309）

潜变量/观察变量	标准化因子负荷（λ）	平均方差抽取量（AVE）	组合信度（CR）
战略意会能力		0.502	0.857
D1	0.762***		
D2	0.689***		
D3	0.763***		
D4	0.638***		
D5	0.649***		

---

① 由于潜变量（专用性）只有一个观察变量，在本书中测量模型未能计算其标准化因子负荷、AVE 值和 CR 值，但根据收敛效度的定义和判断标准，该潜变量（专用性）可以解释其唯一的观察变量 100% 的变异，因此，其收敛效度非常理想。

续表

潜变量/观察变量	标准化因子负荷（λ）	平均方差抽取量（AVE）	组合信度（CR）
D6	0.737***		
及时决策能力		0.529	0.847
D7	0.772***		
D8	0.799***		
D9	0.762***		
D10	0.595***		
D11	0.688***		
动态执行能力		0.505	0.836
D12	0.720***		
D13	0.693***		
D14	0.651***		
D15	0.677***		
D16	0.804***		
中心性		0.412	0.675
S1	0.552***		
S2	0.641***		
S3	0.721***		
前瞻性		0.445	0.762
S5	0.653***		
S6	0.696***		
S7	0.643***		
S8	0.674***		
可见性		0.552	0.708
S9	0.833***		
S10	0.640***		
价值创造		0.526	0.816
V1	0.734***		

续表

潜变量/观察变量	标准化因子负荷（λ）	平均方差抽取量（AVE）	组合信度（CR）
V2	0.776***		
V3	0.686***		
V4	0.703***		
环境动态性		0.501	0.799
E1	0.776***		
E2	0.684***		
E3	0.767***		
E4	0.587***		

注：*** 表示在0.001水平上显著。

3. 区别效度

一般有三种方法可检验区别效度：第一种是通过比较维度间的相关系数情况进行判定；第二种是运用卡方值差异检验法（Chi – square Difference Test）进行判定；第三种是视两个维度的AVE值与其维度间相关系数值的比较情况进行判断。根据吴明隆（2013）的建议，采用第二种方法判定测量模型的区别效度。

按照卡方值差异检验法，首先对测量模型潜变量的每一配对组合的限制模型与未限制模型的卡方值差异进行比较和分析，其结果如表6.7所示。从表6.7可知，36对限制模型与未限制模型的卡方值差异量均在0.001水平上显著，这表明潜变量间所表示的潜在特质有着显著区别，测量模型具有良好的区别效度。

由上述检验可知：本书的测量模型是一个九维的结构，其信度、效度良好；该模型与第一批问卷数据适配情况较好。

表6.7 模型的区别效度情况（N_1 =309）

配对潜变量	限制模型 df	限制模型 c^2	未限制模型 df	未限制模型 c^2	卡方值差异量 $\triangle c^2$	自由度差异值 $\triangle df$
战略意会能力-及时决策能力	46	256.486	45	196.878	59.608***	1
战略意会能力-动态执行能力	46	432.751	45	253.736	179.015***	1
战略意会能力-价值创造	37	500.751	36	203.988	296.763***	1
战略意会能力-前瞻性	37	317.248	36	207.431	109.817***	1
战略意会能力-可见性	22	246.255	21	131.968	114.287***	1
战略意会能力-中心性	29	257.696	28	148.535	109.161***	1
战略意会能力-专用性	16	117.228	15	117.736	59.492***	1
战略意会能力-环境动态性	37	342.966	36	146.076	196.89***	1
及时决策能力-动态执行能力	37	267.433	36	207.716	59.717***	1
及时决策能力-价值创造	29	445.556	28	142.846	302.710***	1
及时决策能力-前瞻性	29	289.470	28	158.063	131.407***	1
及时决策能力-可见性	16	226.976	15	79.441	147.535***	1
及时决策能力-中心性	22	213.995	21	87.119	126.876***	1
及时决策能力-专用性	11	132.961	10	61.515	71.446***	1
及时决策能力-环境动态性	29	321.516	28	101.569	219.947***	1
动态执行能力-价值创造	29	602.805	28	239.351	363.454***	1
动态执行能力-前瞻性	29	341.430	28	184.868	156.562***	1
动态执行能力-可见性	16	291.074	15	142.657	148.417***	1
动态执行能力-中心性	22	285.138	21	175.231	109.907***	1
动态执行能力-专用性	11	198.994	10	133.049	65.945***	1
动态执行能力-环境动态性	29	427.285	28	142.658	284.627***	1
价值创造-前瞻性	22	377.478	21	142.930	234.548***	1
价值创造-可见性	11	300.197	10	93.969	206.228***	1
价值创造-中心性	16	266.903	15	98.089	168.814***	1
价值创造-专用性	7	152.445	6	70.029	82.416***	1
价值创造-环境动态性	22	364.455	21	110.221	254.234***	1

续表

配对潜变量	限制模型		未限制模型		卡方值差异量	自由度差异值
	df	c^2	df	c^2	$\triangle c^2$	$\triangle df$
前瞻性－可见性	11	213.619	10	104.171	109.448***	1
前瞻性－中心性	16	170.176	15	104.400	65.776***	1
前瞻性－专用性	7	98.434	6	71.516	26.918***	1
前瞻性－环境动态性	22	275.095	21	71.976	203.119***	1
可见性－中心性	7	184.825	6	42.699	142.126***	1
可见性－专用性	2	99.433	1	7.028	92.405***	1
可见性－环境动态性	11	188.588	10	26.429	162.159***	1
中心性－专用性	4	92.027	3	26.569	65.458***	1
中心性－环境动态性	16	229.614	15	41.866	187.748***	1
专用性－环境动态性	7	112.836	6	8.288	145.548***	1

注：*** 表示限制模型与未限制模型的 $\triangle c^2$ 大于 10.827，在 0.001 水平上显著。

6.2 第二次信度和效度检验

在通过第一批问卷数据对初始量表进行信度和效度检验的基础上，本节运用第二批问卷数据对四个量表再次进行效度和信度检验①。

6.2.1 信度检验

借助 SPSS21.0 统计分析软件，运用第二批问卷数据（$N_2=289$）分别再次对 SCSR、动态能力、价值创造和环境动态性四个量表进行信度检验，检验的结果如表6.8、表6.9、表6.10 与表6.11 所示。

表6.8 SCSR 量表的信度检验结果（$N_2=289$）

分量表（维度）	测量题项	分量表的 α 值	总量表的 α 值
中心性	S1：开展社区项目合作 S2：保护环境 S3：支持社会事业	0.564	0.703
专用性	S4：企业社会目标的实现对于其利润目标的达成是必要的		
前瞻性	S5：我们审视社会环境，是为了促使我们企业与社会期望保持一致 S6：我们通常是最先调整企业行动来反映不断变化的社会期望的企业之一 S7：我们跟踪法律法规的发展，是为了能使企业的遵约机制与最新制定的法律保持一致 S8：我们想成为使企业决策符合新的社会期望的企业先锋	0.697	

---

① 因前文对信度和效度检验的标准与步骤进行了详细的阐述，本节对此不再赘述。

续表

分量表 （维度）	测量题项	分量表 的 α 值	总量表的 α 值
可见性	S9：提升企业形象 S10：增加企业的媒体曝光度	0.438	0.703

注：Husted 和 Allen（2009）原始量表的"专用性"维度只有一个测量题项，不能计算出其 α 信度值，因此表中未呈现该维度的 α 信度值。

1. SCSR 量表信度检验

表 6.8 显示 SCSR 总量表的 α 值为 0.703，大于 0.70，达到了"一般"的评价标准；分量表"中心性"和"前瞻性"的 α 值分别为 0.564 和 0.697，都大于 0.50，达到了"一般"的评价标准。根据罗胜强和姜燕的观点，"可见性"的 α 值为 0.438，小于 0.50，但鉴于以下两个原因，其信度也可接受：一是量表的题项数与其信度有着密切的关联，一般来说量表的题项数增加，其信度也会随之提高；[1] 二是"可见性"只有 2 个测量题项。由于本书采用 Husted 和 Allen 的 SCSR 原始量表的"专用性"只有一个测量题项，因而未计算该分量表的信度。[2] 综合判断，改进后的 SCSR 总量表和分量表的信度尚可。

2. 动态能力量表信度检验

表 6.9 显示动态能力总量表的 α 值为 0.936，大于 0.80，达到了"良好"的评价标准；分量表"战略意会能力"的 α 值为 0.875，"及时决策能力"的 α 值为 0.886，"动态执行能力"的 α 值为 0.794，均大于 0.60，达到了"良好"的评价标准。综合判断，动态能力量表的信度较好。

---

[1] 罗胜强，姜燕. 管理学问卷调查研究方法 [M]. 重庆：重庆大学出版社，2014（16）：156-157.
[2] Husted B W, Allen D A. Strategic corporate social responsibility and value creation: a study of multinational enterprises in Mexico [J]. Management International Review, 2009（49）：781-799.

表6.9 动态能力量表的信度检验结果（N_2 =289）

分量表 （维度）	测量题项	分量表 的α值	总量表的 α值
战略 意会能力	D1：公司能先于多数竞争者察觉环境变化 D2：公司经常召开部门间会议讨论市场需求情况 D3：公司能正确理解内外环境变化对企业的影响 D4：公司从环境信息中发现可能的机会与威胁 D5：公司有比较完善的信息管理系统 D6：公司对市场的判断力、洞察力很强	0.875	0.936
及时 决策能力	D7：公司能很快处理战略决策过程中的各种冲突 D8：很多情况下，公司能做出及时处理战略问题的决策 D9：公司能准确地根据环境变化进行市场再定位 D10：当发现顾客不满意时，公司会立即采取纠正措施 D11：公司能快速重新组合资源以适应环境变化	0.886	
动态 执行能力	D12：公司战略能有效分解落实 D13：不同执行部门间合作很好 D14：在执行部门战略时，能得到其他相关部门的协助 D15：战略目标实现程度与个人奖惩结合 D16：公司能有效追踪执行效果	0.794	

3. 价值创造量表信度检验

表6.10显示价值创造量表的α值为0.792，接近0.80，达到了"一般"的评价标准，接近"良好"的评价标准，这表明价值创造量表具有较好的信度。

4. 环境动态性量表信度检验

表 6.11 显示环境动态性量表的 α 值为 0.679，接近 0.70，接近"一般"的评价标准，这表明环境动态性量表的信度在可接受范围之内。

表 6.10　价值创造量表信度检验（$N_2=289$）

量表	测量题项	α 值
价值创造	V1：影响顾客的购买决策	0.792
	V2：获得新的顾客	
	V3：开发新的产品和服务	
	V4：进入新的市场	

表 6.11　环境动态性量表信度检验（$N_2=289$）

量表	测量题项	α 值
环境动态性	E1：企业所处的外部环境变化剧烈	0.679
	E2：顾客经常对本企业的产品（服务）提出新的需求	
	E3：外部环境在不断发生变化	
	E4：企业所在市场上的产品（服务）数量和种类在不断变化	

6.2.2　效度检验

与 6.1.2 节一样，本节通过第二批问卷数据（$N_2=289$），运用 AMOS20.0 统计分析软件，第二次对上述九维模型进行一阶验证性因子分析，再次检验模型效度。模型的适配情况、收敛效度和区分效度检验结果如表 6.12、表 6.13 和表 6.14 所示。

1. 模型适配情况

通过第二批问卷数据，对初始的九维模型进行一阶验证性因子分析，结果显示7个指数中有3个指数均未达评价标准：GFI值为0.739，远小于0.90；IFI值为0.813，小于0.90；CFI值为0.810，小于0.90。其他4个指数均达到了评价标准。

表6.12　模型的整体适配情况（N_2 =289）

适配度指数	绝对适配度指数			简约适配度指数		增值适配度指数	
	c^2/df	GFI	RMSEA	PNFI	PGFI	IFI	CFI
初始模型	2.749	0.739	0.078	0.644	0.611	0.813	0.810
修正模型	2.195	0.825	0.064	0.685	0.664	0.879	0.877
评价标准	<3.0	>0.90	<0.08	>0.50	>0.50	>0.90	>0.90

依据上述情况，可对该模型进行修正。根据吴明隆（2013）的研究[①]，根据Hair与Bagozzi等人的意见，本书按照以下五个原则删除观察变量，对模型进行修正。

①标准化残差绝对值大于4.0[②]或修正指标值大于3.84，[③] 可作为删除对应的不佳测量题项（观察变量）的重要依据。

②观察变量所表达的内容差异性不大或有包含关系，或者其所测得的心理特质比较接近。

③一次只对一个参数进行修正。

④观察变量的删除不超过模型中所有观察变量的20%。

⑤根据理论或经验修正，并且修正时不能违反SEM的假定或与理论模型的假定相矛盾。

具体修正过程如下：

[①] 吴明隆. 问卷统计分析实务——SPSS操作与应用 [M]. 重庆：重庆大学出版社，2013：131.

[②] 如标准化残差的绝对值位于2.5至4.0中间，可以关注其对应的测量题项（观察变量）；但此时如果模型估计没有其他违反合理性问题，则不必过度关注此种测量题项（观察变量）（Hair et al., 2010）。具体参见文献：吴明隆. 问卷统计分析实务——SPSS操作与应用 [M]. 重庆：重庆大学出版社，2013：131.

[③] Bagozzi R P, Yi Y. On the evaluation of structural equation models [J]. Journal of the Academy of Marketing Science, 1988, 16 (1): 74–94.

初始九维模型估计结果显示，观察变量 D15 与观察变量 S9 之间的标准化残差绝对值为 5.471①，大于 4.0 的临界标准；观察变量 D15 与其他 4 个观察变量②之间的标准化残差绝对值分别为 2.917、2.529、2.703 和 2.984，四者均位于 2.5 至 4.0 之间。此外，模型估计结果还显示，观察变量 D15 对应的误差项 e15 与误差项 e13、e14③之间的修正指标（Modification Indices，M.I.）值非常大，其中误差项 e15 与误差项 e13 之间的 M.I. 值为 43.950，误差项 e15 与误差项 e14 之间的 M.I. 值为 15.627，两者都远远大于 3.84 的临界标准。因此，根据上述第一条原则，相应的标准残差绝对值和修正值都表明可以考虑删除观察变量 D15。

进一步查看测量问卷后，发现观察变量 D14、D13 所对应的测量题项所表达的含义可包含 D15 题项所表达的含义。具体来说，D15 对应的测量题项为"战略目标实现程度与个人奖惩结合"，D14 对应的测量题项为"在执行部门战略时，能得到其他相关部门的协助"，D13 对应的测量题项为"不同执行部门间合作很好"。推敲这三个题项的逻辑，可发现 D15 对应的测量题项所表达的含义潜在地被包含在 D14 和 D13 的测量题项中，这其中的逻辑判断关键点为：如果企业"战略目标实现程度与个人奖惩未得到结合"，那么"不同执行部门间的合作很难"，且"在执行部门战略时，也很难能得到其他相关部门的协助"。由此，根据上述第二条原则，也可考虑删除观察变量 D15。

此外，删除观察变量 D15 也未违反上述其他三个原则。

综合考量，删除观察变量 D15，修正模型。

---

① D15 是潜变量"动态执行能力"的观察变量，S9 是潜变量"可见性"的观察变量。
② 这四个观察变量分别为 D13、S6、V1 和 V3，其中 D13 是潜变量"动态执行能力"的观察变量，S6 是潜变量"前瞻性"的观察变量，V1 和 V3 都是潜变量"价值创造"的观察变量。
③ 误差项 e13、e14 对应的观察变量分别为 D13、D14，两者都为潜变量"动态执行能力"的观察变量。

同理，依次删除观察变量 D16[①] 与观察变量 E1[②]，继续修正模型。

修正后的九维模型估计结果显示，7 个评价指标均得到明显改善（见表 6.12）：GFI 值由 0.739 升为 0.825，稍小于 0.90；IFI 值由 0.813 升为 0.879，非常接近 0.90；CFI 值由 0.810 升为 0.877，非常接近 0.90；RMSEA 值由 0.078 降为 0.064，更加小于 0.08；c^2/df 值由 2.749 降为 2.195，PNFI 值由 0.644 升为 0.685，PGFI 值由 0.611 升为 0.664，这四个指数更好地达到了评价标准。

综合来看，修正后的九维模型与样本数据的适配情况尚可，可运用此模型进行效度检验。

2. 收敛效度

表 6.13 显示，15 个观察变量的标准化因子负荷量大于 0.71，7 个观察变量的标准化因子负荷量大于 0.63，4 个观察变量的标准化因子负荷量大于 0.55，4 个观察变量的标准化因子负荷量大于或接近于 0.45，且均在 0.001 水平上显著。根据 Tabachnica 和 Fidell 定义的标准[③]，可看出所有的标准化因子负荷量均达到了良好及以上的评价标准。

战略意会能力、及时决策能力与动态执行能力三个潜变量的 AVE 值分别为 0.552、0.614 和 0.595，均大于 0.50，达到了评价标准；价值创造的 AVE 值为 0.495，非常接近 0.50，接近评价标准（吴明隆，2013）。

中心性、前瞻性、可见性和环境动态性的 AVE 值分别为 0.321、0.370、0.349 和 0.363，均大于 0.30[④]。这四个潜变量的 AVE 值相对不高，本书对此

---

① D16 是潜变量"动态执行能力"的观察变量，其对应的测量题项为"公司能有效追踪执行效果"。
② E1 是潜变量"环境动态性"的观察变量，其对应的测量题项为"企业所处的外部环境变化剧烈"。
③ 本章的第 5.1.2 节详细阐述了 Tabachnica 和 Fidell（2007）定义的标准，此处不再赘述。
④ 由于潜变量（专用性）只有一个观察变量，本书测量模型未能计算其标准化因子负荷、AVE 值和 CR 值，但根据收敛效度的定义和判断标准，该潜变量（专用性）可以解释其唯一的观察变量 100% 的变异，因此，其收敛效度非常理想。

作如下解释：本书使用的 SCSR 量表是 Husted 和 Allen 基于墨西哥情境开发的，而中国与墨西哥在经济发展方面有着较大的差异[1][2]，这种差异有可能使得 SCSR 在中国情境下的表现不如人意，致使个别因子载荷值不高；而因子载荷值不高，会导致这三个变量的 AVE 值相对不高。

同理，可对环境动态性的 AVE 值相对不高的原因做出解释。

表 6.13 模型的收敛效度情况（$N_2 = 289$）

潜变量/观察变量	标准化因子负荷（λ）	平均方差抽取量（AVE）	组合信度（CR）
战略意会能力		0.552	0.880
D1	0.687***		
D2	0.745***		
D3	0.676***		
D4	0.756***		
D5	0.737***		
D6	0.846***		
及时决策能力		0.614	0.888
D7	0.829***		
D8	0.823***		
D9	0.797***		
D10	0.647***		
D11	0.808***		
动态执行能力		0.595	0.815
D12	0.780***		
D13	0.819***		
D14	0.711***		

---

[1] 胡安·冈萨雷斯·加西亚. 全球变暖视野下中国与墨西哥的能源现状分析——从传统型能源模式向多元型能源模式转变 [J]. 贺光银，冯春，崔金星，译. 鄱阳湖学刊，2017（1）：61-74.

[2] 加里·杰里菲. 中国与墨西哥发展模式比较 [J]. 国外理论动态，2006（6）：43-46.

续表

潜变量/观察变量	标准化因子负荷（λ）	平均方差抽取量（AVE）	组合信度（CR）
中心性		0.321	0.581
S1	0.539***		
S2	0.476***		
S3	0.667***		
前瞻性		0.370	0.699
S5	0.719***		
S6	0.556***		
S7	0.531***		
S8	0.611***		
可见性		0.349	0.497
S9	0.735***		
S10	0.398***		
价值创造		0.495	0.797
V1	0.665***		
V2	0.754***		
V3	0.700***		
V4	0.693***		
环境动态性		0.363	0.656
E2	0.747***		
E3	0.554***		
E4	0.561***		

注：*** 表示在0.001水平上显著。

此外，潜变量的 CR 值绝大部分达到了评价标准（吴明隆，2013）：6 个潜变量的 CR 值均大于 0.60，中心性的 CR 值非常接近 0.60，可见性的 CR 值小于 0.60。综合来看，本书测量模型的收敛效度尚可。

表6.14 模型的区别效度情况（$N_2=289$）

配对潜变量	限制模型 df	限制模型 c^2	未限制模型 df	未限制模型 c^2	卡方值差异量 $\triangle c^2$	自由度差异值 $\triangle df$
战略意会能力-及时决策能力	46	357.471	45	279.391	78.080***	1
战略意会能力-动态执行能力	29	346.614	28	285.571	61.043***	1
战略意会能力-价值创造	37	465.721	36	212.441	253.280***	1
战略意会能力-前瞻性	37	459.659	36	278.961	180.698***	1
战略意会能力-可见性	22	263.653	21	192.080	71.573***	1
战略意会能力-中心性	29	283.930	28	183.689	100.241***	1
战略意会能力-专用性	16	215.567	15	130.316	85.251***	1
战略意会能力-环境动态性	29	253.654	28	163.729	89.925***	1
及时决策能力-动态执行能力	22	266.788	21	219.488	47.300***	1
及时决策能力-价值创造	29	501.284	28	199.542	301.742***	1
及时决策能力-前瞻性	29	385.504	28	227.143	158.361***	1
及时决策能力-可见性	16	259.385	15	176.719	82.666***	1
及时决策能力-中心性	22	260.022	21	170.795	89.227***	1
及时决策能力-专用性	11	237.562	10	153.082	84.480***	1
及时决策能力-环境动态性	22	293.748	21	185.256	108.492***	1
动态执行能力-价值创造	16	494.670	15	214.535	280.135***	1
动态执行能力-前瞻性	16	365.567	15	212.057	153.510***	1
动态执行能力-可见性	7	308.015	6	197.361	110.654***	1
动态执行能力-中心性	11	262.427	10	176.489	85.938***	1
动态执行能力-专用性	4	235.765	3	154.934	80.831***	1
动态执行能力-环境动态性	11	259.536	10	156.039	103.497***	1
价值创造-前瞻性	22	370.460	21	143.403	227.057***	1
价值创造-可见性	11	163.511	10	64.487	99.024***	1
价值创造-中心性	16	189.768	15	67.372	122.396***	1
价值创造-专用性	7	166.646	6	48.645	118.001***	1
价值创造-环境动态性	16	212.936	15	99.495	113.441***	1

续表

配对潜变量	限制模型 df	限制模型 c^2	未限制模型 df	未限制模型 c^2	卡方值差异量 $\triangle c^2$	自由度差异值 $\triangle df$
前瞻性-可见性	11	222.892	10	102.933	119.959***	1
前瞻性-中心性	16	167.696	15	126.809	40.887***	1
前瞻性-专用性	7	138.583	6	94.968	43.615***	1
前瞻性-环境动态性	16	260.406	15	128.111	132.295***	1
可见性-中心性	7	149.517	6	29.351	120.166***	1
可见性-专用性	2	146.379	1	7.140	139.239***	1
可见性-环境动态性	7	145.427	6	33.817	111.610***	1
中心性-专用性	4	118.262	3	11.728	106.534***	1
中心性-环境动态性	11	228.758	10	58.887	168.871***	1
专用性-环境动态性	4	130.071	3	26.860	103.211***	1

注：*** 表示限制模型与未限制模型的 $\triangle c^2$ 大于 10.827，在 0.001 水平上显著。

3. 区别效度

由表 6.14 可知，36 对限制模型与未限制模型的卡方值差异量均在 0.001 水平上显著，这表明 9 个潜变量间所表示的潜在特质有着显著区别，测量模型具有良好的区别效度。

由上述检验可知：本书的测量模型是一个九维的结构，其信效度良好；该测量模型与第二批问卷数据适配情况也较好。

从两次的信度与效度检验结果来看，本书的测量模型与第一批问卷数据、第二批问卷数据的适配情况较好，说明该测量模型稳定可靠且有效，因此，可运用该模型进行更为深入的研究，以验证本书提出的研究假设。

6.3 聚合分析与描述性分析

6.3.1 聚合分析

鉴于单一个体对企业的评价存在偏差，本书进行研究时选取企业的三位骨干员工分别对该企业的动态能力进行评价[①]。

在数据聚合之前，需要对企业不同成员评价的一致性进行检验。参照 James 等人和龙思颖的做法，本书采用 rwg、ICC（1）与 ICC（2）三种指标，评估同一企业不同人员对动态能力的评分一致性。此三种评价指标的一般要求为：rwg 均值大于 0.70，ICC（1）值大于 0.05，ICC（2）值大于 0.50。

借助 SPSS21.0 统计分析软件，计算出动态能力的 rwg 均值、ICC（1）值与 ICC（2）值，如表 6.15 所示。从该表中可看出第二批问卷数据（N_2 = 289）中的动态能力各维度的 rwg 均值均大于 0.70，ICC（1）值均大于 0.05，ICC（2）值均大于 0.50。这表明有关动态能力各维度的第二批问卷数据在企业内部的一致性较好，在企业之间有一定的差异，因此可将此数据进行聚合，进行其他方面的分析。

表 6.15　聚合分析结果（N_2 =289）

维度名称	ICC（1）	ICC（2）	rwg 值	最小值	最大值	中位数
战略意会能力	0.471	0.842	0.782	2.333	5.000	3.813
及时决策能力	0.525	0.847	0.817	2.500	5.000	3.916
动态执行能力	0.404	0.772	0.775	2.000	5.000	4.000

[①] 三位骨干员工从以下两类人员中产生：一类是销售总监、人力资源总监、财务总监、研发主管和生产主管等企业中层管理人员；另一类是业务骨干（在业务水平、业务技能等领域掌握较高技术水平的一般员工）。

6.3.2 描述性分析

通过第二批问卷数据（$N_2 = 289$），对战略性企业社会责任、动态能力、价值创造与环境动态性四个变量进行整体描述分析。

1. 战略性企业社会责任

经过两次信度和效度检验的 SCSR 量表包括四个维度，分别为中心性、专用性、前瞻性和可见性；共有 10 个测量指标，其中中心性的测量指标有 3 个，专用性的测量指标有 1 个，前瞻性的测量指标有 4 个，可见性的测量指标有 2 个。一个企业的 SCSR 执行程度可以通过这四个维度的评分来反映，采用李克特五点评分尺度，对其进行描述性统计分析，得到 SCSR 的整体情况（见表 6.16）。

表 6.16 SCSR 的整体描述（$N_2 = 289$）

维度名称	指标数	均值	标准差	均值大小排序
前瞻性	4	4.313	0.520	1
专用性	1	4.187	0.768	2
可见性	2	4.065	0.693	3
中心性	3	4.041	0.711	4
整体	10	4.151	0.673	

表 6.16 显示 SCSR 各维度的平均得分情况如下：前瞻性维度的得分为 4.313，排在第 1 位；专用性维度的得分为 4.187，排在第 2 位；可见性维度的得分为 4.065，排在第 3 位；中心性维度的得分为 4.041，排在第 4 位；四个维度的评价尺度均介于"基本符合"与"完全符合"中间。SCSR 整体得分的平均分为 4.151，其评价尺度介于"基本符合"与"完全符合"中间，其标准差为 0.673。

整体而言，样本的 SCSR 执行程度较好，在前瞻性方面表现最强，在专用性、可见性和中心性方面表现也不错。

2. 动态能力

经过两次信度和效度检验的动态能力量表包括三个维度，分别为战略意会能力、及时决策能力和动态执行能力；共有 14 个测量指标，其中战略意会能力的测量指标有 3 个，及时决策能力的测量指标有 6 个，动态执行能力的测量指标有 5 个。一个企业的动态能力可以通过这三个维度的评分来反映，采用李克特五点评分尺度，对其进行描述性统计分析，得到动态能力的整体情况（见表 6.17）。

表 6.17 显示动态能力各维度的平均得分情况如下：及时决策能力维度的得分为 3.982，排在第 1 位；动态执行能力维度的得分为 3.909，排在第 2 位；战略意会能力维度的得分为 3.907，排在第 3 位；三个维度的评价尺度均介于"一般"与"比较符合"中间，接近"比较符合"。动态能力整体得分的平均分为 3.933，其评价尺度也介于"一般"与"比较符合"中间，其标准差为 0.513。

整体而言，样本企业的动态能力较好，在及时决策能力方面表现最好，在战略意会能力和动态执行能力方面表现也不错。

表 6.17 动态能力的整体描述（$N_2 = 289$）

维度名称	指标数	均值	标准差	均值大小排序
及时决策能力	6	3.982	0.489	1
动态执行能力	5	3.909	0.526	2
战略意会能力	3	3.907	0.524	3
整体	14	3.933	0.513	

3. 价值创造

经过两次信度和效度检验的价值创造量表只有一个维度，4 个测量指标。

一个企业的价值创造力可以通过该维度的评分来反映，采用李克特五点评分尺度，对其进行描述性统计分析。

结果显示价值创造的平均分为 3.606，其评价尺度均介于"不确定"与"比较大"中间。

由此可看出，样本企业在价值创造方面的表现比较普通。

4. 环境动态性

经过两次信度和效度检验的环境动态性量表只有一个维度，3 个测量指标。一个企业所面临的环境动态性可以通过该维度的评分来反映，采用李克特七点评分尺度，对其进行描述性统计分析。

结果显示环境动态性的平均分为 5.627，其评价尺度均介于"有些符合"与"符合"中间。

由此可看出，样本企业在环境动态性方面的表现尚好。

6.4 共同方法偏差检验和相关性分析

6.4.1 共同方法偏差检验

根据 Podsakoff 等的建议，采用问卷调查法进行实证研究，普遍存在共同方法偏差（Common Method Biases，CMB）问题，可通过程序控制和统计控制的方法对 CMB 进行控制。

在程序控制上，本书对中介变量与其他变量采用了不同的数据来源、保护问卷填写者的匿名性和改进量表的测量题项等措施（见第 5.2.2 节）对 CMB 进行控制；在统计控制上，采用 Harman 单因素检验法对 CMB 进行检验。

Podsakoff 等人与李秋成认为，把所有变量放在一起，进行探索性因子分析，检验未旋转的因子分析结果，如果只析出一个因子或者析出的第一个因子解释总方差达到 50% 以上，则可判断存在严重的共同方法偏差问题。[1][2]

表 6.18 Hanman 单因素检验结果（N_2 =289）

成分	初始特征值			提取平方和载入		
	合计	方差的%	累积%	合计	方差的%	累积%
1	9.318	30.058	30.058	9.318	30.058	30.058
2	2.696	8.698	38.755	2.696	8.698	38.755
3	2.406	7.763	46.518	2.406	7.763	46.518
4	1.577	5.087	51.605	1.577	5.087	51.605
5	1.308	4.221	55.826	1.308	4.221	55.826

---

[1] Podsakoff P M, MacKenzie S B, Lee J Y, et al. Common method biases in behavioral research: a critical review of the literature and recommended remedies [J]. Journal of applied psychology, 2003, 88 (5): 879–903.

[2] 李秋成. 人地、人际互动视角下旅游者环境责任行为意愿的驱动因素研究 [D]. 杭州：浙江大学，2015.

续表

成分	初始特征值			提取平方和载入		
	合计	方差的%	累积%	合计	方差的%	累积%
6	1.185	3.822	59.648	1.185	3.822	59.648

将第二批问卷的31个测量题项进行未旋转的探索性因子分析，结果显示，共析出了6个特征值大于1的因子，累积解释力达到59.648%；其中第一个因子解释了30.058%的变异，解释力不是很大，未超过50%（见表6.18）。

根据上述判断标准，可知本研究的共同方法偏差问题不太严重，可通过第二批问卷数据进行相关性分析、方差分析、回归分析、结构方程模型分析与多元回归分析，检验变量间的关系。

6.4.2 相关性分析

运用SPSS21.0统计分析软件，采用皮尔森（Pearson）积差相关性分析，通过第二批问卷数据（$N_2 = 289$）研究变量间的相关性。

由表6.19可知，各变量间的相关情况如下。

第一，中心性与专用性（$\gamma = 0.297$，$p < 0.01$）、前瞻性（$\gamma = 0.400$，$p < 0.01$）、可见性（$\gamma = 0.101$，$p < 0.10$）、战略意会能力（$\gamma = 0.206$，$p < 0.01$）、及时决策能力（$\gamma = 0.238$，$p < 0.01$）、动态执行能力（$\gamma = 0.202$，$p < 0.01$）、价值创造（$\gamma = 0.187$，$p < 0.01$）、环境动态性（$\gamma = 0.101$，$p < 0.10$）呈显著正相关关系。

第二，专用性与前瞻性（$\gamma = 0.420$，$p < 0.01$）、可见性（$\gamma = 0.162$，$p < 0.01$）、战略意会能力（$\gamma = 0.272$，$p < 0.01$）、及时决策能力（$\gamma = 0.196$，$p < 0.01$）、动态执行能力（$\gamma = 0.161$，$p < 0.01$）、价值创造（$\gamma = 0.310$，$p < 0.01$）、环境动态性（$\gamma = 0.168$，$p < 0.01$）呈显著正相关关系。

第三，前瞻性与可见性（$\gamma = 0.146$，$p < 0.05$）、战略意会能力（$\gamma =$

表 6.19 变量间的相关系数（$N_2=289$）

变量	1	2	3	4	5	6	7	8	9
1 中心性	1								
2 专用性	0.297**	1							
3 前瞻性	0.400**	0.420**	1						
4 可见性	0.101^T	0.162**	0.146*	1					
5 战略意会能力	0.206**	0.272**	0.324**	0.259**	1				
6 及时决策能力	0.238**	0.196**	0.359**	0.158**	0.769**	1			
7 动态执行能力	0.202**	0.161**	0.297**	0.191**	0.691**	0.738**	1		
8 价值创造	0.187**	0.310**	0.174**	0.419**	0.406**	0.297**	0.280**	1	
9 环境动态性	0.101^T	0.168**	0.151*	0.161**	0.331**	0.282**	0.268**	0.240**	1

注：**、* 和 ^{T} 分别表示在 0.01、0.05 和 0.10 水平（双侧）上显著相关。

0.324，$p < 0.01$）、及时决策能力（$\gamma = 0.359$，$p < 0.01$）、动态执行能力（$\gamma = 0.297$，$p < 0.01$）、价值创造（$\gamma = 0.174$，$p < 0.01$）、环境动态性（$\gamma = 0.151$，$p < 0.05$）呈显著正相关关系。

第四，可见性与战略意会能力（$\gamma = 0.259$，$p < 0.01$）、及时决策能力（$\gamma = 0.158$，$p < 0.01$）、动态执行能力（$\gamma = 0.191$，$p < 0.01$）、价值创造（$\gamma = 0.419$，$p < 0.01$）、环境动态性（$\gamma = 0.156$，$p < 0.01$）呈显著正相关关系。

第五，战略意会能力与及时决策能力（$\gamma = 0.769$，$p < 0.01$）、动态执行能力（$\gamma = 0.691$，$p < 0.01$）、价值创造（$\gamma = 0.406$，$p < 0.01$）、环境动态性（$\gamma = 0.331$，$p < 0.01$）呈显著正相关关系。

第六，及时决策能力与动态执行能力（$\gamma = 0.280$，$p < 0.01$）、价值创造（$\gamma = 0.297$，$p < 0.01$）、环境动态性（$\gamma = 0.282$，$p < 0.01$）呈显著正相关关系。

第七，动态执行能力与价值创造（$\gamma = 0.280$，$p < 0.01$）、环境动态性（$\gamma = 0.268$，$p < 0.01$）呈显著正相关关系。

第八，价值创造与环境动态性（$\gamma = 0.240$，$p < 0.01$）呈显著正相关关系。

上述9个变量间呈显著正相关关系，为验证本书提出的假设提供了初步支持。

6.5 控制变量对中介变量和因变量影响的检验

为明确控制变量对动态能力与价值创造的影响，参照景保峰的研究与做法，[①] 本书通过单因素方差分析（One - way ANOVA）检验不同企业规模与不同产业类型在这两个变量上是否存在显著性差异，并在方差分析中进行各水平间的两两比较分析，以明确不同企业规模与不同产业类型对动态能力、价值创造的影响情况及其差异。

6.5.1 企业规模对动态能力和价值创造影响的检验

在分析企业规模对动态能力和价值创造的影响之前，需要明确企业的规模。由于企业的从业人数、销售额（营业收入）与资产总额等三个指标涉及企业秘密，难以获得具体的数字。因而，在实际调查中，请调查对象选择企业员工人数和销售额所在的区间。参照国家统计局 2011 年发布的《统计上大中小微型企业划分办法》（国统字〔2011〕75 号），同时根据样本企业的行业分布（见表 6.23）、员工人数与销售额的情况，将企业按规模划分为小型企业、中型企业与大型企业三类（见表 6.20）。在此基础上，进行单因素方差分析（Analysis of Variance，ANOVA），以明确不同规模企业动态能力和价值创造的差异。

1. 不同规模企业动态能力的差异性分析

表 6.21 的方差分析结果显示，企业规模对动态能力的影响显著，随着企业规模的扩大，动态能力不断增强。该研究结果表明，不同规模企业的动态能力的确存在差异，由此需要进一步研究的问题是：随着企业规模的变化，此种差异的敏感性如何？为此，对小型企业、中型企业与大型企业进行多重

[①] 景保峰. 家长式领导对员工建言行为影响的实证研究 [D]. 广州：华南理工大学，2012.

表 6.20 根据样本企业的原始销售额、员工人数与行业分布划分的企业规模（$N_2=289$）

变量	类别	数量（份）	百分比（%）	累积百分比（%）
样本企业的 2015 年销售额	1000 万元以下	73	25.3	25.3
	1000 万~2000 万元	26	9.0	34.3
	2000 万~3000 万元	24	8.3	42.6
	3000 万~1.5 亿元	63	21.8	64.4
	1.5 亿~2 亿元	21	7.3	71.7
	2 亿~3 亿元	15	5.2	76.9
	3 亿~5 亿元	10	3.4	80.3
	5 亿元以上	57	19.7	100.0
样本企业的员工人数	100 人以下	81	28.0	28.0
	100~200 人	61	21.1	49.1
	200~300 人	45	15.6	64.7
	300~400 人	18	6.2	70.9
	400~500 人	12	4.2	75.1
	500~600 人	8	2.8	77.9
	600~1000 人	16	5.5	83.4
	1000~2000 人	11	3.8	87.2
	2000~3000 人	3	1.0	88.2
	3000 人以上	34	11.8	100.0
样本企业规模的重新划分	小型企业	113	39.1	39.1
	中型企业	95	32.9	72.0
	大型企业	81	28.0	100.0

注：为避免与表 6.23 重复，此表中未列明样本企业的行业分布情况（详见表 6.23）。

比较分析。

进一步的多重比较结果显示（见表 6.22），在动态能力方面，虽然在中型企业与大型企业间不存在显著性差异，但在小型企业与中型企业间、小型企业与大型企业间都存在显著性差异。

表6.21 不同规模企业动态能力与价值创造的方差分析结果（N_2 =289）

变量	企业规模	样本量	均值	标注差	F值	Sig值
动态能力	小型企业	113	3.841	0.468	4.273	0.015*
	中型企业	95	3.957	0.437		
	大型企业	81	4.032	0.473		
价值创造	小型企业	113	3.514	0.784	4.154	0.017*
	中型企业	95	3.540	0.751		
	大型企业	81	3.812	0.736		

注：*表示在0.05水平上显著。

2. 不同规模价值创造的差异性分析

表6.21的方差分析结果显示，企业规模对价值创造的影响显著，随着企业规模的扩大，价值创造力不断提高。

进一步的多重比较结果显示（见表6.22），在价值创造方面，虽然在小型企业与中型企业间不存在显著性差异，但在小型企业与大型企业间、中型企业与大型企业间都存在显著性差异。

表6.22 不同规模企业动态能力与价值创造的多重比较结果（N_2 =289）

变量	两两比较	均值差	标准误	Sig值（双尾）
动态能力	小型企业－中型企业	－0.116[T]	0.064	0.071
	小型企业－大型企业	－0.191**	0.067	0.005
	中型企业－大型企业	－0.075	0.070	0.282
价值创造	小型企业－中型企业	－0.025	0.106	0.813
	小型企业－大型企业	－0.297**	0.111	0.008
	中型企业－大型企业	－0.272*	0.115	0.018

注：*表示在0.05水平上显著，**表示在0.01水平上显著，[T]表示在0.10水平上显著。

6.5.2 产业类型对动态能力和价值创造影响的检验

为检验产业类型对动态能力与价值创造的影响,本节研究从以下三方面展开:

首先,本书根据2011年第三次修订的《国民经济行业分类与代码》(GB/T 4754-2011)和问卷的原始信息,将所有样本企业归入9大类别:电子设备制造业、采矿业、房地产业、建筑业、金融业、批发和零售业、教育业、其他制造业、其他非制造业。

然后,鉴于样本企业原始行业分布过于分散,以此为基础进行的研究所带来的政策意义有限。因此,本书根据《北京市统计局关于印发现代制造业、服务业统计标准(试行)的通知》(京发〔2005〕81号),并参照郑海东(2012)的研究与做法,① 将上述9类产业归为以下5类:现代制造业、传统制造业、制造业外第二产业(采矿业和建筑业)、现代服务业与传统服务业(见表6.23)。

最后,在重新划分产业类型的基础上,进行单因素方差分析,明确产业类型对动态能力与价值创造的影响。

1. 不同产业类型动态能力的差异性分析

表6.24的方差分析结果显示,产业类型对动态能力的影响显著,产业类型对5类产业的动态能力影响呈山峰状(见图6.1),其中现代服务业对其影响最大,制造业外第二产业(采矿业和建筑业)对其影响最小,其余三类产业对其影响位于两者中间。

---

① 郑海东. 企业社会责任行为表现:测量维度、影响因素及绩效关系[M]. 北京:高等教育出版社,2012:1-5.

表6.23 根据样本企业原始行业分布划分的产业类型（$N_2=289$）

变量	类别	数量（家）	百分比（%）	累积百分比（%）
样本企业的原始行业分布	电子设备制造业	60	20.8	20.8
	采矿业	48	16.6	37.4
	房地产业	37	12.8	50.2
	建筑业	24	8.3	58.5
	金融业	17	5.9	64.4
	批发和零售业	25	8.7	73.1
	教育业	21	7.3	80.4
	其他制造业	28	9.6	90.0
	其他非制造业	29	10.0	100.0
样本所属产业类型的重新划分	现代制造业	56	19.4	19.4
	传统制造业	34	11.7	31.1
	制造业外第二产业	60	20.8	51.9
	现代服务业	115	39.8	91.7
	传统服务业	24	8.3	100.0

现代制造业 3.886
传统制造业 3.945
制造业外第二产业 3.728
现代服务业 4.046
传统服务业 3.994

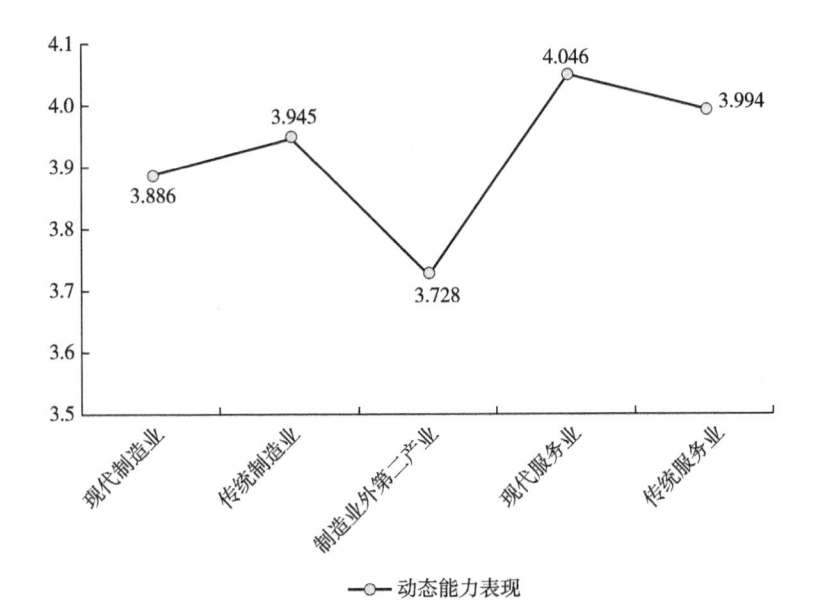

—○— 动态能力表现

图6.1 产业类型对动态能力的影响

表6.24 不同产业类型企业动态能力与价值创造的方差分析结果（$N_2=289$）

变量	产业类型	样本量	均值	标注差	F值	Sig值
动态能力	现代制造业	56	3.886	0.470	5.162	***
	传统制造业	34	3.945	0.510		
	制造业外第二产业	60	3.728	0.200		
	现代服务业	115	4.046	0.487		
	传统服务业	24	3.994	0.583		
价值创造	现代制造业	56	3.691	0.742	11.863	***
	传统制造业	34	3.424	0.917		
	制造业外第二产业	60	3.104	0.468		
	现代服务业	115	3.804	0.748		
	传统服务业	24	3.969	0.689		

注：*** 表示在0.001水平上显著（相应的Sig值小于0.001，以下同）。

进一步的多重比较结果显示（见表6.25），在动态能力上：5组间存在显著性差异，即在现代制造业与制造业外第二产业间、现代制造业与现代服务业间、传统制造业与制造业外第二产业间、制造业外第二产业与现代服务业间、制造业外第二产业与传统服务业间存在显著性差异；5组间不存在显著性差异，即在现代制造业与传统制造业间、现代制造业与传统服务业间、传统制造业与传统服务业间、传统制造业与传统服务业间、现代服务业与传统服务业间不存在显著性差异。

2. 不同产业类型价值创造的差异性分析

表6.24的方差分析结果显示，产业类型对价值创造的影响呈显著的倒U型（见图6.2），其中传统服务业对价值创造的影响最大，制造业外第二产业对价值创造的影响最小，其余三种影响位于两者中间。

表 6.25　不同规模企业动态能力与价值创造的多重比较结果（$N_2 = 289$）

变量	两两比较	均值差	标准误	Sig 值（双尾）
动态能力	现代制造业 – 传统制造业	-0.058	0.098	0.553
	现代制造业 – 制造业外第二产业	0.158^T	0.084	0.060
	现代制造业 – 现代服务业	-0.160*	0.074	0.031
	现代制造业 – 传统服务业	-0.108	0.110	0.328
	传统制造业 – 制造业外第二产业	0.217*	0.097	0.026
	传统制造业 – 现代服务业	-0.102	0.088	0.251
	传统制造业 – 传统服务业	-0.050	0.120	0.680
	制造业外第二产业 – 现代服务业	-0.318***	0.072	***
	制造业外第二产业 – 传统服务业	-0.267*	0.109	0.015
	现代服务业 – 传统服务业	0.052	0.101	0.610
价值创造	现代制造业 – 传统制造业	0.267^T	0.156	0.087
	现代制造业 – 制造业外第二产业	0.587***	0.133	***
	现代制造业 – 现代服务业	-0.113	0.117	0.333
	现代制造业 – 传统服务业	-0.277	0.175	0.113
	传统制造业 – 制造业外第二产业	0.320*	0.154	0.038
	传统制造业 – 现代服务业	-0.380*	0.140	0.007
	传统制造业 – 传统服务业	-0.545**	0.191	0.005
	制造业外第二产业 – 现代服务业	-0.700***	0.114	***
	制造业外第二产业 – 传统服务业	-0.865***	0.173	***
	现代服务业 – 传统服务业	-0.164	0.161	0.307

注：^{T}/*/** 与 *** 分别表示在 0.10 水平上、0.05 水平上、0.01 水平上与 0.001 水平上显著。

进一步的多重比较结果显示（见表 6.25），在价值创造上，7 组间存在显著性差异，即在现代制造业与传统制造业间、现代制造业与制造业外第二产业间、传统制造业与制造业外第二产业间、传统制造业与现代服务业间、传

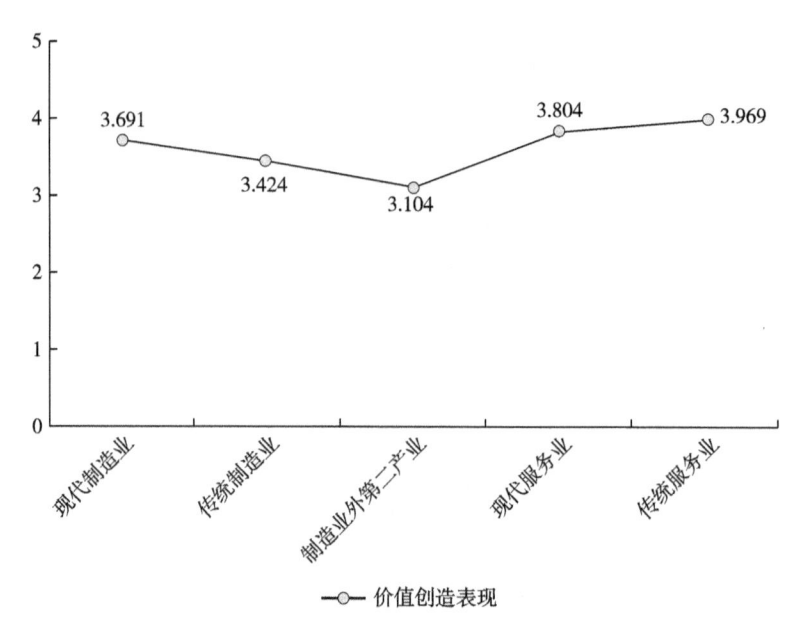

图6.2 产业类型对价值创造的影响

统制造业与传统服务业间、制造业外第二产业与现代服务业间、制造业外第二产业与传统服务业间存在显著性差异；3组间不存在显著性差异，即在现代制造业与现代服务业间、现代制造业与传统服务业间、现代服务业与传统服务业间不存在显著性差异。

6.6 变量间的结构方程模型分析

如前文所述,本书对变量间的关系进行了 Pearson 相关性分析,初步明确了变量中主要因素间的关系。但此种对变量间关系的探寻忽略了整体变量间的相互影响,因此需要借助其他工具进一步对此进行探索。

结构方程模型分析(Structural Equation Modeling,SEM)能够根据数据与模型的一致性程度,对理论模型做出评价,达到证实或证伪事先假设的理论模型的目的。因此,本节借助 AMOS20.0 统计分析软件,通过 SEM 分析整体变量间的相互影响关系,以此进一步验证第 4 章提出的研究假设。

6.6.1 结构方程模型的建立

1. 结构方程模型建立的准备

由本章第 6.1 节和第 6.2 节两次信度与效度的检验结果可知,三个变量及其构成维度均通过了信效度检验,因而根据麦影的观点可把多个观察变量打包为单一观察变量,从而有利于进行 SEM 分析。[①] 通过此种方式,本书所涉及的潜变量及其包含的观察变量如下:SCSR 包括中心性、专用性、前瞻性和可见性等 4 个观察变量;动态能力包括战略意会能力、及时决策能力和动态执行能力等 3 个观察变量;价值创造包括影响顾客的购买决策、获得新的顾客、开发新的产品和服务、开拓新的市场等 4 个观察变量(见图 6.3)。

2. 结构方程模型的建立

经由上述方式,压缩了观察变量,为建立 SEM 奠定了基础。根据第 4 章提出的假设和 SEM 的规定,建立了本书的 SEM,其路径和参数如图 6.3

[①] 麦影. 战略性 CSR 与企业竞争优势研究 [J]. 特区经济,2009(4):303-304.

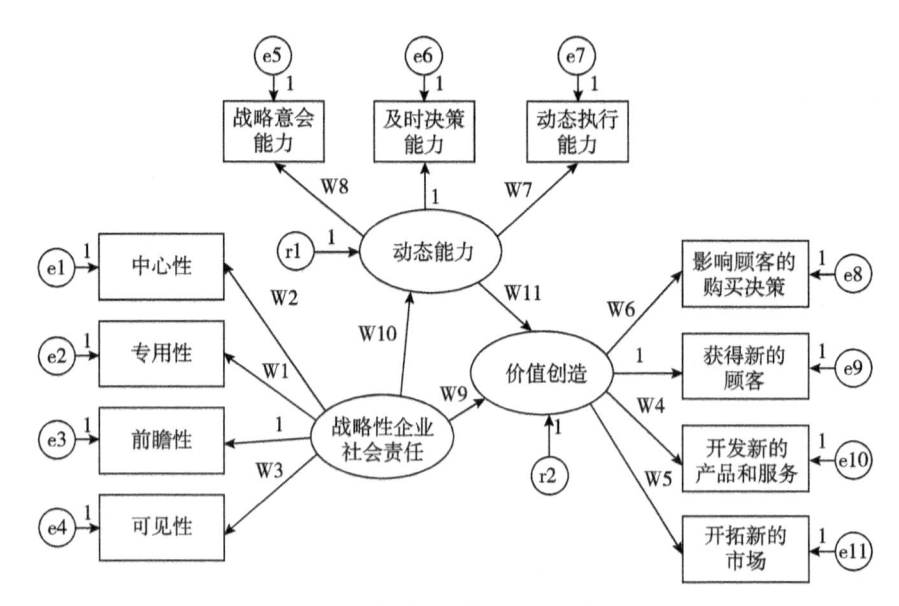

图 6.3 本书的理论模型与其结构参数

所示。

3. 样本与数据要求

运用 SEM 对整体变量间的相互影响关系进行验证，研究样本总量需要达到一定的要求。从 SEM 包含的观察变量方面衡量，一般要求样本总量大于观察变量总数的 10 倍（吴明隆，2013）。本书用于进行 SEM 的第二批问卷数据总量为 289 套，满足这个要求，因而可通过 SEM 验证整体变量间的相互影响关系。

此外，由于本书使用最大似然法作为 SEM 的估计方法，因此需要对样本数据进行正态性检验。第二批问卷数据的正态性检验结果显示：变量的偏度系数最大绝对值为 1.166，小于 3.0；峰度系数最大绝对值为 2.275，小于 8.0（见表 6.26）。由此可判断，该数据通过了正态性检验（吴明隆，2013），可用于 SEM 进行 ML 法估计。

表6.26 观察变量峰度与偏度的检验结果（N_2 =289）

观察变量	峰度	偏度
中心性	0.631	-0.846
专用性	2.275	-1.166
前瞻性	0.636	-0.781
可见性	-0.240	-0.450
战略意会能力	-0.585	-0.054
及时决策能力	-0.327	-0.218
动态执行能力	0.303	-0.156
影响顾客的购买决策	-0.869	-0.217
获得新的顾客	0.351	-0.645
开发新的产品和服务	-0.340	-0.513
开拓新的市场	0.802	-0.861

6.6.2 结构方程模型的评估

根据吴明隆（2013）、Bagozzi 和 Yi 的研究,[1] 并参考谢洪明等的具体做法[2]，本书从三个方面评估模型与数据的适配情况：其一是从基本适配度（Preliminary Fit Criteria）进行评估；其二是从整体模型适配度（Over Model Fit）进行评估；其三是从模型内在结构适配度（Fit of Internal Structural Model）进行评估。采用 ML 法对模型进行估计，其估计结果如图6.4和表6.27所示。

---

[1] Bagozzi R P, Yi Y. On the evaluation of structural equation models [J]. Journal of the Academy of Marketing Science, 1988, 16 (1): 74-94.
[2] 谢洪明, 刘常勇, 陈春辉. 市场导向与组织绩效的关系：组织学习与创新的影响——珠三角地区企业的实证研究 [J]. 管理世界, 2006 (2): 80-94.

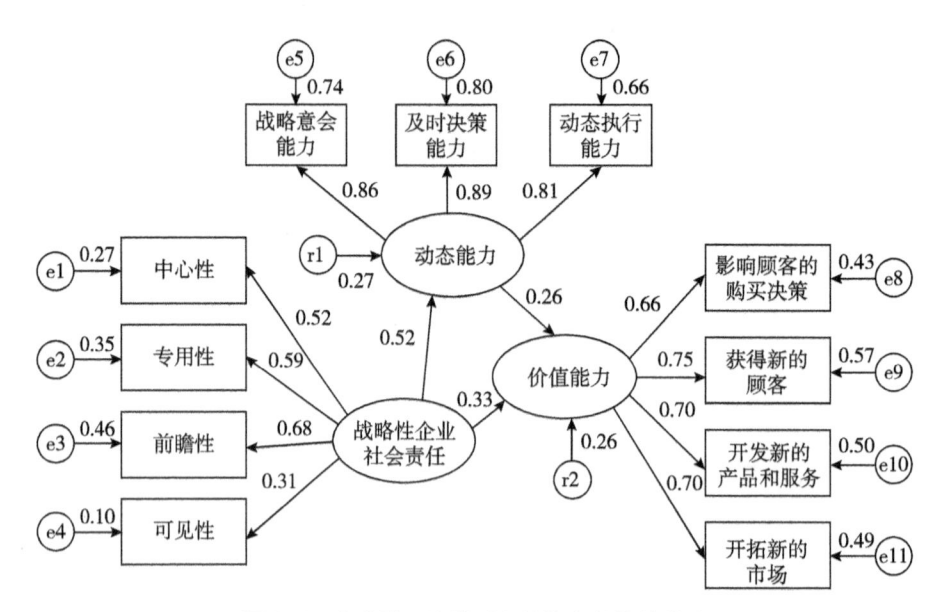

图 6.4　本书的理论模型之结构参数估计结果

表 6.27　模型检验情况（$N_2=289$）

变量	因子载荷（λ）	测量误差（θ）	平均方差抽取量（AVE）	组合信度（CR）
动态能力			0.735	0.892
战略意会能力	0.863***	0.255		
及时决策能力	0.895***	0.199		
动态执行能力	0.811***	0.342		
价值创造			0.495	0.796
影响顾客的购买决策	0.655***	0.571		
获得新的顾客	0.753***	0.432		
开发新的产品和服务 V3	0.704***	0.504		
开拓新的市场	0.698***	0.513		
SCSR			0.296	0.612
中心性	0.524***	0.726		

续表

变量	因子载荷（λ）	测量误差（θ）	平均方差抽取量（AVE）	组合信度（CR）
专用性	0.591***	0.651		
前瞻性	0.681***	0.536		
可见性	0.312***	0.903		

注：绝对适配度指标中，c^2/df = 2.965，GFI = 0.925，RMSEA = 0.083；简约适配度指标中，PGFI = 0.575，PNFI = 0.669；增值适配度指标中，IFI = 0.929，CFI = 0.929；*** 表示因子载荷在 0.001 水平上显著。

1. 基本适配度评估

可从测量误差、因子载荷和标准误差等三方面评估模型的基本适配度情况[①]。表 6.27 显示：观察变量的测量误差无负值；除一个观察变量的因子载荷值小于 0.50 外，其余 10 个观察变量的因子载荷值均大于 0.50 而小于 0.95，且均在 0.001 水平上显著。此外，模型估计结果显示，标准误差在 0.056 至 0.202 之间，均较小。由此可判断，本书理论模型的基本适配情况较好。

2. 整体模型适配度评估

本书根据衡量绝对适配度（Absolute Fit）、简约适配度（Parsimonious Fit）和增值适配度（Relative Fit）的 7 个指标值，评估整体理论模型与实际数据的适配情况。

表 6.27 中的备注显示 7 个指标值的情况为：PGFI 值为 0.575，大于 0.50；PNFI 值为 0.669，大于 0.50；GFI 值为 0.925，大于 0.90；c^2/df 值为 2.965，小于 3.0；RMSEA 值为 0.083，非常接近于 0.80；IFI 值为 0.929，大

---

① 这三方面的具体判断标准为：观察指标的测量误差不能有负值；因子载荷值最好介于 0.50 至 0.95 之间，且均达显著水平；标准误差值很小（吴明隆，2013）。

于0.90；CFI值为0.929，大于0.90。

按照前文所设定的评价原则，可知除一个指标稍微大于评价标准外，其余6个指标值均达评价标准，由此可判断该模型与第二批问卷数据的适配情况较佳。

3. 模型内在结构适配度评估

可从两个方面评估模型内在结构适配度情况。一方面，检验估计参数的显著性水平，此方面要求模型中所有参数均显著；另一方面，根据潜变量的AVE值和CR值考察其信度情况，其中AVE值一般要求大于0.50，CR值一般要求大于0.60（吴明隆，2013）。下面从三个方面分析模型的内在结构适配情况。

第一，模型估计结果显示，除一个参数在0.01水平上显著外，其余参数均在0.001水平上显著。

第二，从表6.27所提供的数据可知，动态能力的AVE值为0.735，大于0.50，达到了评价标准；价值创造的AVE值为0.495，非常接近于0.50，接近于评价标准（吴明隆，2013）。SCSR的AVE值为0.296，小于0.50。对于SCSR的AVE值偏小的情况，本书作如下两点解释：一是本书使用的SCSR的量表是Husted和Allen基于墨西哥情境开发的，[1] 而中国与墨西哥在经济发展方面有着较大的差异[2][3]，这种差异有可能使得SCSR在中国情境下的表现不如人意，SCSR的四个观察变量的因子载荷值相对不高，也证明了这一点，而因子载荷值不高会导致SCSR的AVE值偏低；二是在结构方程全模型中（见图6.3和图6.4），根据邱皓政和林碧芳的观点，SCSR的四个观察变量的因子

---

[1] Husted B W, Allen D A. Strategic corporate social responsibility and value creation: a study of multinational enterprises in Mexico [J]. Management International Review, 2009 (49): 781-799.

[2] 胡安·冈萨雷斯·加西亚. 全球变暖视野下中国与墨西哥的能源现状分析——从传统型能源模式向多元型能源模式转变 [J]. 贺光银，冯春，崔金星，译. 鄱阳湖学刊，2017 (1): 61-74.

[3] 加里·杰里菲. 中国与墨西哥发展模式比较 [J]. 国外理论动态，2006 (6): 43-46.

载荷容易受到"外在干扰与测量误差"的影响，进而导致 SCSR 的 AVE 值偏低。[1]

第三，从表 6.27 所提供的数据可知，动态能力、价值创造和 SCSR 的 CR 值分别为 0.892、0.796 和 0.612，均大于 0.60，达到了评价标准（吴明隆，2013）。

综上所述，可知模型内在结构的适配情况尚好。

6.6.3 直接影响和动态能力的中介作用检验

SEM 在模型估计过程中控制了测量误差，适合于检验本书提出的研究假设，因此，本书借助 SEM，采用 ML 法和偏差矫正（Bias-corrected）的非参数百分位 Bootstrapping 检验第 4 章提出的假设 H1、H2、H3 和 H4 是否成立[2]。

1. 直接影响的检验

采用 ML 法估计模型中的各种参数，检验假设 H1、H2 和 H3，其检验结果如表 6.28、图 6.4 和图 6.5 所示。

（1）SCSR 对价值创造的直接影响

表 6.28 显示，SCSR 对价值创造的路径系数为 0.330（$p=0.001$），这说明了 SCSR 对价值创造具有显著的直接影响，由此证明了本书所提出的假设 H1 成立。

（2）SCSR 对动态能力的直接影响

表 6.28 显示，SCSR 对动态能力的路径系数为 0.516（$p<0.001$），这说明 SCSR 对动态能力具有显著的直接影响，由此证明了本书所提出的假设 H2 成立。

---

[1] 邱皓政，林碧芳．结构方程模型的原理与应用 [M]．北京：中国轻工业出版社，2012：6-10；92；100-101．

[2] 假设 H5 在第 5.7 节进行检验。

(3) 动态能力对价值创造的直接影响

表 6.28 显示,动态能力对价值创造的路径系数为 0.255 ($p = 0.02$),这说明动态能力对价值创造具有显著的直接影响,由此证明了本书所提出的假设 H3 成立。

表 6.28　直接影响的检验结果 ($N_2 = 289$)

路径	变量间的关系	路径系数	p 值	对应假设	检验结果
W9	SCSR→价值创造	0.330	0.001	H1	支持
W10	SCSR→动态能力	0.516	***	H2	支持
W11	动态能力→价值创造	0.255	0.002	H3	支持

注:路径系数为标准化值;*** 表示 p 值小于 0.001。

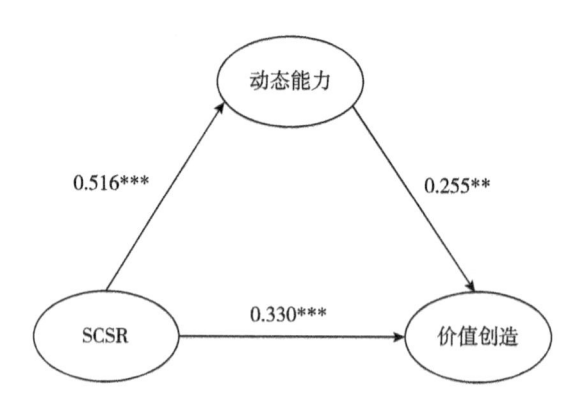

图 6.5　本书的整体理论模型和变量间的关系

2. 动态能力的中介作用检验

近年来,Baron 和 Kenny 提出的用来检验中介效应的逐步分析法(Causal Steps Approach)"受到几乎是一边倒的批评和质疑";[1] 温忠麟和叶宝娟认为

---

[1] Baron R M, Kenny D A. The moderator – mediator variable distinction in social psychological research: Conceptual, strategic and statistical considerations [J]. Journal of Personality and Social Psychology, 1986, 51 (6): 1173 – 1182.

尽管另一种用来检验中介效应的 Sobel 法的检验力高于依次检验，但其要求系数乘积呈正态分布，然而在实际中，该乘积往往并不是正态的。[1] 方杰和张敏强在中介效应检验的研究中发现，"自身抽样法"（Bootstrapping）的检验力高于前两种方法，[2] 因此，目前越来越多的学者改用 Bootstrapping 检验中介效应。

鉴于以上理由，本书采用偏差矫正的非参数百分位 Bootstrapping 检验中介效应的显著性，即 SCSR 通过动态能力影响价值创造的间接效应是否显著异于零。其间接效应的 95% 置信区间不包括零，则表明间接效应显著，中介效应存在；否则中介效应不存在。在上述间接效应显著的条件下，如果 SCSR 对价值创造的直接效应仍然显著，则可证明动态能力在 SCSR 和价值创造间起部分中介作用；否则，动态能力在两者间起完全中介作用。

参照李锐等的做法[3]，将 Bootstrap Samples 设定为 2000 次，通过偏差矫正的非参数百分位 Bootstrapping 对模型（见图 6.3）进行估计，其结果如表 6.29 所示。

表 6.29　动态能力的中介效应检验结果（$N_2 = 289$）

路径	标准化间接（直接）效应值	95% CIs（p 值）下限	上限
SCSR→动态能力→价值创造	0.143	0.017	0.262
SCSR→价值创造	0.330	0.036	

注：CIs 为偏差校正置信区间。

从表 6.29 可以看出，路径（SCSR→动态能力→价值创造）的 95% 置信区间不包括零，表明动态能力的中介效应显著。在此条件下，SCSR 对价值创造的直接效应仍然显著（$\beta = 0.330$，$p < 0.05$），这就说明动态能力在 SCSR 与

---

[1] 温忠麟, 叶宝娟. 中介效应分析：方法和模型发展 [J]. 心理科学进展, 2014, 22 (5): 731-745.
[2] 方杰, 张敏强. 中介效应的点估计和区间估计：乘积分布法, 非参数 Bootstrap 和 MCMC 法 [J]. 心理学报, 2012, 44 (10): 1408-1420.
[3] 李锐, 凌文辁, 柳士顺. 上司不当督导对下属建言行为的影响及其作用机制 [J]. 心理学报, 2009, 41 (12): 1189-1202.

价值创造间起部分中介作用，证明本书提出的假设 H4 成立。

6.6.4 变量间的影响效果分析

在上一节研究的基础上，本节从直接影响、间接影响和总影响效果等三个方面分析变量间的影响效果，依此将 SCSR、动态能力和价值创造间的影响效果整理成表 6.30。

表 6.30 变量之间的影响效果分析（N_2 =289）

外生变量	内生变量		影响效果
	动态能力	价值创造	
SCSR	0.516	0.330	直接效果
	—	0.143	间接效果
	0.516	0.473	总效果
动态能力	—	0.255	直接效果

注：表中的值都是标准化的；"—"表示没有在模型中检验此关系；模型中未对动态能力对其他变量的间接效果进行研究，因此表中未列出其间接效果，相应的总效果也未列出。

SCSR 不但能直接影响价值创造，还能通过动态能力间接影响价值创造。其对价值创造的直接影响效果值为 0.330，间接效果值为 0.143，因而其对价值创造的总影响效果值为 0.473（见表 6.30）。比较来看，动态能力中介效应占总效应的 30.2%（0.143/0.473）。这就说明企业对 SCSR 每增加一个标准差的投入，可将价值创造水平提高 0.473 个标准差，其中动态能力传递了 30.2% 的影响。

SCSR 能直接影响动态能力，其影响的效果值为 0.516。动态能力能直接影响价值创造，其影响效果值为 0.255。

综合来看，SCSR、动态能力对价值创造均有不同程度的影响，因此提高企业的价值创造力需要在以下两方面发力：一方面是将 CSR 与企业战略相结合，积极实施 SCSR 之策；另一方面是关注企业内外环境的动态变化，着力提高动态能力。

6.7 环境动态性的调节作用检验

本书将环境动态性作为调节变量，考察其如何影响 SCSR 与价值创造之间的关系，即研究在不同环境动态性下两者之间的关系是否会有显著变化。

根据束义明和郝振省的研究,[1] 本书运用 SPSS21.0 统计分析软件，采用多元回归分析法，分以下四步检验环境动态性的调节作用。

①引入企业规模与产业类型两个控制变量；

②导入自变量（SCSR）；

③引入调节变量（环境动态性）；

④导入环境动态性与 SCSR 的乘积项[2]。

根据景保峰的观点，如果第四步中的乘积项对因变量（价值创造）的回归系数在统计水平下显著，则可判断环境动态性的调节作用存在。[3]

依据以上步骤，得到调节变量的回归分析结果，如表 6.31 所示。在上述四步的回归方程中，所有变量的方差膨胀因子（VIF）在 1.006～1.099 之间，参照张文彤和董伟的看法，变量之间的多重共线性问题不大。[4]

表 6.31 调节作用检验结果（$N_2 = 289$）

	变量	模型 1	模型 2	模型 3	模型 4
控制变量	企业规模	0.161**	0.097^T	0.082	0.066
	产业类型	0.143**	0.109*	0.101^T	0.095^T
自变量	SCSR		0.399***	0.370***	0.369***

---

[1] 束义明,郝振省. 高管团队沟通对决策绩效的影响：环境动态性的调节作用［J］. 科学学与科学技术管理,2015,36（4）：170-180.

[2] 此处的"乘积项"是由经过中心化处理后的环境动态性与 SCSR 相乘而构造的，如此处理，可减少在回归方程中 SCSR、环境动态性及两者的乘积项之间的多重共线性问题（陈晓萍等,2012）。

[3] 景保峰. 家长式领导对员工建言行为影响的实证研究［D］. 广州：华南理工大学,2012.

[4] 张文彤,董伟. SPSS 统计分析高级教程［M］. 北京：高等教育出版社,2014：367-369.

续表

变量		模型1	模型2	模型3	模型4
调节变量	环境动态性			0.144**	0.168**
交互项	SCSR×环境动态性				0.131*
	R^2	0.043	0.197	0.216	0.233
	$\triangle R^2$	0.020*	0.154***	0.019**	0.016*
	F	6.391**	23.254***	19.571***	17.151***
	$\triangle F$	6.044*	54.586***	7.042**	6.071*
	VIF	1.006	1.013~1.032	1.016~1.062	1.018~1.099

注：***/**/* 和 T 分别表示在 0.001、0.01、0.05 和 0.10 水平（双侧）上显著。

模型4检验了环境动态性对 SCSR 与价值创造之间关系的调节作用（见表6.31），结果表明环境动态性与 SCSR 的交互作用对价值创造具有显著的正向影响（$\beta=0.131$，$p<0.05$），表明假设5得到支持。

为进一步地显示调节作用的模式，我们运用简单斜率分析法进行分析，结果如图6.6所示。首先按照环境动态性的中位数将样本数据分为高、低两组，然后分别对两组子样本数据进行回归分析，最后画图。检验结果表明，在两组回归方程中，SCSR 的回归系数都显著：在高环境动态性组中，$\beta=0.545$，$p<0.001$；在低环境动态性组中，$\beta=0.240$，$p<0.01$。

此外，从图6.6还可看出，相对于低环境动态性，高环境动态性对 SCSR 与价值创造之间关系的影响更大。

由上述研究可知，本书提出的5个假设全部得到了验证，现将其进行汇总，如表6.32所示。

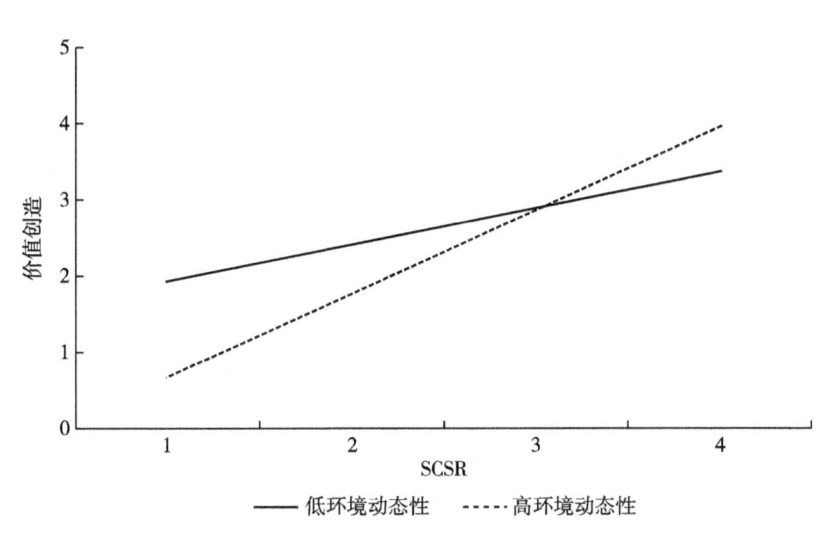

图 6.6　环境动态性对 SCSR 与价值创造之间关系的调节作用

表 6.32　研究假设检验情况的汇总

序号	研究假设	检验结果
H1	SCSR 对价值创造具有显著的直接影响	成立
H2	SCSR 对动态能力具有显著的直接影响	成立
H3	动态能力对价值创造具有显著的直接影响	成立
H4	SCSR 可通过动态能力间接影响价值创造	成立
H5	SCSR 对价值创造的影响受到环境动态性的调节，随着环境动态性的增强，SCSR 对价值创造的影响增大	成立

第 7 章

研究结论与展望

第7章 研究结论与展望

前文通过实证分析,对第4章提出的5个假设进行了检验,研究结果表明这5个假设全部通过了验证。

本章首先对该研究结论进行充分的讨论,然后论述其理论贡献,再提出对企业的实务建议,最后指出本书存在的不足,并对未来可能的研究方向进行展望。

7.1 研究结论及与前人研究的比较

首先,本书以 A 检测公司为样本,通过探索性案例研究,提出了初步的研究假设命题;然后,以资源基础论与适配论为指导,遵循"SCSR—动态能力—价值创造"的逻辑,提出了研究假设,并构建了概念模型;最后,借助 SPSS21.0 与 AMOS20.0 统计分析软件,通过两批问卷数据,实际验证了研究假设,由此形成了若干研究结果。

本节对这些研究结果进行总结并将之与其他学者的研究结论进行比较,为下文提炼本书的理论贡献和提出对企业的实务建议奠定基础。

7.1.1 战略性企业社会责任能够显著影响价值创造

本书证实了 SCSR 对价值创造具有显著的直接影响,其标准化路径系数为 0.330（$p=0.001$）（见表 6.28）。对照第4章提出的研究假设,可知假设 H1 得到了实证研究的支持。

经由本书证实的这一结论与 Burke 和 Logsdon 的研究观点"不谋而合",[①] 并与 Husted 和 Allen 的实证研究结论基本一致。Burke 和 Logsdon 最早提出了

---

① Burke L, Logsdon J M. How corporate social responsibility pays off [J]. Long-Range Planning, 1996, 29 (4): 495-502.

SCSR 的概念,[①] 认为 SCSR 可通过支持企业核心商业活动而完成企业的使命,从而为企业创造一定的效益。此外,他们还阐述了 SCSR 的构成维度及其为企业创造的价值。Burke 和 Logsdon 的见解得到了 Husted 和 Allen 的极大认同。在他们研究的基础上,Husted 和 Allen 构建了 SCSR 与价值创造的理论模型,[②③] 采用实证的方法,两度证明了 SCSR 能够对价值创造施加有效的直接影响:2007 年,Husted 和 Allen 采用回归分析法,以西班牙的 110 家大型企业为样本,证实了 SCSR 的专用性、自愿性、可见性对价值创造具有显著的直接影响;2009 年,他们采用同样的方法,以墨西哥的 111 家跨国企业为样本,证实了 SCSR 的中心性、自愿性、可见性对价值创造具有显著的直接影响。

本书的这一研究结论与 Hadjikhani 等人通过案例研究得出的研究结论亦是一致的。[④] 他们依据企业网络理论,运用深度访谈、观察等方法对在中国电子行业耕耘多年的韩国三星进行了深入的研究。其研究发现三星公司通过在教育、环境和社区等领域进行持续的关注和资源投入,获得了更高的信任和合法性,进而为公司的核心业务提供了强有力的支持,提高了市场地位。这表明三星公司不是单纯地履行传统的慈善类 CSR,而是将 CSR 与公司战略相结合,尤其是与公司核心商业活动相结合,此种行为赢得了包括顾客、所在社区等利益相关者的信任,并为其经营的合法性提供了诸多的支持,从而为企业创造了较高的效益。

[①] Burke L, Logsdon J M. How corporate social responsibility pays off [J]. Long-Range Planning, 1996, 29 (4): 495-502.

[②] Husted B W, Allen D A. Strategic corporate social responsibility and value creation among large firms: lessons from the Spanish experience [J]. Long-Range Planning, 2007 (40): 594-610.

[③] Husted B W, Allen D A. Strategic corporate social responsibility and value creation: a study of multinational enterprises in Mexico [J]. Management International Review, 2009 (49): 781-799.

[④] Hadjikhani A, Lee J W, Park S. Corporate social responsibility as a marketing strategy in foreign markets: the case of Korean MNCs in the Chinese electronics market [J]. International Marketing Review, 2016, 33 (4): 530-554.

国内学者陈爽英等也通过案例研究，[①] 对四川宏达集团的 SCSR 进行了深入的研究。其研究发现四川宏达集团持续十多年自发地实施 SCSR，较好地促进了企业可持续发展。通过研究，他们发现四川宏达集团将 CSR 与企业使命、企业愿景、企业家价值观相融合，并采用"由内而外"和"由外而内"的方式识别 SCSR 的维度，有效地实施 SCSR，由此创新了公司价值链，改善了公司的投资环境，节约了公司的运营成本，提高了公司经济收益，最终促进了公司在国际国内市场中形成比较竞争优势。

7.1.2 战略性企业社会责任可显著影响动态能力

本书证实了 SCSR 对动态能力具有显著的直接影响，其标准化路径系数为 0.516（$p<0.001$）（见表 6.28）。对照第 4 章提出的研究假设，可知假设 H2 得到了实证研究的支持。

Teece 等认为动态能力是企业凭借现有资源和能力而适应动态环境的一种高阶能力。[②] 而 SCSR 将 CSR 与企业战略、业务相结合，将企业的专长、资源用于解决相关社会问题。陶文杰和金占明认为此种行为对外有助于获得利益相关者的认可，并诱发其产生关于企业的正面联想，[③] 因此，当环境发生变化时，该行为导致的认可和联想可使其更好地适应环境的变化。这就表明 SCSR 可对动态能力产生有效的影响。

本书的这一研究结论与邵兴东和孟宪忠对碧桂园公司开展的案例研究所得出的研究结论保持一致。他们通过研究发现碧桂园公司通过战略性地履行 CSR[④]，将企业专长运用于社会问题的解决，显著地改善了其所面临的竞争环

[①] 陈爽英，井润田，刘德山. 企业战略性社会责任过程机制的案例研究——以四川宏达集团为例 [J]. 管理案例研究与评述，2012，5（3）：146 – 156.

[②] Teece D J, Pisano G, Shuen A. Dynamic capabilities and strategic management [J]. Strategic Management Journal，1997，18（7）：509 – 533.

[③] 陶文杰，金占明. 适配理论视角下 CSR 与企业绩效的关系研究——基于联想（中国）的单案例研究 [J]. 河北经贸大学学报（综合版），2015，15（4）：46 – 57.

[④] 战略性地承担 CSR 实际上就是一种 SCSR 行为。

境，增强了该公司的动态能力。

7.1.3 动态能力能够显著影响价值创造

本书证实了动态能力对价值创造具有显著的直接影响，其标准化路径系数为 0.255（$p=0.002$）（见表 6.28）。对照第 4 章提出的研究假设，可知假设 H3 得到了实证研究的支持。

Teece 等众多学者对动态能力的功效进行了较多的研究，经由本书证实的这一结论从总体上验证了许多学者的观点：动态能力是企业的一种高阶能力，难以模仿和复制，可使企业获取和保持竞争优势；[1] Wang 和 Ahmed 认为其也能实现现有资源、能力与外部环境的适配，[2] 帮助企业开发新产品和进入新市场，提升企业的绩效。[3]

Li 和 Liu 以中国的 217 家企业为样本进行的实证研究表明动态能力可对企业竞争优势产生直接影响，[4] 这一研究结论也得到了 Schilke 的验证。[5] Schilke 以美国的 279 家企业为样本，理论阐述和实际验证了动态能力能够直接影响企业竞争优势。上述三位学者的研究结论在本书中得到了证实。

本书的研究结论与下面三位学者进行的案例研究所得到的结论基本一致。高明晶采用多案例分析法，对沈阳机床、华为和海尔三家公司进行了充分的研究，其研究表明动态能力在各企业服务转型升级的过程中，对服务转型绩

---

[1] Teece D J, Pisano G, Shuen A. Dynamic capabilities and strategic management [J]. Strategic Management Journal, 1997, 18 (7): 509 – 533.

[2] Teece D J. Dynamic capabilities and entrepreneurial management in large organizations: toward a theory of the (entrepreneurial) firm [J]. European Economic Review, 2016 (86): 202 – 216.

[3] Wang C L, Ahmed P K. Dynamic capabilities: a review and research agenda [J]. International Journal of Management Reviews, 2007, 9 (1): 31 – 51.

[4] Li D, Liu J. Dynamic capabilities, environmental dynamism and competitive advantage: Evidence from China [J]. Journal of Business Research, 2014, 67 (1): 2793 – 2799.

[5] Schilke O. On the contingent value of dynamic capabilities for competitive advantage: The nonlinear moderating effect of environmental dynamism [J]. Strategic Management Journal, 2014, 35 (2): 179 – 203.

效有着明显的提升作用。① 苏敬勤和张琳琳对华晨汽车集团进行的案例研究也表明动态能力对企业绩效有着直接的影响。②

7.1.4 战略性企业社会责任可通过动态能力间接影响价值创造

本书证实了 SCSR 可通过动态能力间接影响价值创造，其标准化间接影响效果值为 0.143（见表 6.29）③。对照第 4 章提出的研究假设，可知假设 H4 得到了实证研究的支持。

本结论与彭雪蓉和刘洋提供的证据、研究观点相互印证。④ 他们开展的案例研究发现：南都电源公司由于开展环保工艺、环保产品研发等 SCSR 行为，迅速地捕捉到外部环境发生的变化，据此做出及时的决策，更快地研发出新的产品，进而获取竞争优势。由此，他们认为 SCSR 可通过动态能力间接影响竞争优势。

根据适配论的观点，可知 SCSR 将 CSR 与企业战略、业务相结合，助力企业适应环境的变化，提升企业动态能力，进而为企业创造更高的价值。这就意味着 SCSR 可经由动态能力影响价值创造，此判断与本结论一致，与 Ramachandran 与 Cantrell 等人的研究观点也一致。⑤ Ramachandran 根据"过程—能力—SCSR 成功"的内在逻辑，认为动态能力可在 SCSR 与价值创造的关系

---

① 高明晶. 动态能力对制造企业服务转型绩效的作用机理 [D]. 大连：大连理工大学, 2015.
② 苏敬勤, 张琳琳. 变革型领导行为对企业绩效的作用机制研究——以中国汽车企业为例 [J]. 科学学与科学技术管理, 2016, 37 (3): 155 - 165.
③ 通过偏差矫正的非参数百分位 Bootstrapping 检验中介效应的显著性，即 SCSR 通过动态能力影响价值创造的间接效应是否显著异于零，结果表明间接效应的 95% 置信区间不包括零，由此证明了动态能力的中介效应显著。
④ 彭雪蓉, 刘洋. 战略性企业社会责任与竞争优势：过程机制与权变条件 [J]. 管理评论, 2015, 27 (7): 156 - 167.
⑤ Ramachandran V. Strategic corporate social responsibility: a "dynamic capabilities" perspective [J]. Corporate Social Responsibility and Environmental Management, 2011 (18): 285 - 293.

中起中介作用。同理，Cantrell 等人借助资源基础论的观点，[①] 认为 CSR 供给过程[②]能助力动态能力的提升，而提升的动态能力又可使企业获得竞争优势。

7.1.5 战略性企业社会责任对价值创造的影响受到环境动态性的调节

本书证实了 SCSR 对价值创造的影响的确受到环境动态性的调节，随着环境动态性的增强，SCSR 对价值创造的影响增大。环境动态性与 SCSR 的交互项对价值创造影响的标准化系数为 0.131 （$p<0.05$）（见表 6.31）。对照第 4 章提出的研究假设，可知假设 H5 得到了实证研究的支持。

彭雪蓉和刘洋认为环境动态性在 SCSR 与企业持续竞争优势的关系中起调节作用，本研究结论为他们的研究观点提供了有力的支持。随着环境动态性的增强，企业绩效的不可预测性增强。此种情况导致企业对利益相关者所控制的资源依赖性增强，但企业可通过 SCSR 与企业利益相关者建立良好的关系，获取其所控制的资源，由此可提升企业价值创造力。这也表明了 SCSR 对价值创造的影响受到环境动态性的调节。

7.1.6 控制变量可显著影响动态能力和价值创造

本书通过方差分析，发现控制变量不但可显著影响动态能力，而且可显著影响价值创造。

一是企业规模对动态能力的影响显著。随着企业规模的扩大，动态能力不断增强（见表 6.21）。这一点与现实比较相符，本书对此作如下初步解释：企业规模大，企业的存续经验更多，当外部环境发生变化时，企业可凭此经验更好地做出应对，如此反复，企业的动态能力不断增强。

二是企业规模对价值创造的影响显著，随着企业规模的扩大，价值创造

---

① Cantrell J E, Kyriazis E, Noble G. Developing CSR giving as a dynamic capability for salient stakeholder management [J]. Journal of Business Ethics, 2015, 130 (2): 403–421.

② CSR 过程可视为一种 SCSR 行为。

力不断提升（见表 6.21）。这一点也与现实比较相符，本书对此作如下初步解释：随着企业规模的扩大，企业的实力相应增强，进而有助于提高顾客的忠诚度，并吸引更多的新客户购买企业的产品，帮助企业拓展业务范围、开发新的产品，从而提升价值创造力。

三是产业类型对动态能力的影响呈显著的山峰状（见表 6.24 和图 6.1），而对价值创造的影响呈显著的倒 U 型（见表 6.24 和图 6.2）。本书对此作如下初步解释：现代制造业、传统制造业、制造业外第二产业、现代服务业、传统服务业等五大类产业本身存在较大的差异，每个产业都有其自身的产业惯性，因而置身于此产业的企业会受到不同的影响，进而产业类型对企业动态能力和价值创造的影响也呈现较大的差异，如此才导致产业类型对动态能力产生山峰状的影响，而对价值创造产生倒 U 型的影响。

7.2 理论贡献

本书以资源基础论与适配论为基础，将动态能力作为中介变量，将环境动态性作为调节变量，纳入"SCSR-价值创造"的分析框架，构建了四个变量间的关系模型，并通过实证分析检验了该模型的效用，其理论贡献主要体现在以下两个方面。

7.2.1 丰富了 SCSR 研究内容，拓展了其研究范围

1996 年，Burke 和 Logsdon 首次提出了 SCSR 影响价值创造的概念模型，以此为基础，Husted 和 Allen 两位学者两度研究了 SCSR 对价值创造的直接影响，[1][2] 但其未研究 SCSR 对价值创造影响的内在机制和情景因素。为此，本书在 Husted 和 Allen 的研究基础上，将动态能力作为中介变量，将环境动态性作为调节变量，引入"SCSR-价值创造"的分析框架，构建了一个新的 SCSR 影响价值创造的理论模型。

动态能力是战略管理领域的重要研究对象，且环境动态性是影响 SCSR 与价值创造之间的关键情境变量。本研究响应 Husted 和 Allen 的号召，借鉴资源基础论与适配论的观点，将此研究对象、情境变量与 SCSR 相结合，有助于丰富 SCSR 研究的内容，并拓展 SCSR 在战略管理领域的应用范围。此种尝试不仅有助于后续学者将战略领域内的重要研究话题与 SCSR 相结合，如研究 SCSR、动态能力与企业可持续发展之间的关系，还有助于探寻 SCSR 影响价值创造的情景因素。

此外，本书通过两批问卷数据，首次基于中国情境两度对 Husted 和 Allen

---

[1] Husted B W, Allen D A. Strategic corporate social responsibility and value creation among large firms: lessons from the Spanish experience [J]. Long-Range Planning, 2007 (40): 594-610.

[2] Husted B W, Allen D A. Strategic corporate social responsibility and value creation: a study of multinational enterprises in Mexico [J]. Management International Review, 2009 (49): 781-799.

开发的 SCSR 量表进行信度和效度检验。检验结果表明，该 SCSR 量表的效度和效度尚可。实证研究结果表明，SCSR 量表的构成维度有四：中心性、专用性、前瞻性和可见性。这为后续学者进一步测量 SCSR 和以 SCSR 为研究对象开展一系列的实证研究奠定了一定的基础，这也有助于丰富 SCSR 的研究内容和拓展其研究范围。

7.2.2 明确了 SCSR 影响价值创造的内在机制和情景因素

现有研究主要探讨 SCSR 与价值创造之间的直接关系，鲜有研究对动态能力在两者关系中的中介作用与环境动态性在其中的调节作用进行探寻。为此，本书借助 SPSS21.0 与 AMOS20.0 统计分析软件，通过两批问卷数据，对 SCSR 影响价值创造的内在机制和情景因素进行了深入的实证研究。实证研究发现：SCSR 不但能直接影响价值创造，还能通过动态能力间接影响价值创造；SCSR 能直接影响动态能力，而动态能力亦能直接影响价值创造；SCSR 对价值创造的影响受到环境动态性的调节，随着环境动态性的增强，SCSR 对价值创造的影响增大。案例研究结果也支持了这些结论。

经由上述研究，本书检验了动态能力在 SCSR 与价值创造之间所起的中介效应以及环境动态性在两者关系中所起的调节效应，有助于深层次了解 SCSR 的作用机制，深化 SCSR 对价值创造影响的边界条件的认识。

7.3 对企业的实务建议

第一，经由探索性案例研究、理论探讨与实证分析，本书发现 SCSR 不但可直接影响价值创造、动态能力，而且可通过动态能力间接影响价值创造。由此，企业积极实施 SCSR，可起到"一箭双雕"的作用，既能增强动态能力，又能提升价值创造力。根据这个方面的研究，本书提出第一条对企业的实务建议是：通过实施 SCSR 增强动态能力、提升价值创造力。

第二，本书发现动态能力不但可直接影响价值创造，而且可在 SCSR 与价值创造的关系中起中介作用。由此，增强动态能力，可起到"一石二鸟"的作用，既能扩大 SCSR 对价值创造的影响，又能直接提升价值创造力。由此，本书提出第二条对企业的实务建议是：通过动态能力扩大 SCSR 对价值创造的影响力、提升价值创造力。

第三，本书发现 SCSR 对价值创造的影响会受到环境动态性的调节，随着环境动态性的增强，SCSR 对价值创造的影响增大。由此，本书提出第三条对企业的实务建议是：密切关注环境变化，科学实施 SCSR 之策。

7.3.1 通过实施 SCSR 增强动态能力、价值创造力

根据 SCSR 的内在结构，下文阐述企业如何有效地实施 SCSR，以增强动态能力、价值创造力。

1. "多方用力"将 CSR 理念融入企业使命

本书的研究表明战略性地承担 CSR 可为企业创造经济效益，陈爽英等对四川宏达集团进行的有关 SCSR 方面的研究也表明了这一点。[①] 在企业的经营

---

① 陈爽英，井润田，刘德山. 企业战略性社会责任过程机制的案例研究——以四川宏达集团为例[J]. 管理案例研究与述评，2012，5（3）：146－156.

过程中，为切实实施 SCSR，发挥其功效，需要将 CSR 理念融入企业使命（见案例专栏2）。

具体来说，此项工作可从以下三方面入手。

首先，将 CSR 理念融入企业家及高管团队的价值观。企业家及高管团队是企业的核心力量，他们的价值观反映了企业的核心主张，因而他们对企业的生存和发展有着至关重要的影响。这就需要将 CSR 理念融入企业家及高管团队的价值观。

其次，通过企业家及高管，将 CSR 理念融入企业使命，并以具体的语言将 CSR 理念在企业使命中表达出来。四川宏达集团按此做法表达其企业使命："宏则龙腾沧海，达则兼济天下。"分开来看："龙腾沧海"反映了该企业的发展愿景；"兼济天下"则反映该企业承担 CSR 的理念。整体来看，该企业将 CSR 理念融入企业使命，使 CSR 与企业战略相结合，并进行恰当表达。

最后，通过多种途径宣传已融入 CSR 理念的企业使命。在将 CSR 理念融入企业使命和进行恰当表达后，还需要通过各种途径进行宣传。企业既要借助传统的电视、广播、报刊等传统媒体进行宣传，又要注意借助微信、微博、网络、移动电视等新媒体进行宣传。

2. 切实把 CSR 活动纳入企业业务流程

企业只有将 CSR 活动纳入企业业务流程，才能使 SCSR 在企业"生根落地"（见案例专栏3）。

在实践中，可采取以下三种措施开展这项工作。

一是将 CSR 活动纳入企业的内部价值链活动。根据 Porter 和 Kramer 的研究和建议[①]，采用"由内而外"的方式将 CSR 活动纳入企业的价值链活动，

---

① Porter M E, Kramer M R. Strategy and society: the link between competitive advantage and corporate social responsibility [J]. Harvard Business Review, 2006, 84 (2), 78 - 93.

有助于企业在价值链的各个环节上进行创新，从而为企业创造经济效益，又为社会谋福利，实现企业和社会的双赢。如南都电源公司在其产品研发和生产中坚持战略性地履行 CSR，生产出环保性很强的产品，既获得了政府、社会和客户等外部利益相关者的好感、认可，又为企业创造了效益，从而做到"赚钱"和"为善"两不误。

二是以 Porter 的钻石理论模型为指导，通过 CSR 活动改善外部竞争环境。企业本身是社会中的一员，外部竞争环境是其生存和发展的土壤。因此，企业必须对外部竞争环境给予足够的关注。具体来说，企业可以以 Porter 的钻石理论模型为指导，寻找到某个具体的 CSR 活动，将之与企业业务结合起来。如从事 IT 业务的企业可为其所在社区的下岗人员进行技术培训，之后将培训后合格的人员招聘到企业，如此一方面为社会解决了就业问题，另一方面又为企业培养了需要的人才。

三是成立一个职能部门，协调和监督 CSR 活动的执行。在实际操作中，将 CSR 活动纳入企业业务流程的过程中势必遇到许多难题，这就需要一个强有力的职能部门对此进行协调。此外，还需要该部门监督 CSR 活动的具体执行，以使 CSR 活动在企业业务中得到真正的落实。

7.3.2 通过动态能力扩大 SCSR 所产生的影响力，增强价值创造力

依据动态能力的三个构成维度，可从以下三条途径增强动态能力，以扩大 SCSR 对价值创造的影响，提升价值创造力（见案例专栏4）。

第一，洞察先机，提升战略意会能力。这个方面要求企业对所处的环境发生的变化进行及时的关注和调查，并根据获得的信息进行及时的判断和决策，以尽量避免环境带来的威胁，把握住其带给企业的机会，提升战略意会能力。除此之外，企业应广开门路，听取多方人士传达给企业的信息，把握行业发展的动态，从而抢得市场发展的先机。

第二，迅速决断，提升及时决策能力。在企业掌握外部环境变化情况的

基础上，要迅速决断。如市场上出现对企业产品不利的谣言时，公司要迅速出面进行辟谣，如确实是产品质量有问题，也要及时以真诚的态度将解释工作做到位，不能当"缩头乌龟"，错失解释的良机。这个方面也要求企业能够向相关决策人员授权，以便他们灵活决断，同时，对于他们的决策失误给予一定程度的宽容。

第三，切实执行，提升动态执行能力。如果企业把握住了先机，并及时做出了决策，但没有将此决策落到实处，就等于白费功夫。这就要求企业高层管理者遇事身先士卒、雷厉风行，中层管理者坚决贯彻高层管理者的战略思想，基层管理者将决策落实到个人头上。由于每个人的思考和行事方式具有极强的惯性，这种惯性有可能使措施的执行不到位，甚至偏离原有的轨道，因此，在此方面需要特别注意对执行情况进行监督，如发现问题，及时进行纠正。

7.3.3 密切关注环境变化，科学实施 SCSR 之策

本书证明了环境动态性是影响 SCSR 与价值创造之间关系的关键情境变量。依此逻辑，企业应密切关注环境变化，科学实施 SCSR 之策，以提升价值创造力（见案例专栏5）。具体来说，可从以下两方面入手。

1. 洞察环境变化

当前，世界经济发展呈现"你中有我，我中有你"的状态，技术更新愈来愈快，产品生命周期越来越短。这些情况的变化对企业的经营与管理提出了挑战。由此思之，企业更需及时关注环境的变化，洞察其发展趋势。

一方面，企业应成立一个环境监测部门，由该部门通过实地调研、问卷调查等手段，尽可能详细地获取环境变化的相关资讯。

另一方面，研判环境变化的趋势。企业需要从环境变化的蛛丝马迹中发现其变化的线索，并预判其可能对企业产生的影响。

2. 根据环境变化，实施 SCSR 之策

环境动态性对 SCSR 与价值创造之间的关系起调节作用，随着环境动态性的增强，SCSR 对价值创造的影响增大。

鉴于环境动态性的此种影响，企业需要根据环境变化，科学实施 SCSR 之策，才能提高企业价值创造力。为此，根据 SCSR 的定义（见第 1.3.1 节），可从以下两方面着手。

一是依据环境变化，将 CSR 纳入企业战略。在把握环境变化的基础上，在制定战略决策时，企业应主动地、前瞻性地将 CSR 纳入企业战略，以发挥 CSR 的功效，提升企业价值创造力。

二是在上述基础上，将 CSR 与企业业务相结合。根据环境变化，将 CSR 纳入企业战略，是科学实施 SCSR 之策的重要前提，在此之后，需要将 CSR 与企业的具体业务相结合，以使 SCSR 之策落地。

7.4 研究局限和未来研究展望

7.4.1 研究局限

本书力求按照科学规范的原则展开研究，取得了一些有价值的结论，但受制于一些客观条件，加之时间限制和研究问题的复杂性，本书仍存在一些不足，这需要在未来的研究中进一步完善。

1. 样本数据的获取方面

本书尽管分两个阶段分别收集了两批问卷数据，获得的样本数据能够满足开展实证研究的需要，但由于获取样本的困难，第一批问卷数据全部是由一位企业高层管理者填答，第二批问卷数据的获得也不是随机的。所获取的样本数据是横截面的数据，揭示变量间的关系仅仅是静态规律。未来可通过纵向研究，对变量间的关系进行更为有效的检验，进一步深入探讨SCSR、动态能力、环境动态性与价值创造之间的动态演化机制。

2. 量表的开发

现有文献中，只有Husted和Allen两位学者通过对SCSR进行测量研究，[1]开发了一个SCSR量表。但由于该量表是在西方文化背景下开发的，其在中国文化背景下的信度和效度有待提高。鉴于开发问卷的复杂性和时间限制等原因，本书未对SCSR量表进行开发。

---

[1] Husted B W, Allen D A. Strategic corporate social responsibility and value creation: a study of multinational enterprises in Mexico [J]. Management International Review, 2009 (49): 781-799.

7.4.2 未来研究展望

以 Burke 和 Logsdon 对 SCSR 的研究为起点,[1] SCSR 的发展历史只有二十多年的时间。目前,对 SCSR 的研究仍停留在初级阶段,其概念基础和理论框架远未成熟。但从其理论发展背景和实践基础来看,有关 SCSR 的研究是一项机会和挑战并存的工作,也是一项有意义和有趣味的工作,值得我们进行持续和深入的研究。综合来看,未来可朝以下方向深化 SCSR 的研究。

1. 基于中国情境的 SCSR 研究

现有研究大多是基于西方发达国家情境展开,而基于发展中国家情境的 SCSR 研究尚不多见,这就使得 SCSR 的应用范围和实践价值大打折扣。彭雪蓉和刘洋认为,当前,中国经济发展呈现新常态,处于转型发展的时期,这为进行 SCSR 的跨情境比较研究提供了一个很好的场所,也为发展情境化的 SCSR 理论提供了一个良好的契机。[2]

2. SCSR 的测量研究

鉴于现有的两项有关 SCSR 测量的实证研究是基于西方文化背景开展的,且国内尚未开发出有效的 SCSR 量表,加之 SCSR 对中国企业而言仍是一个相对较新的概念,因此,如何借鉴科学规范的研究方法,开发出适合中国本土化的 SCSR 量表,值得进一步研究。

3. SCSR 与企业绩效的关系研究

当前,学者主要采用定性的方式,对 SCSR 与企业绩效间的直接关系进行

---

[1] Burke L, Logsdon J M. How corporate social responsibility pays off [J]. Long-Range Planning, 1996, 29 (4): 495–502.

[2] 彭雪蓉,刘洋. 战略性企业社会责任与竞争优势:过程机制与权变条件 [J]. 管理评论, 2015, 27 (7): 156–167.

研究，很少考虑到其中可能存在的中介变量和调节变量，因此，无法从根本上揭示出 SCSR 影响企业绩效的内在机制和情景因素。这就需要未来的研究以战略管理理论和其他学科理论为基础，探寻 SCSR 与企业绩效间潜在的中介变量和调节变量，以进一步揭示 SCSR 影响企业绩效的机理。

案例专栏 1

战略性企业社会责任的影响

——以华润集团为例

一、华润集团简介

华润（集团）有限公司（以下简称华润集团），创立于1938年，公司总部坐落于中国香港。历经八十多年的发展，华润集团现已发展成为业务内容涵盖大消费、综合能源、城市建设运营、大健康、产业金融、科技及新兴产业六大领域的综合型集团公司。

华润集团一直以来以"引领商业进步，共创美好生活"为企业使命，通过不断创新生意模式，打造产品和服务品牌，有效地促进了产业发展，为提高大众的生活品质做出了应有的贡献。目前，华润集团在零售、啤酒、燃气、商业地产、制药和医疗等行业领域的经营规模均位居全国前列。不仅如此，华润集团旗下公司华润电力、华润水泥的经营业绩、经营效率在行业中表现也较为突出。在房地产行业，华润置地可以说是中国内地实力雄厚的综合地产开发商之一。华润集团旗下的雪花、怡宝、华润万家、万象城、999、双鹤、东阿阿胶、江中等已经是享誉全国的知名品牌。为了更好地适应多元化企业的发展，华润集团围绕发展模式、组织架构、公司治理等方面进行了一系列重大改革，在并购整合、企业重组、利用资本市场等方面形成了丰富经验，在战略管理、领导力发展、财务价值创造等总部建设方面建立了适合自身特色的管理模式。目前，华润集团正在实施"十四五"发展战略，突出高质量发展，强化创新引领，优化资源配置，培育和巩固核心产业，保持行业领先地位，为客户提供优质的产品和服务，持续提升股东价值，打造具有华润特色的国有资本投资公司，成为具有全球竞争力的世界一流企业。

2019年，华润集团入选"2019中国品牌强国盛典榜样100品牌"。2020年，华润集团荣获第十一届中华慈善奖；入选"中央企业年度十佳智库"；荣获香港"企业绿色管治奖"大奖、"超卓环保安全健康奖"白金奖和"优越环保管理奖"金奖。2021年，华润集团荣获2020年度"中央企业负责人经营业绩考核A级企业"称号，这是自2005年国资委对中央企业实施经营业绩考核以来，华润集团第16次获得此称号；位列2020年《财富》世界500强第69位，连续11年跻身《财富》世界500强；入选"中国500最具价值品牌"，位列前十。

二、战略性企业社会责任的影响

华润集团在长期的社会责任管理与实践中，有意识地将承担历史使命、履行社会责任和推动企业可持续发展有机统一，逐步形成了具有自身特色的社会责任管理模式——使命引领型社会责任管理。该模式涵盖了责任文化、责任管理、责任践行等子模块，明确了华润开展社会责任工作的目标、指导思想、履责领域、组织动力和工作路径，是华润推进社会责任工作的总体思路和行动路线。华润集团在推进社会责任管理的过程中，把制度建设作为提高社会责任工作水平的重要途径，通过建立健全制度规范，并适时进行修订完善，促进公司社会责任工作的制度化和常态化，形成较为完善的社会责任制度体系，以促进对集团社会责任工作的有效管理。

（一）战略性企业社会责任助力企业获取竞争优势

2021年9月，在由民政部举办的第十一届"中华慈善奖"表彰大会上，华润集团华润希望小镇项目荣获第十一届"中华慈善奖"慈善项目和慈善信托殊荣。这是华润集团继2018年荣获第十届"中华慈善奖"捐赠企业殊荣后，第二次荣获"中华慈善奖"。此次获奖，引起社会各界人士的关注，获得社会公众好评，为企业赢得极大的竞争优势。

2008年，为统筹管理华润集团慈善公益事业，提高慈善公益活动的社会效益，体现华润责任与担当，华润集团发起设立华润慈善基金。华润集团每年在赈灾、扶贫、助学及环保领域捐资超过亿元，积极履行华润作为央企的社会责任①。华润集团曾经提出利用华润企业和员工捐款,到贫困地区和革命老区的乡村,建设华润希望小镇的创想。十四年来,华润集团共捐资超10亿元,精准对接革命老区、贫困地区,以"环境改造、产业帮扶、组织重构、精神重塑"为四大愿景,在全国建成了广西百色、河北西柏坡、湖南韶山、福建古田、贵州遵义、安徽金寨、江西井冈山、宁夏海原、贵州剑河、湖北红安、陕西延安多座华润希望小镇。十几年来,希望小镇辐射带动几十万人脱贫奔小康。不仅如此,华润集团还充分发挥华润慈善基金会和集团职工联谊会的平台优势,号召下属企业主动开展志愿者活动。华润怡宝、华润置地、华润医药、华润银行、华润健康等利润中心以华润慈善基金会为平台,到希望小镇开展了公益读书、支教、义诊等公益活动;华润燃气、华润万家等多家利润中心发挥行业优势,通过组织义工队、青年志愿者队伍等方式,开展了形式多样的志愿者活动。

战略性慈善可以创造企业和社会共享的价值,助力企业获取竞争优势。华润集团采用建设贫困小镇、组织青年志愿者队伍等形式践行公益活动,比只采用货币形式会更加受到利益相关者和社会公众的关注,并给企业带来其他企业所不能获取的收益。

(二) 战略性企业社会责任促进企业经济绩效的提高

华润集团历来都积极开拓创新以应对全球挑战,提供受大众信赖和喜爱的产品与服务,不以过多消耗地球资源为代价。在保护环境这个问题上,华润集团勇于担当,积极作为,自觉肩负起推动能源转型和绿色发展的历史使命,构建清洁低碳安全高效的能源体系,为破解气候环境危机、实现可持续发展做出了不小的贡献。

---

① 刘慧. 华润集团:慈善公益非一日之功 [J]. 社会与公益, 2022 (8): 31 - 33.

1. 大力发展清洁能源

华润集团加大风电、太阳能发电的投入力度，坚持集中式与分布式并举，加快构建清洁低碳安全高效的电源结构体系。电力业务板块，华润电力集中资源开拓以风电为主的清洁能源项目，重点推动陆上风电项目建设及海上风电项目建设的前期开发与储备，加快能源结构低碳转型。水泥业务板块，华润水泥在广东多个水泥生产基地推进分布式光伏项目试点，并逐步推广至其他生产基地。在啤酒、医药等业务板块，华润集团充分利用厂房屋顶建设光伏等分布式能源，增加清洁能源使用量。2021年，华润电力开始建设国内首个海上风电项目，与相同发电量的常规燃煤火电机组相比，每年可以节约标煤42万吨，节约淡水400万立方米。

2. 减少"三废"排放

华润集团认真履行污染防治主体责任，坚持精准治污、科学治污、依法治污，不断加大废气、废水、固废等污染物治理力度，持续巩固污染治理成效，助力打好蓝天、碧水、净土保卫战。在华润集团电力、水泥、医药等业务单元，通过工艺改进、过程控制、末端治理等手段，不断加强二氧化硫、氮氧化物、挥发性有机物等大气污染物治理，确保排放符合法规标准要求。

3. 完善环境管理体系

华润集团将绿色低碳融入企业发展规划，通过调整优化产业结构和能源结构、创新应用节能低碳环保先进技术、强化环境保护与节能低碳管理等举措，积极推进绿色高质量发展。首先，华润集团编制发布了华润集团EHS管理"十四五"规划，阐明了节能环保的管理理念、使命、战略及目标，明确了集团在"十四五"时期实施"双碳"战略等主要任务和保障措施；其次，华润集团结合近年生态环保检查中发现的典型问题、共性问题，开展了一系列生态环境问题排查治理行动，常态化开展生态环保问题排查治理，切实防范生态环境风险。同时，根据生态环境保护新形势、新要求，华润集团结合自身环境风险特点建立了包括环境应急综合预案、专项预案和现场处置预案的环境应急预案体系，并定期开展应急演练，检验和提升企业突发环境事件应急响应能力。在环保技术的研发与应用问题上，华润集团也有积极实践，具体如表1所示。

表1　华润集团2021年环保提升改造重点项目

项目名称	类别	效果
水泥窑氮氧化物超低排放改造项目	大气污染物防治	氮氧化物稳定实现超低排放（100mg/m^{3}以下）
挥发性有机物综合治理项目	大气污染物防治	硫化氢、非甲烷总烃等污染物均实现有组织达标排放
燃气锅炉低氮改造项目	大气污染物防治	燃气锅炉氮氧化物排放达到行业超低排放标准（50mg/m^{3}以下）
污水处理提标改造项目	水污染防治	对总氮指标去除率达90%以上
废水循环利用环保项目	水污染防治	每年可节约新水使用量50余万立方米，且实现废水"零排放"
工业污泥生物资源化处置项目	固废污染防治	实现工业污泥处置减量化、无害化、资源化
建筑施工噪声污染项目	噪声污染防治	噪声排放较项目实施前降低10分贝

4. 积极落实"双碳"战略

早在2017年，在各级政府部门和华润集团的支持下，华润深圳电厂就做出投资一个亿的决策，启动了广东省CCUS示范项目前期准备工作。2019年，亚洲首个多线程碳捕集测试平台在华润深圳电厂建成投运，应用于CCUS最新技术测试、验证、推广、应用和科学研究。2022年，华润电力加大投入，全面升级CCUS布局，建设了国内首个小、中、大梯级研发的测试平台，为推动碳捕集技术国际化和技术进步探索出一条新的道路。依托于该平台，华润电力至 2022 年已经累积捕集 3 万多吨二氧化碳，按一棵树一年吸收 18.3 吨二氧化碳计算，相当于 1600 多棵树吸收一年的二氧化碳量，具有显著的社会和环境价值。2021 年，华润电力踏出了二氧化碳利用的重要一步：在华润深圳电厂建设了国内首个立柱式微藻光合反应器减排转化利用和干冰转化工程。这两个项目的投产，不仅能够有效减少二氧化碳总排放量，还可以产生较高的投入产出效益，实现二氧化碳的商业化运行。随着研发的深入，一旦技术臻于完善，二者可迅速推广至华润电力所属电厂及其他相关企业，赋能"双碳"战略，实现经济效益与社会价值。此外，秉承着开放与共享的理念，华润电力以碳捕集测试平台为依托，建设了全国首个 CCUS 国际交流展厅，累计接待参观人员逾 6000 人，还与香港理工大学、浙江大学等科研院校合作，大力推动 CCUS 技术科普、专业人才培养和低碳减排理念的传播，提升了公众对华润积极履行社会责任的认可度，展现了绿色低碳的华润理念。

  战略性企业社会责任的履行对企业绩效具有正向影响，且具有一定的延续性。企业对社会生态环境履行社会责任，也会反作用于企业经济效益，即企业在创造社会价值的同时，经济价值也会同样增加。

案例专栏2

"多方用力"将CSR理念融入企业使命

——以欧莱雅集团为例

一、欧莱雅集团简介

欧莱雅（法国）化妆品集团公司（以下简称欧莱雅集团），由法国化学家Eugène Schueller在法国巴黎创立。

Eugène Schueller家族庞大的糕点产业因为19世纪末的一场经济危机而历经衰败。父亲的破产导致他的人生轨迹发生改变，被迫另选道路。Eugène Schueller迷恋化学并且考上了巴黎化学研究所，毕业后，他选择进入法国制药中心。因为一次非常偶然的机会，Eugène Schueller接触到染发剂领域。热爱化学事业的Eugène Schueller潜心研究这个新兴领域，短短三年的时间就制造出一种新型无毒染发剂，同时拥有了自己人生中的第一个发明专利，并为之取名为欧莱雅（L'Oréal）。L'Oréal一词来源于希腊语opea，代表美丽的意思。

1909年，不到30岁的Eugène Schueller用800法郎成立了法国无害染发剂公司，这便是欧莱雅集团的前身。新型无毒染发剂的发明切合当时广大女性消费者的需求，所以推出之后迅速占领了国内市场，而且畅销意大利、荷兰等欧洲国家，甚至远销美国、加拿大等美洲国家。

1939年，法国无害染发剂公司正式更名为欧莱雅（L'Oréal）。经过一百多年的发展，欧莱雅集团的产品已经由单纯的洗染产品扩展到所有日化用品。除了生产日化用品以外，欧莱雅集团还经营其他高档消费品，并且从事制药和皮肤病研究。时至今日，欧莱雅旗下拥有36个品牌，其中包括顶级品牌HR（赫莲娜）、一线品牌Lancôme（兰蔻）、Yves Saint Laurent（圣罗兰）、Armani（阿玛尼）、Kiehl's（科颜氏）、彩妆品牌Shu Uemura（植村秀）、Maybelline（美宝莲）、药妆品牌La Roche-posay（理肤泉）、Skin Ceuticals（修丽可）、Vichy（薇姿）、美发品牌Kerastase（卡诗），等等。欧莱雅集团的各类产品一直以来畅销世界各地，受到广大女性群体的青睐。

欧莱雅集团的发展依靠其全球研发和创新中心，覆盖四大事业部的独特品牌组合以及整合工业生产，同时由公司职能部门提供支持，这些部门包括行政与财务部门、数字化部门、人力资源部门、企业宣传和社会责任部门。目前，欧莱雅集团在全球范围内150多个国家和地区，建立了283家分公司、42家工厂，拥有100多个代理商、497项专利技术、21家研发中心，公司员工人数超过8万，年销售额超过百亿欧元，完全称得上是全球日化用品生产销售的龙头企业。

历经半个多世纪的发展，欧莱雅集团取得了不小的成就，并且荣获了多项荣誉。2018年，欧莱雅入选"2018世界品牌500强"，位列第87位。2019年，欧莱雅入选《财富》"世界500强"，位列第396位；入围Interbrand发布的"全球品牌百强榜"，排名第51位。2020年，名列"2020年《财富》全球最受赞赏公司榜"第45位。2021年，入选"福布斯全球企业200强"，位列第158位。

二、欧莱雅集团在中国的发展状况

欧莱雅集团在实施其全球化战略的进程中，十分重视拥有无限消费潜力的中国市场。自20世纪80年代开始，欧莱雅就已经设立了专门的机构研究中国市场，便于更好地了解中国市场中消费者的消费习惯和消费需求。

1996年，欧莱雅集团开始进入中国市场，并非首先采取收购本土品牌的方式，而是最早在香港设立经销处，并且与苏州医学院合作成立苏州欧莱雅有限公司。与此同时，欧莱雅集团在苏州建立了其在中国境内的第一家化妆品生产工厂，开始为其旗下品牌生产系列产品。同年，欧莱雅集团收购了美国知名彩妆品牌美宝莲，其美妆品牌世界霸主地位得以确立。美宝莲是欧莱雅集团旗下的一个面向大众的、性价比较高的平价彩妆品牌。欧莱雅集团将其引进中国，目的是让美宝莲成为打开中国彩妆市场的先锋产品。而事实证明，欧莱雅的营销战略是正确的。美宝莲的引进，让广大女性群体有了更多的选择，上妆效果好、性价比高等特点成功地吸引了一大批忠实的女性消费者，同时为欧莱雅集团在中国彩妆市场上赢得了一定的品牌知名度，而且本土化的经营策略为其建立了一个良好的企业形象。

1997年，欧莱雅集团在上海成立欧莱雅（中国）有限公司，承接欧莱雅集团在中国境内的一切经营业务，并为其提供经营指导。这意味着欧莱雅集团正式重点开拓中国的化妆品市场，也代表中国市场在其全球化战略中占有重要地位。当时正赶上中国经济发展的浪潮，欧莱雅集团陆续引进其旗下的巴黎欧莱雅、兰蔻、薇姿、卡诗等几个不同定位的品牌作为第一梯队进入中国消费市场。

2000年，欧莱雅集团将其旗下的顶级品牌赫莲娜引进中国市场，为其开拓中国高端护肤品市场奠定基础。欧莱雅最早在上海梅龙镇伊势丹开设第一个赫莲娜专柜。目前，赫莲娜已经成为中国护肤品市场上家喻户晓的大品牌。

2001年，法国知名护肤品品牌Garnier（卡尼尔）、专注于研究皮肤相关疾病治疗的品牌理肤泉、高档护肤品品牌Biotherm（碧欧泉）相继被引进中国。

2003年，在事先没有透露任何风声的情况下，欧莱雅集团在巴黎和北京同时宣布，欧莱雅集团已正式签订了收购中国护肤品牌小护士的协议，并承诺依托卡尼尔研究中心的科研力量将小护士品牌推向更高的发展阶段，这则新闻曾轰动一时。小护士创立于1992年，其总部位于中国深圳。在华南市场上，深圳正是核心所在。当年，小护士的销售网点遍布全国，数量将近3万个，生产基地位于华中地区的宜昌市，而这些全部被纳入欧莱雅集团的经营体系。在收购小护士之前，欧莱雅集团的销售渠道较为有限，主要依托百货商场，消费群体并不大。然而，在收购小护士之后，欧莱雅集团就利用其庞大且完善的销售网络，大力拓展销售渠道。这次收购的效果十分显著，欧莱雅集团在中国护肤品市场上的地位从第十一位跃升至第二位。

2004年，欧莱雅集团继续其收购步伐，将中国高端护肤品品牌羽西收入囊中，纳入其高档化妆品事业部，进一步加强了欧莱雅集团在中国化妆品市场上的领导地位。羽西由华裔名人靳羽西女士于1992年创立，以唇膏产品起家,从中药文化中发掘现代美容方案,坚持以国粹护肤为理念,为中国女性定制现代美肤方案。收购羽西之后,羽西的生产工厂被纳入欧莱雅集团的生产体系,其在中国的生产能力得以显著提高。

2005年,中国市场在欧莱雅集团全球战略中的重要地位日益凸显,因而欧莱雅集团在上海建立了继巴黎、纽约、东京之后的第四个研发中心,集聚世界出色的物理学家和化学家,专门致力于研究中国和亚洲人群的皮肤和毛发状况以及中国原材料和配方方面的开发。

2013年,欧莱雅集团以人民币51.5亿元收购当时中国面膜行业排名第一的面膜品牌美即,这是当时外资收购中国大陆日化品牌的最高额度,也是欧莱雅集团收购的第三个中国本土护肤品品牌。美即面膜创立于2003年。彼时,中国面膜市场正处于启蒙阶段,美即便突破性地首创单片面膜的销售模式,将面膜从小众护肤品类推向大众快销轨道,以类型丰富的面膜产品为消费者提供多样化的选择。美即品牌达到历史巅峰时期,占据面膜市场份额的26.4%,年销售额约10亿元,是面膜行业里实至名归的王牌。此次收购后,欧莱雅集团在中国研发的强大支持下,成立了美即面膜专研中心,不仅助力美即面膜实现战略转型、业绩逆势上扬,更有力地提升了欧莱雅中国大众化妆品部在中国消费市场的渗透率,推动了其大众化妆品部在全球范围内的稳健增长。

2014年,欧莱雅集团为了部署未来发展并不断巩固其在市场上的领先优势,宣布其旗下大众化妆品品牌卡尼尔退出中国市场,以便欧莱雅大众化妆品事业部在中国市场上能够集中力量发展两大领导品牌——中国第一大美妆品牌巴黎欧莱雅和第一大彩妆品牌美宝莲。

近几年来,互联网平台企业发展势头正盛,线上销售日渐成为销售的主流方式。欧莱雅集团通过分销商综合化妆品销售网络、旗下品牌自有网站和纯电商这三个渠道,在供应链的各个环节进行数字化,不断更新消费者在网购方面的体验,满足消费者的需求。在中国市场上,欧莱雅集团首先选择与大型互联网平台企业阿里巴巴、京东等公司合作,充分利用新零售时代所必需的大数据挖掘等技术帮助旗下品牌抓住新机遇。欧莱雅集团旗下兰蔻、科颜氏、卡诗等将近 30 个品牌都已经入驻天猫，采用天猫国际平台和直营的"双轮驱动"模式，推动其旗下品牌加速进入中国市场，更灵活、高效地挖掘中国市场的业绩新增长点。

三、CSR 理念与企业使命

欧莱雅集团作为一家法国公司，始终秉持环保理念，积极践行社会责任，曾多次获得社会各界的嘉奖。欧莱雅集团不仅致力于研究、生产和销售优质化妆类产品，同时也在文化、艺术、科研和公益等方面为世界做出了积极的贡献。

自 1996 年进入中国以来，二十多年的时间里，欧莱雅践行着做一个优秀企业公民的郑重承诺，并荣获包括"光明公益奖""跨国公司最佳企业公众形象奖"等在内的多个公益奖项。欧莱雅也是全球唯一连续六年荣获最佳评级的企业，彰显了其在应对气候变化、保护森林等方面所发挥的可持续发展领导作用。2021 年，欧莱雅集团推出可持续发展项目"欧莱雅，为明天"，该战略聚焦于全产业链价值，包括创新、生产、生活和企业发展四大领域。

（一）将 CSR 理念融入企业家及其高管团队的价值观

自 2011 年开始，以欧莱雅（中国）发布第一份可持续发展国别报告为契机，欧莱雅集团高层管理者便开始与政府部门、学术研究机构、社会企业、媒体以及消费者等各利益相关方就可持续发展的不同方向展开对话，例如举办利益相关方会谈、邀请利益相关方代表参加相关话题的新闻发布活动、利用网络开展在线探讨、与中国大陆地区 67 家机构就集团"美丽、与众共享"承诺及欧莱雅（中国）的可持续发展成就进行重点交流。在交流过程中，欧莱雅集团不仅分享其可持续发展的承诺与进程，还针对环境效益、供应链管理和可持续消费等关键议题广征意见。

（二）将 CSR 理念融入企业使命

欧莱雅集团的每一名新职员在进入公司之时，都会接受为期七天的入职培训。入职培训不仅让新职员更快地全面了解公司发展历程、组织文化、组织架构等方面，而且还会大力宣传公司一直以来践行的环保理念。作为欧莱雅公司的一员，需要了解并且熟知公司对于环保的规章制度，并将绿色理念融入工作当中，在工作中落实环保政策，实实在在地将 CSR 理念融入企业使命。

自 2010 年以来，欧莱雅员工积极参加一年一度的企业公民日活动。员工每年利用一天的工作日时间，参与当地社会和环境领域公益组织的活动，一般在以下领域开展工作：反对浪费行为、收集废弃物、扶贫济困、帮助残疾人融入社会和就业等。通过企业公民日活动，各慈善组织可鼓励员工志愿参与各类协会的工作，支持那些处于困境的弱势群体。

（三）多种途径宣传已融入 CSR 理念的企业使命

根据欧莱雅 2021 年年度报告，欧莱雅将实施可持续发展项目"欧莱雅，为明天"，并与其生态系统利益相关者联合起来，共同采取更多的可持续措施。该项目围绕以下几个方面展开：落实业务转型，适应环境科学所定义的"地球边界"，并为解决最紧迫的社会和环境挑战做出具体贡献。

随着气候问题的严重化，欧莱雅集团正在通过"欧莱雅，为明天"项目，积极动员各方力量，加大应对气候变化方面的投入，鼓励其利益相关者大幅减少各类产品对环境的影响。早在 2009 年，欧莱雅便开始致力于减少其工厂和配电站对环境的影响。从 2013 年开始，集团推出可持续发展计划"美丽，与众共享"，并制定了具体的目标，以改良产品，尽可能地减小其对环境的影响。在其不懈努力下，2005 年至 2020 年的这 15 年间，在同期产量增长了 29% 的情况下，欧莱雅集团旗下工厂和分销中心的二氧化碳绝对排放量却减少了 81%。不仅如此，欧莱雅集团还致力于使其产品的使用更具可持续性，充分利用自身创新和投资能力，减少产品的间接碳影响以及采取相应措施减少产品运输对环境的影响，并支持其战略供应商进行环境转型，减少直接温室气体排放。

2020年，在"欧莱雅，为明天"项目的框架下，欧莱雅集团成立了欧莱雅妇女基金会。这项慈善捐赠基金为期三年，斥资5000万欧元，旨在鼓励和支持社区和机构所采取的措施与行动，帮助世界各地处境艰难的妇女。自项目启动以来，欧莱雅妇女基金会已支持了近30个国家的近120个组织，直接帮助了40万名女孩和妇女，并间接帮助了当地社区70多万人。欧莱雅妇女基金会的成立，不仅帮助了世界上许多正在遭受苦难的妇女，而且向社会传达出欧莱雅集团的企业精神和企业使命。欧莱雅集团真实地把CSR融入了企业使命。

案例专栏 3
切切实实把 CSR 活动纳入企业业务流程
——以伊利集团为例

一、伊利集团简介

内蒙古伊利实业集团股份有限公司（以下简称伊利集团）创立于 1993 年，公司总部坐落于内蒙古自治区呼和浩特市。1996 年，伊利集团在上海证券交易所挂牌上市，成为中国乳品行业首家 A 股上市公司。历经近三十年的发展，伊利集团已经成为中国乳制品龙头企业，也是进入全球乳业第一阵营的亚洲乳企。其旗下多款产品长期居市场领先地位，整体营业额在行业内遥遥领先。从 2008 年北京奥运会到 2019 年武汉军运会、2022 年北京冬奥会，从 2010 年上海世博会到 2016 年杭州 G20 峰会，伊利作为唯一一家提供服务的乳制品企业频频亮相，同时伊利也是世界经济论坛、博鳌亚洲论坛、世界互联网大会等顶级峰会的合作伙伴。

伊利集团根据不同人群及其需求，针对不同的核心利益点，设有专业的产品品牌，目前拥有伊利母品牌及其 20 余个子品牌，其中母品牌伊利（产品）和金典、安慕希年销售收入额超过 200 亿元，优酸乳年销售收入额超过 100 亿元。目前，伊利集团在亚洲、欧洲、美洲、大洋洲等乳业发达地区构建了一张覆盖全球资源体系、全球创新体系、全球市场体系的骨干大网，其合作伙伴多，分布在 33 个国家。到目前为止，伊利旗下的液态奶、奶粉、酸奶、奶酪、冷饮等产品已经在全球 60 多个国家和地区上市。此外，伊利集团一直坚持和推动创新战略，紧紧围绕国际乳业研发的重点领域，整合海内外优质研发资源，从全球视角布设一张涵盖全球领先研发机构的全球创新网络，覆盖亚洲、欧洲、大洋洲和美洲，开展全产业链创新合作，并取得了丰硕的成果。2020 年，伊利集团在研发费用上的投入位居国内乳品行业第一。伊利集团全球专利申请总数在 2021 年世界乳业十强中排名第二，引领中国乳制品行业振兴。

经过近三十年的发展，伊利集团取得了不小的成就，并荣获了多项荣誉。2019 年，伊利集团入选"中国民营企业 500 强"榜单，位列第 81 位；上榜《财富》"2019 年最受赞赏的中国公司"。2020 年，伊利集团入选"中国最具价值品牌 100 强"榜单，排名第 45 位；入选"全球最具价值 500 大品牌"榜单，排名第 216 位。2021 年，伊利集团入选 iiMedia Ranking（艾媒金榜）发布的"2021 年中国国产奶粉品牌排行榜 Top15"，排名第 1 位。2022 年，伊利集团入选"福布斯 2022 全球企业 2000 强"榜单，排名第 755 位；入选"胡润中国民营企业可持续发展百强榜"，排名第 1 位。

二、伊利集团发展历程

伊利集团的发展历程可以说是中国乳业从小到大、从弱到强的历史缩影。总体来说，伊利集团的发展历程可以分成以下四个时期：萌芽期、成长期、壮大期和腾飞期。

（一）萌芽期（1956—1993 年）

1956 年，呼和浩特回民区成立养牛合作小组，两年后年改名为"呼市回民区合作奶牛场"。在当时，奶牛场仅拥有 1160 头奶牛，日产牛奶 700 千克，职工人数 117 名，这便是伊利集团的前身。

1970 年，"呼市回民区合作奶牛场"改名为"呼市国营红旗奶牛场"。

1983 年，奶牛总场一分为二，被分割成养牛部和加工部。养牛部成立了"呼市回民奶牛场"，加工部成立了"呼市回民奶食品加工厂"。

（二）成长期（1993—1996 年）

1993 年，呼市回民奶食品加工厂由 21 家发起人发起改制，吸收其他法人和内部职工入股，以定向募集方式设立伊利集团，并于同年 6 月正式更名为"内蒙古伊利实业股份有限公司"。公司改制之后，伊利集团首先选择成立伊利冷饮事业部，这是伊利集团早期的主营业务之一。冷饮事业部成立之后，伊利集团以产品类别划分进行管理，开启品牌化运营管理模式，为其冷饮产品持续 19 年领跑行业发展奠定了扎实的基础。

（三）壮大期（1996—2009 年）

1996 年，伊利集团在上海证券交易所挂牌上市，由此成为我国乳品行业首家 A 股上市公司。

1997 年，内蒙古伊利实业集团股份有限公司正式成立。与此同时，第一条利乐液态奶生产线开始投产，紧接着推出伊利纯牛奶、麦芽奶、巧克力奶、草莓奶、酸牛奶等产品。经过伊利集团的创新研发，液态奶的保质期得以延长，因此液体牛奶销售的辐射范围也进一步扩大。

1998 年，伊利推出伊利优酸乳，打造了一个全新的品类，开创了伊利液态奶时代的蓝海，并由此开创了中国乳品市场的新格局。

1999 年，伊利成立中国乳品行业的第一个液态奶事业部，带领全中国乳品生产企业全面进入"液态奶时代"。

2003 年，伊利推出畅销至今的巧乐兹系列产品，将香浓巧克力脆皮、丰富碎饼、美味脆饼、柔滑冰淇淋进行组合，脆软相间、层次丰富的口感广受消费者好评。在"中国 500 最具价值品牌"评选中，伊利以 127.87 亿元的品牌价值列 38 位，位居中国食品行业首位。

2005 年，伊利正式成立公司的第三个事业部——酸奶事业部。酸奶事业部成立之后飞速发展，生产 7 个系列总共 90 多个品种，发展速度在行业内名列前茅，酸奶系列产品也成为伊利集团业务发展的一颗耀眼的新星，焕发出无限的活力。在酸奶系列产品被推出之后，伊利集团主营业务收入突破 100 亿元大关，成为我国第一家真正有能力覆盖全国市场的乳品企业。不仅如此，在这一年，伊利集团成功牵手北京奥运会，成为国内唯一一家符合奥运标准、为奥运会提供乳制品的企业。

2007 年，伊利集团推出多款新产品。首先是金领冠系列婴幼儿奶粉产品，这是国内第一款应用中国母乳研究成果的配方奶粉，也是国内第一款针对中国婴幼儿体质的特点而开发的配方奶粉。在推出当年，这款奶粉就荣获

2007—2008 年中国食品工业协会科学技术奖。第二款新产品是中国第一款有机奶——伊利金典有机奶，这款有机奶在俄罗斯"中国年"上大放异彩。第三款新产品就是伊利营养舒化奶，这是中国首款低乳糖牛奶，采用创新 LHT 乳糖水解技术，将牛奶中的乳糖营养细化分解，能够有效缓解消费者饮奶不适的状况，消除乳糖不耐受。

2008 年，伊利集团推出首款专注于儿童成长的伊利 QQ 星儿童成长牛奶，凭借国际领先的"三重保护系统"成长配方，儿童成长牛奶益智型、健骨型成功上市。

2009 年，伊利集团成功牵手上海世博会，也成为国内唯一一家为 2010 年上海世博会提供乳制品的企业。

（四）腾飞期（2010 年至今）

2010 年，伊利集团品牌升级，公布新的标识、品牌主张和企业愿景。伊利集团以"滋养生命活力"为新的品牌主张，向"成为世界一流的健康食品集团"的愿景迈进，提供健康食品，倡导健康生活方式，引领行业健康发展。伊利畅轻酸奶荣获"国际乳品联合会（IDF）功能乳制品创新金奖"，这是中国乳品企业首次在国外获得的国际最高荣誉奖项。

2011 年，伊利集团正式成为国际冰淇淋协会的一员，成为亚洲首家、中国唯一一家加入国际冰淇淋协会的企业。

2012 年，伊利集团在伦敦奥运会中，为中国体育代表团赞助营养乳制品，持续为中国奥运健儿提供营养支持。

2014 年，伊利集团与荷兰瓦赫宁根大学合作成立伊利欧洲研发中心，签订共建中荷首个食品安全保障体系的协议；与 SGS（瑞士通用公证行）、LRQA（英国劳氏质量认证有限公司）、Intertek（英国天祥集团）达成战略合作，升级伊利全球质量安全管理保障体系。

2015 年，在荷兰合作银行发布的"2015 年度全球乳业排名"中，伊利集团蝉联全球乳业十强，继 2014 年后再次成为全球乳业第一阵营中的唯一亚洲乳企。这是伊利积极推动"中国产品向中国品牌转变"的重要成果，充分展示了伊利的全球影响力和国际话语权。

2017 年，伊利集团入选央视"国家品牌计划"，成为首批入选"国家品牌计划"企业中的唯一乳品企业。加入"国家品牌计划"，意味着为"中国品牌"代言，更意味着肩负起"品牌大国"崛起的担当。这不仅体现了国家对伊利品质的高度认可，也是伊利走向世界舞台的重要标志。

2018 年，著名品牌评定机构 Brand Finance 推出了 2018 年度全球品牌 500 强榜单，伊利再度成为唯一入选的中国乳制品企业。伊利此次排名较上年相比跃升 106 位，超越雀巢咖啡、卡夫、亨氏等世界知名食品品牌。

2019 年，全球领先品牌咨询机构 Interbrand 发布"2019 最佳中国品牌价值排行榜"，伊利再次摘得快消品类的桂冠。

2022 年，BrandFinance 公布"2022 年度全球最具价值品牌 500 强"榜单，伊利的品牌价值保持 10% 的强劲增幅，继续稳居全球食品集团品牌前三。

三、CSR 活动与企业业务流程

伊利集团一直秉承"厚度优于速度、行业繁荣胜于个体辉煌、社会价值大于商业财富"的理念和"平衡为主、责任为先"的伊利法则，将可持续发展融入企业战略，致力于成为全球最值得信赖的健康食品提供者，滋养生命活力，让世界共享健康，共享美好生活。

2017 年，伊利对企业社会责任管理体系进行全新升级，将"健康中国社会责任（CSR）体系"构筑为面向未来的"共享健康可持续发展（CSD）体系"（简称为 WISH 体系），意为"美好生活"。在 WISH 体系的基础上，伊利于 2019 年发布《伊利集团可持续发展行动纲领（十条）》，这是伊利在可持续发展管理上的又一次深入实践。

（一）建立生物多样性管理体系

伊利集团积极树立可持续采购典范，推动绿色采购和生态保护融合发展，在乳制品行业率先开展"全链减碳"，促进供应链上的减碳合作，带动全行业绿色发展，以"绿色产业链"推进生物多样性保护。伊利对自身生产运营的全部环节进行梳理，分析各环节对于生物多样性的影响和依赖，识别出对生物多样性产生较大影响、具有较强依赖性的六大领域——选址和设施、供应链原材料、生产和制造流程、产品、交通和物流、员工日常工作，以及对应的六大生物多样性保护行动领域——栖息地保护、应对气候变化、物种多样性保护、资源可持续利用、环境治理和倡导生态保护，建立生物多样性管理体系，开展全生命周期的生物多样性保护管理。

伊利重视在生物多样性保护领域与利益相关方沟通，主动识别各利益相关方，不断完善沟通机制，通过多种沟通方式与政府、国际组织、媒体、员工、消费者、农户、供应商开展互动交流，以实际行动回应利益相关方期望与诉求，引导各方共同关注生物多样性、参与生物多样性保护。一直以来，伊利集团是业内唯一一家定期发布生物多样性保护报告的企业，同时在内部建立起高效的组织管理架构，探索出"披露＋管理＋普及"的独有模式。

（二）积极践行全方位减碳思想

从2007年的"绿色领导力"到2009年的"绿色产业链战略"，再到如今的"全面价值领先"，伊利在推动发展理念不断迭代升级的同时，坚持以战略为引领，以数据为支撑，以自身为圆心，长期、不断拓宽减碳实践的外延，直至推动整个产业链的全面绿色转型。

多年生产数据及连续12年的碳盘查结果表明，伊利在持续提升产能的情况下，同步实现了总碳排放量持续下降。2021年伊利获得由国际权威检验认证机构颁发的碳中和核查声明（PAS 2060），证实伊利已于2012年实现碳达峰。

2021年12月，联合国开发计划署发布《走向零碳：在华企业可持续发展行动》报告。伊利集团作为中国乳业唯一企业入选，并在报告中作为可持续发展"实践案例"被深入分析。伊利集团在采购环节上打造绿色牧场，精细化奶牛养殖，建立产业链合作减碳平台；在生产环节上建立和完善能源管理体系，采购和使用清洁能源，努力打造"零碳工厂"；在包装、物流与废弃物处理环节，采购经认证的包装材料，建设智慧绿色物流，并且负责任地回收和处置废弃物；在消费领域，创新发布"零碳产品"，引领绿色消费。伊利一直致力于发挥行业引领价值，构建全生命周期环境管理模式，在牧场管理、工厂建设、制造、运输及消费等环节融入绿色理念，不断探索全产业链减碳新模式，与产业链上下游伙伴一道践行全方位的减碳思想。

为降低奶牛养殖产生的温室气体排放量，伊利创新建立了奶牛营养评估体系（DNAS），帮助合作牧场合理优化奶牛日粮配方，提升奶牛消化和吸收速率，有效减少奶牛肠道发酵产生的甲烷排放。在上游合作牧场积极推广奶牛饲料益生菌添加剂技术，通过发酵技术、酶工程等研究奶牛营养物质消化率提高的综合调控技术，加强奶牛对各类营养物质的消化吸收，改良奶牛瘤胃微生物环境，研究奶牛低蛋白质日粮调配技术，在满足高产奶牛对蛋白质的需求的前提下降低奶牛日粮蛋白的饲喂量，有效减少氮排泄和甲烷排放，打造伊利"低碳"奶牛。

不仅奶牛要"节能减排"，生产工厂也要跟上减排脚步。伊利在生产过程中实施全产业链的绿色制造，不断提高能源和资源使用效率，降低温室气体排放，稳步推进生产运营减碳工作落到实处。从启动建设全国首个零碳五星示范区，到中国乳业分布式光伏装机规模最大的单体工厂成功并网发电，再到成功建立中国食品行业首个"零碳工厂"，伊利正在以科技创新为抓手，打造生产制造环节低碳转型的行业模板。

（三）护航青少年成长

伊利联合中国西部人才开发基金会，推进"伊利方舟"儿童安全公益项目，落实"安全、成长、梦想"的理念，倡导"最好的保护，是教会孩子自我保护"。该项目立足当地学校的实际需要，以安全生态校建设为重点工作，致力于中西部地区儿童安全教育状况改善。从2012年至今，"伊利方舟"已走过全国25个省市自治区，建设了500余所"伊利方舟安全生态校"，开展了 70 余场儿童安全专项培训，涵盖防拐防走失、防性侵、防震、防火、防溺水、防暴、防踩踏、交通安全、日常生活安全等近 20 个主题，直接让 30 万孩子、老师、家长受益。

2021 年，"伊利方舟"在全国 11 个县（市、旗），以安全陪伴为主题，支持建设全国 160 所"伊利方舟安全生态校"，通过校园安全线上公开课、"伊利方舟全息图"推广、安全公开课系列短视频等不同形式，为"伊利方舟安全生态校"赋能，助力安全陪伴、守护梦想。

伊利集团在精准扶贫项目上也做出了自己的一份贡献。2021 年，伊利集团联合中国红十字基金会，积极响应农业农村部和中国奶业协会"中国小康牛奶行动"的号召，将已实施 4 年的"伊利营养 2020"精准扶贫项目升级为"伊利营养 2030"平台型公益项目。"伊利营养 2030"将坚守十年承诺，持续深入落实"乡村振兴"和"健康中国"两大战略，践行营养物资捐赠、健康知识科普、梦想关爱守护三大行动，用营养守护孩子的健康与梦想。

案例专栏 4
通过动态能力扩大 SCSR 影响力、增强价值创造力

一、海信视像案例

（一）海信视像简介

海信视像科技股份有限公司（以下简称海信视像），曾用名海信电器，是海信集团旗下的子公司，成立于 1997 年，更名于 2019 年，其业务内容涵盖电视机、数字电视广播接收设备及信息网络终端产品的研发、生产和销售。1997 年，海信电器在上海证券交易所挂牌上市。经过二十多年的发展，海信视像取得了不小的成就，拥有先进的电视机生产线，并且于 2018 年荣获中国家电行业"最佳海外形象"称号，于 2019 年被评为"消费者喜爱的电视机品牌"，于 2020 年进入《财富》中国"500 强"企业名单。据统计，从 2004 年开始，海信电视连续十多年在中国彩电市场线下销售量占有率高居第一，在海外的北美、欧洲市场占有率大幅提升，在南非、澳洲、日本市场占有率均位居前列，体现出海信"大头在海外"战略布局的重要成果。

2019 年，海信电器更名为海信视像，标志着其业务从单一化到多元化的转变，主营业务不再只聚焦于电视领域，而是延伸至电脑显示器、教育屏等方面。海信视像一直专注于技术研发，自主创新能力显著增强，在青岛、深圳、武汉以及美国、欧洲等全球多个地方设立研发中心，拥有国家级多媒体重点实验室、国家级技术中心、业内领先的研发团队，构建起协同分工的研发体系，不断追求研发深度，努力提升产品的领先性与公司核心竞争力。为了提高品牌的全球知名度、扩大市场份额，海信集团积极实施体育营销策略，推出"璀璨计划"，持续不断地赞助国际重大赛事。迄今为止，海信集团先后赞助过 2014 年 F1 的路特斯车队、2015 年 F1 的红牛队、2016 年欧洲杯、2018 年世界杯、2020 年欧洲杯。

（二）海信并购东芝事件概述

东芝集团成立于 1875 年，隶属于日本三井集团，业务内容涵盖电子、数码设备、新能源制造和社会基础设施。自成立以来，东芝集团凭借良好的企业形象与全球 100 多个国家和地区开展贸易往来。拥有一百多年历史的东芝集团，财力雄厚，自 20 世纪后半叶就开始实施转型战略，努力促进企业转型升级，使得东芝集团从一家传统的家电生产企业升级为集电子、数码、通信设备、电子信息产品生产、研发和销售为一体的大型集团公司。2006 年，东芝集团以 54 亿美元接近 3 倍溢价的价格收购了西屋电气之后，开始涉足核电领域，那时候核电产业在全球范围内正处于上升期，不料 2008 年遭遇全球性金融危机，加上 2011 年爆发的福岛核电站泄露事件使得核电发展进入冰河期，全球核电站面临关闭潮，日本政府当即关停国内所有运营中的核电站。自此之后东芝集团的核能业务遭到重创，西屋电气开始陷入高额亏损的旋涡，导致公司后来积累了巨额负债。也是从这个时候开始，东芝集团深陷泥潭。为了避免连续亏损而退市和偿还负债，东芝集团频频卖出旗下资产。在 2016 年出售白色家电业务给美的集团、出售医疗器械服务给佳能集团之后，东芝集团不得已在 2017 年做出出售其旗下子公司东芝映像的决定。

东芝映像解决方案公司（简称"TVS"或"东芝映像"）成立于 1973 年，是东芝集团旗下的全资子公司，其业务内容涵盖电视及周边产品、商用显示器及广告显示器，并提供多媒体产品的研发、生产和销售等服务，拥有国际一流的研发团队，在电视画质、核心芯片、配音音响等技术领域拥有行业先进水平。但是，由于原材料成本高涨、技术门槛下降、企业内部控制薄弱、生产规模压缩等原因，东芝映像从 2011 年起盈利能力逐年下跌，曾经长达八年时间处于亏损状态。虽然东芝映像风光不再如前，但是仍然是日本乃至世界家电行业的知名企业，其品牌的影响力在国际市场上不容小觑。一直以来，东芝集团的电视不仅在日本畅销，而且在法国、捷克、葡萄牙等欧洲国家和地区占据一定的市场份额，而这些地区和地区正是海信电视销售想要拓展的区域。所以，2017年海信集团在获悉东芝集团出售其电视业务的意愿后，组织团队第一时间分析与研究东芝映像，计划收购该公司。

2017年11月，海信集团在董事会上正式批准了收购议案，2018年2月，海信集团正式完成了此次跨国并购的相关批准手续，也通过了国家商务部对此次交易的反垄断调查。根据海信与东芝达成的股权交易协议，海信以现金76.82亿日元（折合人民币约4.53亿元）支付此次股权交易。海信在如期支付了相关金额，并顺利完成了东芝集团拥有的95%的股权转让手续之后，正式拥有了东芝映像的实质控制权。

2018年7月，海信与东芝在交易价格上做出一定调整，最终以59.85亿日元（折合人民币约3.55亿元）的价格完成全部并购交易，并且最终的交割款项已经全部支付完毕，海信并购东芝一案正式落下帷幕。

（三）案例分析

海信跨国并购东芝映像轰动一时，一些市场分析人士评论海信收购负债累累的TVS，纯属是捡了块"烫手山芋"，根本就是"冤大头"。然而，2020年8月，海信视像正式披露了更名后的首个半年报——2020年上半年，海信视像营收159亿元，同比增长5.28%，净利润3.66亿元，同比提升488%。连续亏损八年的东芝映像，终于慢慢地走出了经营困境。

海信集团并购东芝映像一度备受质疑，而最新的经营业绩显示这是正确的选择。海信在通过动态能力扩大SCSR所产生的影响力、增强企业价值创造力方面能够带给我们一些启示。

1. 洞察先机，战略意会能力强

海信视像和东芝映像同属于黑色家电生产企业。黑色家电的产业链比较长，我国的家电企业处于产业链的中尾部，生产的附加值比较低，主要包括基础材料的生产、加工、组装以及销售。整体来说，我国黑色家电企业的核心能力不足，那些附加值高的生产技术全掌握在外国企业手中，其中最主要的是玻璃基板的生产技术。玻璃基板是黑色家电最为重要的部件，生产难度大，核心工艺十分复杂，可以占到整个家电生产成本的 70%。目前来说，我国的黑色家电生产企业还不能掌握玻璃基板的生产技术，十分依赖进口。同时，近年来面板价格上涨，而家电价格上涨速度却远远低于面板价格上涨速度，导致我国的黑色家电企业的利润空间被严重压缩。

我国黑色家电行业目前正在经历第二次产业升级，OLED 技术是关键，未来液晶电视有可能会被取代。2015 年以来，OLED 电视逐渐兴起，整体势头一片光明，得到全球彩电生产企业的青睐。由于技术方面的原因，目前 OLED 还未形成家电行业的主导力量，但是很可能会成为影响家电行业发展趋势的一股重要的力量。

海信集团收购东芝映像，其中一个重要原因在于东芝映像拥有一流的研究团队，掌握 OLED 技术。索尼集团就是因为拥有 OLED 技术，不仅提高了它的市场份额，也提高了它的产品均价。海信视像之前一直专注于研发 ULED 技术，坚信 ULED 才是未来的发展趋势，也取得了一定的优势，但是近年来 OLED 技术的兴起使得海信重新审视自己的技术发展道路。对于海信视像来说，已经错过了进入 OLED 领域的最佳时期，从头开始研发 OLED 技术几乎不太可能，也绝非易事。并购东芝正好可以弥补海信在 OLED 技术上的弱势，形成技术互补，突破自身技术的短板，拓展自身的产业布局。

近年来，我国的经济发展推动人民的收入水平的提高，同样也刺激了消费，家电市场被全面打开，所以家电的普及率较高，目前达到饱和状态。与此同时，我国的电子设备企业迅猛发展，技术更新迭代快，电子设备的功能越来越多，使得我们对电视的依赖度降低，销售量也呈现下降趋势。据统计，海信每年在国内的销售量约 5000 万台，而海外市场的彩电需求量约 2.1 亿台。随着国际化趋势加快以及来自国内市场的压力，我国的家电企业纷纷投入开发国际市场，接连不断地跨国并购，整合优势，拓宽销售渠道，如 TCL 集团 2004 年并购汤姆逊，美的集团 2016 年收购东芝集团白色家电业务，海尔集团 2016 年并购通用电气。对于海信视像来说，打开国际市场是未来的发展方向，也是必选之路。

海信集团收购东芝映像，另一个原因就是想要加快自身的国际化进程。拥有140多年历史的东芝，不仅在日本市场上享有盛誉，而且在国际市场上占有一定份额，海外知名度高。对于海信来说，欧洲市场是薄弱之处，尚未建立起品牌知名度，而东芝在法国、捷克、葡萄牙等国家都有销售市场，正好可以弥补海信国际化战略布局的不足，推动海信进军欧洲市场。与此同时，海信视像也能顺利进入日本市场。

2. 迅速决断，及时决策

在东芝集团公布出售旗下子公司东芝映像的消息之后，多家公司对其颇感兴趣。在激烈的竞争角逐中，海信集团脱颖而出，一举拿下东芝映像，与其决断迅速、决策及时密切相关。

海信集团第一时间进行了详细的调研，毕竟此前东芝集团有财务造假的丑闻。海信集团一方面聘请国内知名会计师事务所，深入了解东芝映像的实际经营状况并确保财务数据的真实性；另一方面聘请精通国际法的律师事务所，以避免产生国际经济纠纷。与此同时，海信还对东芝进行实地考察，综合评估东芝映像的市场价值。了解到东芝映像近几年一直负债经营，急需资金摆脱经营困境。海信集团也对自身进行评估，确保以现金支付方式进行股权交易不会带来严重的经营风险。

3. 切实执行，动态执行能力强

东芝映像作为曾经的彩电巨头，有着成熟的企业文化和独特的管理运营方式。为了避免出现文化冲突，海信视像选择了"轻度整合"战略。海信不仅保留了东芝映像当时的管理层、科研团队、销售团队，还大力提供资金支持，帮助其进行经营改革与优化，尽快走出经营困境。在海信收购东芝映像之前，东芝映像因为母公司经营不善、原材料成本较高等原因，生产规模较小，经营绩效逐年下降。海信视像则利用自身的规模优势，弥补东芝映像的劣势，扩大它的生产规模，缩短生产周期，大力节约生产成本。

海信集团收购东芝映像之后，立即进行了生产链和供应链的整合，加强海信已有的成本优势，进而逐步扩大生产规模，提升了在国内市场的竞争力，也助力海信视像进军国际市场。凭借东芝在国际市场的知名度以及品牌赞助效应，海信在国际市场上的知名度越来越高。与此同时，海信视像对东芝映像的资源进行整合与开发再利用，获取并加强东芝映像在图像处理、画质芯片等方面的技术，也进一步扩大了产品供应规模，涵盖低中高端各个阶层的产品，使得消费群体扩大，销售量与销售额有了显著提升，海外市场的销售份额有了一定的提升。

二、獐子岛公司案例

（一）獐子岛公司简介

獐子岛集团股份有限公司（以下简称獐子岛公司），坐落于辽宁省大连市长海县，其前身为1958年成立的大连獐子岛渔业集团有限公司，于2012年正式更名为獐子岛集团股份有限公司。2006年，獐子岛公司于深圳证券交易所中小企业板挂牌上市。

历经半个多世纪的发展，獐子岛公司在海洋生物技术支撑下，现已成为以海珍品种业、海水增养殖、海洋食品为主业，以海洋牧场、大洋渔业、高原泉水为"三大资源"，以冷链物流、渔业装备、休闲渔业为"三个支撑"，集冷链物流、海洋休闲、渔业装备等相关多元产业为一体的综合型海洋企业，构建起育种、育苗、养殖、暂养、加工、仓储、流通、贸易的一体化供应链保障体系。目前，獐子岛公司在黄海北部建成了规模化、标准化的世界级现代海洋牧场，建立了国内最大的海珍品增养殖基地，国家级虾夷扇贝良种场，国内一流的海参、鲍鱼育养基地，具有行业领先的优质种质资源、技术以及覆盖产业链的专利群，其海洋牧场的生态价值与实践成果赢得世界的关注和认可。其中，獐子岛公司的虾夷扇贝渔场是中国首个经MSC认证的虾夷扇贝渔场，该公司也是中国双壳贝类产品获准进入欧盟市场的中国唯一受检企业。

"獐子岛"牌海参、鲍鱼、扇贝被国家质量监督检验检疫总局认定为"国家地理标志保护产品","獐子岛"虾夷扇贝成为中国食品行业首个碳标识认证食品。

自2006年上市以来,獐子岛公司发展迅猛,取得了令人瞩目的成就,成为我国第一个农业百元股企业。此外,獐子岛公司于2007年成为达沃斯"全球成长型公司社区"首批创始会员,于2014年成为世界经济论坛"亚洲增长"商务理事会成员,曾先后被誉为"黄海深处的一面红旗""海上大寨""黄海明珠""海底银行""海上蓝筹"。

(二) 财务舞弊事件概述

獐子岛公司自2006年挂牌上市之后,持续推进海域扩张计划。2006年,獐子岛公司的确权海域面积仅为65.53万亩。2014年,獐子岛公司的确权海域面积达到360万亩。在不到十年的时间里,獐子岛公司的养殖海域面积几乎扩大到原来的6倍。同时,獐子岛公司的主营产品虾夷扇贝不仅是养殖面积迅速扩大,养殖深度也从水深40米扩大到水深45米。

然而,自2014年开始,獐子岛公司的扇贝养殖情况出现异常。獐子岛公司上演一出扇贝从"逃跑"到"饿死"再到"自然死亡"的闹剧,直接导致獐子岛公司从一只连续盈利的绩优股转为巨额亏损的黑洞。

2014年10月,正值可以采捕一期虾夷扇贝之时,该公司就出示了一则关于海洋牧场灾情情况的公告,宣布其公司的海洋养殖区域遭到了冷水团侵袭,导致海域内大面积的虾夷扇贝被冻死。与此同时,獐子岛公司公布了本年度的第三季度财务报告,报告中写明公司认为这次冷水团事件使得公司将要进行的捕捞没有了意义,因为捕捞的收益无法弥补捕捞成本,因此对其2011年和2012年投入养殖的底播虾夷扇贝进行核销处理,同时对其存货计提减值损失。这最终导致獐子岛公司在当年的营业收入总体水平未发生重大变化的情况下,发生巨额亏损,总计达到11.95亿元,股价也因此大跌。证监会第一时间对獐子岛公司的财务状况进行了调查,却并没有发现獐子岛公司财务造假情况。

2016年，獐子岛公司年度报告公示公司本年度盈利8292.5万元，主要原因在于虾夷扇贝产能已恢复，同时公司内部实施多单元一体化，提高了运营效率，并且优化了产业布局，使得公司主营业务增收。

獐子岛公司2014年发生巨额亏损，2015年也仍处于亏损状态，然而，2016年其养殖的虾夷扇贝却突然恢复生机使得公司扭亏为盈，不得不让人怀疑其财务的真实状况。证监会经过调查，发现獐子岛公司以虚减营业成本和营业外支出的方式，虚增营业利润，实际上2016年该公司的经营状况仍然是亏损状态。

2018年2月，獐子岛公司故技重施，突然发布在日常抽测中发现底播虾夷扇贝被"饿死"，再次经历大规模"绝收"。獐子岛公司方面公布主要原因在于降水减少、水温异常，饵料严重短缺，扇贝很大一部分被"饿死"了。因此，獐子岛公司需要对其存货进行核销处理和计提减值准备，并修正2017年的公司业绩。獐子岛公司这一处理方式导致该公司2017年最终亏损6.76亿元。但是经过证监会调查，2017年獐子岛公司以虚增资产减值损失、营业成本、营业外支出的方式，虚减公司净损失。

2019年4月，獐子岛公司发布了2019年第一季度的财务报告，公布其第一季度的营业利润，由于海洋牧场灾害，扇贝采捕减少，公司亏损4622万元。2019年11月，獐子岛公司披露对底播虾夷扇贝的抽测结果，发现近40万亩的扇贝生长异常，所以对其进行核销处理并且计提减值准备。2019年的财务报表显示，公司亏损1.51亿元。

（三）案例分析

作为一家综合型海洋企业，扇贝大规模死亡事件频频发生，这事件或多或少地揭示了獐子岛公司在扩大SCSR对价值创造的影响、提升价值创造力方面存在重大缺陷。

1. 洞察到发展先机，却过于冒进

獐子岛公司自 2006 年挂牌上市之后，持续推进海域扩张计划。股票上市带来公司融资能力、养殖能力等各方面的提升，扩张养殖海域符合企业的发展趋势和市场的发展规律，这一点无可厚非。从中我们也可以推断出獐子岛公司对外界环境及时关注，洞察到了公司的发展先机，并根据其所获得的信息进行了及时的判断和决策。但是，养殖海域面积扩张较快。从上市当年到 2014 年，确权海域面积几乎扩大到了原来的 6 倍。虽然养殖海域面积扩张，产能也会提升，但这也意味着存货积压的风险加大。根据搜集的相关数据，在扇贝事件爆发的前三年，獐子岛公司的存货比例接近 50%，远远高于行业平均水平。与此同时，獐子岛公司的主营产品虾夷扇贝的养殖深度也从水深 40 米扩张到水深 45 米。然而，根据虾夷扇贝的生长习性，虾夷扇贝适宜分布于底质坚硬、淤沙少的海底，水深以 20~30 米为宜。虾夷扇贝生长温度范围为 5~20℃；15℃左右为适宜生长温度；低于 5℃生长缓慢，到 0℃时运动急剧变慢直至停止；水温升高到 23℃时生活能力逐渐减弱，超过 25℃以后运动很快就会停滞。虾夷扇贝还是高盐种类，适宜盐度范围为 24‰~40‰。獐子岛公司在未对 45 米水深的海域进行深入勘探与调查的情况下，贸然大面积投产，为 2014 年扇贝大规模绝收埋下了隐患。虽然獐子岛公司确实处于成长期，需要扩张战略，但是扩张方式过于冒进，以至于后期给企业带来了极其严重的负面影响。

2. 未迅速决断，欠缺及时决策的能力

经查阅獐子岛公司历年年度报告，獐子岛公司早在 2012 年就在其养殖海域内构建了北黄海冷水团监测潜标网，能够对底层水温变化实施 24 小时不间断监测，提升了海域环境监控能力。结合 2014 年中科院海洋研究所的会议纪要，我们可以知道獐子岛西部底播海域的底层水温在 1~8 月波动幅度高于正常水平，这对扇贝的生长极其不利。但是，獐子岛公司在能够 24 小时监控海域水温，同时每月、每季度都会抽测养殖产品的情况下，直到10月份才公布扇贝由于"异常冷水团"而大规模死亡的消息。在此之前的季报、半年报里，都未对其养殖海域水温异常事项进行披露。由此可以看出，獐子岛公司在发现异常现象发生的情况下，并没有迅速做出决断、及时调整，没有更深入地调查底播虾夷扇贝的养殖情况、预估损失并向公众披露公司经营的风险，而是向公众隐瞒公司出现的危机，最后无法处理，才全盘托出。扇贝绝收消息一公布，公司一度处于风口浪尖，公司名誉大大受损。

3. 缺乏动态执行能力

自2014年扇贝死亡事件爆发以来，獐子岛公司便一蹶不振。看似是因为难得一遇的"冷水团"侵袭，实则是内部存在风险监测机制不完善、监管力度不强等问题。作为一家综合型海洋企业，却多次发生扇贝大面积死亡事件，这表明该公司缺乏对生物资产生长过程中异常状况的及时预警，动态执行能力不足，造成严重后果，致使信用危机不断升级，一度面临退市风险。面对经营风险，獐子岛公司并没有及时纠正错误，改进内部控制能力和风险监测机制，反而偏离原有轨道，对财务报表进行粉饰。

案例专栏 5

密切关注环境变化，科学实施 SCSR 之策
——以华为技术有限公司为例

一、华为技术有限公司简介

华为技术有限公司，于 1987 年在中国广东深圳龙岗区成立。经过三十多年的发展，华为技术有限公司由初始投资额两亿元的公司发展到目前年销售额已超过数千亿元的特大型民营企业集团公司，并经历了中国信息通信产业的兴起和发展壮大过程中的每一阶段。

华为技术有限公司作为世界上首屈一指的信息和通信科技公司，聚焦于通信科技行业，秉承稳定运营、不断革新、积极协作的精神，为运营商、中小企业用户以及消费者带来最具有特色的通信科技方案、产品销售与咨询服务，并致力于打造未来的世界。华为技术有限公司的通信网络设备、IT 产品和解决方案、智能终端在世界一百七十余个国家和地区被广泛应用，为世界通信产业的蓬勃发展做出了卓越的贡献。华为技术有限公司因此成为一家受尊敬的民营企业，也成为国内外其他民营企业的典范。

社会日益发生变化，在大环境下，华为技术有限公司也特别注重新产品研发以及技术创新，通过促进公司不断发展壮大，华为技术有限公司为我国乃至全球电信产业的发展做出巨大贡献。在企业不断发展、规模不断扩大的过程中，华为技术有限公司认识到其承担社会责任的重要性，因而，从 2008 年起便开始对企业社会责任履行进行规范化的管理和实施，并且会定期发布企业社会责任报告。

二、华为技术有限公司发展历程

我们将华为技术有限公司三十多年的发展历程划分为五个时间段。具体划分情况如下。

第一阶段是起步阶段（1987 年至 1989 年）：1987 年建立，这个时候企业

的业务重点是代理销售一家香港企业生产的用户交换机；1989 年，华为技术有限公司开始自主研发用户交换机。

第二阶段是独立开发阶段（1990 年至 1995 年）：1990 年，华为技术有限公司独立研发了一套生产交换机的设备；1992 年，从农村市场着手，开始研制和推广中国农村数字交换解决方案；1994 年，推出 C&C08 数字程控交换机；1995 年，华为技术有限公司销售额已经超过 15 亿元。

第三阶段是经济高速成长阶段（1996 年至 1997 年）：1996 年，华为技术有限公司正式进入城市化领域，并历时数年，顺利实现了由乡村包围都市的战略转移，同时组建上海研发中心，与长江实业旗下的和记电讯合作，并正式进军独联体市场；1997 年，推出 GSM 无线产品，完成无线网络行业的重大突破，并在国内重点大中城市实施普及。

第四阶段是全球发展阶段（1998 年至 2005 年）：华为技术有限公司迈出国门，踏入全球市场。1999 年，在印度班加罗尔建造了研发中心，并先后开辟了越南、老挝、柬埔寨、泰国等国家的 GSM 市场，又开辟了欧洲市场，并且在瑞典设立新的国际研究管理中心，在美国设立全球研发管理中心；2002 年，其国外市场的总产值也冲破了 5 亿元大关，超过了 5.52 亿元；2005 年，国外合同销售额也第一次实现高于国内合同销售额。

第五阶段是全球化高速推进阶段（2006 年至今）：2006 年，华为技术有限公司的手机移动软交换供货量居世界首位；2007 年，成为欧洲所有顶级运营商的合作伙伴；2008 年，被《商业周刊》列为世界十大最有影响的企业，LTE 发明专利数占世界 10% 以上，在发明专利申报企业（人）排行榜上位居第一；2010 年，华为技术有限公司超过了诺基亚、西门子和阿尔卡特朗讯，一举跃升为全世界仅次于爱立信的第二大通信设备厂商；2011 年，华为技术有限公司推出荣耀手机（honor），智能手机销售量达到两千万部；2012 年，华为技术有限公司成为业内首个发布自研手机移动中央处理器产品的中国手机企业，该项成就也突破了高通、德州仪器 TI 和 nvidia 对手机 CPU 领域的控制；2013 年，华为技术有限公司手机销售额已跃升至世界第三，并紧随苹果公司和三星电子，超越了世界第一大电信设备商爱立信，并位列《财富》世界"500强"第315位；2014年10月9日，全球百大品牌排行榜发布，华为技术有限公司排在第94位，这也是国内公司第一次荣登该排行榜；2015年我国企业专利申请排行榜中，华为技术有限公司以3898件专利申请蝉联第一名；2016年8月，华为技术有限公司以3950.09亿元的全年营业收入，成为全国民营企业"500强"中的第一名；2017年《BrandZ最具价值全球品牌"100强"》中，华为技术有限公司名列第49位；2018年2月，沃达丰和华为技术有限公司完成首次5G通话测试，在世界品牌"500强"中，华为技术有限公司排名第58位，这些成就也彰显出华为技术有限公司在自己专业技术领域达到高水平标准的能力；2019年8月9日，华为技术有限公司官方向全世界宣布推出鸿蒙系统，鸿蒙是在我国整个软件行业急需补齐短板的背景下问世的，鸿蒙系统的推出战略性带动和激发了我国软件行业的全面崛起，代表我国高科技领域必须实行的一次战略突围，带动解决了我国许多"卡脖子"的技术问题；2019年8月22日，华为技术有限公司以7212亿元营业收入排在中国民营企业"500强"第一名；2019年12月15日，华为技术有限公司获得了首批"2019年中国品牌强国盛典年度荣耀品牌"的殊荣；2020年，华为技术有限公司是中国民营企业"500强"第一名；2020年11月17日，华为技术有限公司向深圳市智信新信息技术有限公司整体出售了荣耀全体业务资产，对于交割后的荣耀系列产品，华为不占有任何股份，也不参与经营管理与决策；2021年，华为技术有限公司在世界"500强"榜中排第44名。

三、密切关注环境变化，科学实施SCSR之策

（一）响应国家对绿色发展理念的倡导，科学履行环境责任

华为技术有限公司从很早就开始聚焦绿色环保，减少产品能耗，并且致力于为客户提供高效优质、节能绿色的产品设计以及解决方案，以协助客户降低运作成本、碳排放量和生产运营过程中对自然与社会环境造成的负面影响。

1. 倡导绿色生产，实现绿色发展

华为技术有限公司坚持可持续发展的理念，从严把控有害物质的投放，并且在设计中不断创新，强调节约减排，重视面向未来的技术创新与架构发展，通过提出节能的整体解决方案，提高生产效率、降低碳排放量。通过世界一流的高环保能效技术，形成绿色ICT的整体解决方案，促进各个行业的节能减排，华为技术有限公司始终坚持研发行业领先的高效环保产品。

其一，在产品设计中关注绿色的生态因素。通过提升产品设计功能、延伸产品设计应用生命周期以及在产品设计中的不断革新，打造了一批节能产品，在有效减少企业能源消耗的情况下，协助用户、合作伙伴等进行节能减排。例如智能照明设备中的阳光照明灵睿智能灯泡和智能灯光、门窗传感器、智能空调冰箱、温湿度传感器。

其二，重视在原材料方面的严格控制。华为技术有限公司秉承环境保护的观念，每年上报的禁用材料总量始终保持稳定上升的态势；制作商品的关键过程和所用的原材料均须满足法律法规要求，生产商必须符合国家的环境标准，企业应当制定并至少遵循ISO 14001环境管理制度；产品质量应当满足国际行业标准和华为技术有限公司的特殊需求，包含但不限于产品销售地区的强制性技术规定、《华为技术有限公司采购物料环保规范》及《华为技术有限公司采购物料受限物质清单》，并且将法律规定的最低限制值作为公司生产过程中的最低要求。除严格控制原料、零部件、工艺技术制程中的有毒有害物质的应用之外，华为技术有限公司还在积极探索采用环境友好新型环境建筑材料，以最大限度地降低对环境的危害。

其三，十分注重绿色环保包装。华为技术有限公司在5G等新基建领域，通过最新的科技担当起了环保的责任，为包装产业的蓬勃发展提供了科技保障，大量采用环保材质，并通过"塑钢轻质托盘""多密度缓冲技术方式"等自研工艺技术，在封装根源处尽量地凸显"简洁、环保、友善、可循环"的经济观念。绿色包装技术的运用不但呼应了我国"十四五"经济发展规划的有关指引，同时在环境保护、资源循环使用等政策法规的促进下，正逐步打破旧有传统包装工艺技术的弊端，以轻数字化、环保化等工艺技术的渗透为基石，构建绿色、健康的生存环境。

2. 实施节能减排措施，倡导绿色工作理念

积极开展有关节能减排的宣传教育活动，倡导并推行绿色低碳的办公生活，并充分运用大数据、电子网络推行无纸化办公，以培养企业职工的节约意识；安装绿色节能灯具，以降低能耗；同时强调产品经营和环保管理的和谐统一，以实现园区内低碳绿色经营模式。采取了精简开会材料、压缩相关文件、缩短相关材料印发时间以及倡导减少现场会议召开次数等具体行动，为职工培养了节俭观念；合理规划公司车辆使用；导入新能量管理系统、逐步降低二氧化碳排放量，以最大限度地降低企业在经营过程中对环境所造成的不良影响；开展节能宣传周活动；完善电能计量和管理系统。例如华为技术有限公司针对企业运营特性和要求，自己研发了电能系统。建设绿色供应链，行业的可继续健康发展离不开众多企业的共同参与，近年来企业碳减排问题已成为大企业等利益相关方共同关注的热点，积极开展企业绿色环保活动是增强企业实力、实现公司环保绿色可持续发展的最有效路径。华为技术有限公司继续实施绿色伙伴计划，积极组织企业一起进行节能减排技术创新，并积极参与有关行业标准的活动和有关规范的制定，以全面建设绿色生态企业。

3. 发展循环经济理念，实现废弃资源再利用

华为技术有限公司致力于实现资源的循环使用，并借助先进科学技术，实现电子产品废物处置无害化、能源使用最优化的目标。对所有电子废弃产品中的存储介质等进行彻底消磁、数据清除、物理破坏处理，以确保该电子产品的用户信息不会外泄。拆解过程必须遵循国家相关法律法规，给我们的生态家园"减重减压"。电子废弃物经一系列循环流程处理之后会分离出铜、

锌、树脂粉等原材料，可以投入下一次生产过程中从而实现再利用。华为技术有限公司与废品服务供应商建立全球报废品处理平台，针对无法再使用的电子电信设施实施了全方位的拆解与处置，使电子废弃物可以实现更加环保的处置和物资循环再生，并较大限度地降低了回收量。而针对较少量无法处理的特殊电子垃圾，华为技术有限公司也会在满足环境相关规定或条件的前提下，实施最后的填埋处置。

回收范围涵盖了任意品牌的报废手机、电脑、无线路由器、智能手表或手环、数据卡、机顶盒主机、家庭固定电话等电子设备及配件。仅仅通过取消包装盒里的一次性塑料材质使用，每千万台华为技术有限公司的手机包装盒就可以降低 17500 千克一次性塑料的使用，相当于节省了 180 万个超市中号塑料袋。2018 年华为技术有限公司持续发展报告指出，华为技术有限公司产品解决方案可以节能 10% 至 15%，其中有六款手机产品获得最高等级 L110 绿色认证，退货产品再利用率达到了 82.3%，此外，完成了约 9.32 亿千瓦时清洁能源用电，实现碳减排约 45 万吨。到 2020 年利用华为技术有限公司自有回收平台处理的旧电子产品废弃物高达 4500 吨。

（二）关注社会环境变化，科学履行社会责任

1. 消除数字鸿沟，确保网络平稳可靠运行

在大数据快速发展的背景下，由于各地经济发展速度不一，容易产生数字鸿沟问题，为了消除数字鸿沟问题，2015 年 3 月，华为技术有限公司在伦敦举行消除数字鸿沟研讨会，系统地介绍了数据鸿沟所产生的各种挑战以及相应的解决办法，该会议共吸引了来自世界十余个国家和地区的电信公司、政府组织，联合国机关以及非政府机构的近五十名专家学者的参加。华为技术有限公司致力于人人享有通信，并采取联合培养教学的方式，对从事有关行业的工作人员进行专业性培训，使知识能够进行更高效的传播，同时进行客户化的 ICT 应用解决策略研究，使不同国家地区、不同层次需求的人民群

众和各种公司都能够通过信息化工具，提高经济技术水平、生存品质、生产效益以及竞争优势，并重视维护国家互联网的稳定与安全运营，特别是保障在突发危机事件时的稳定运行。

为此，华为技术有限公司专门设立全球培训中心，作为华为技术有限公司唯一面向客户界面提供培训业务的窗口机构，已经为全世界一百七十多个国家提供 ICT 人才培训服务，内容涵盖信息培训、管理培训、技术咨询、认证培训等，以助力客户的数字化人才培训与发展，已在全球建设了三十多个培训中心，覆盖欧洲、拉美、亚太、中东、非洲等多个区域，全球拥有一千三百多名讲师，累计已经为各行各业提供五百多万 ICT 人才。华为技术有限公司培训中心通过创新的教学模式，为客户提供前沿、实用、全面的培训课程。关于信息安全，华为技术有限公司早就坦坦荡荡地向外界公开宣布，愿签订无后门协议，也愿在世界其他国家设立网络安全评测机构，以迎接外方检查。

2. 重视人才，保障员工权益

重视职工就业的平等权益。按照当地有关法律法规和国际公约，积极维护各种人才平等就业和发展的权益，并为职工进行相关的法律法规培训，以保证他们都能体面劳动。近四年来，华为技术有限公司女职工的比例基本稳定，女职工的流失率逐渐减少，新进人员逐渐增多；面向女性员工建立了铿锵玫瑰俱乐部，为女职工创造了一个求学、工作、生存的平台；还制定了女性管理者培训规划，在同等条件下择优招收女性，并鼓励女性职工充分发挥各自优点，进行自身职业发展突破。

重视对员工能力的培训。员工是企业的基石，企业需要重视对员工能力的培养，其工作能力提高不仅仅实现员工自身的个人价值，也可以大幅度地提高工作效率，从而更快更稳地推动企业的发展壮大。每天都有大量的培训在华为技术有限公司大学、各地培训中心展开。华为技术有限公司设立了所有员工都可以学习的通用的学习发展项目和跨部门的专业能力发展项目，提升公司员工的专业知识水准和专业能力。

加强员工生活保障。在物质激励方面，华为技术有限公司人力资源管理部与 Hay Group、Aon－Hewit 等顾问公司开展长久协作，定期进行薪酬数据研究，并根据调查结果、公司业绩以及员工个人业绩情况，对人员待遇做出有效调整；华为技术有限公司员工的奖金采取获取分享制，并与企业运营情况、员工及其所属单位的工作绩效和员工自身的业绩贡献等息息相关；同时，华为技术有限公司通过长期激励机制与全球员工一起共享企业的运营收益和发展机会，建立起了长远的共同奋斗、共同激励机制；此外，华为技术有限公司员工还设置了严格的员工保障制度，为全球员工营造了全面覆盖的"安全伞"；除了为员工提供各地政府法规所要求的各项保障之外，公司还向全球企业员工推出了人身意外伤害险、重大疾病险、寿险、医疗险及商务旅行险等商业保险产品，还开设了在特定情形下的公司医疗救助计划。在非物质奖励方面，尤其重视公司员工的健康、发展、合作关系三个方面，在解决公司员工的需求的基础上，使其发挥创造力，增强企业员工的归属感和幸福感；关注特别困难家庭，提供特别帮助与支持。

3. 开展社会公益，积极承担 CSR

华为技术有限公司积极开展社会公益行动，通过促进信息接入、捐助通信设备、培养通信技术专业人才、拓展通信业务、提供技术支持等，协助发展中国家和边远地区人民解决通信的实际问题，积极参与自然灾害救助工作，为紧急救援人员提供通信支持，为社会经济困难人群提供财力保障。

根据大数据统计，2008 年发生汶川地震时，华为技术有限公司一周内从深圳发出 600 吨固定、传输、数据、终端和配套通信设备等救灾设备送达四川灾区，捐款金额达到 2000 万元。此外，华为技术有限公司还推出面向中国内地高等院校的"资助中国大学生竞赛公益项目"，通过该项目对达标的高校校内学术比赛项目进行资金支持，以激励中国大学生奋发学习。

然而 2019 年以来，西方市场的一系列非市场化、非公平的限制问题，最终导致了华为技术有限公司业务体量的下滑、营业收入的下滑，2021年华为技术有限公司全年总营收相较于2020年减少了将近30%。在如此困难的情况下，华为技术有限公司依旧顽强地生存发展着，华为技术有限公司心声社区还公布了一项重要决定，2021年10月1日至2022年3月31日，不收取任何场地的租金，并且将已经收纳的钱于3月底退还原租户，华为技术有限公司的营收也因该项政策损失较大。按理说，华为技术有限公司并没有义务这样做，这归于华为技术有限公司的责任感。此外，在我国移动操作系统领域空白的背景下，华为技术有限公司又承担起社会责任，将其打造的鸿蒙操作系统免费捐赠给了开放原子开源基金会，使我国任何的智能手机企业、家电企业等都可以有一套自主可控的操作系统使用，促进我国移动通信行业大力发展。

4. 落实反腐败行动，响应国家政策

在反腐败方面，华为技术有限公司也一直紧跟国家节奏。华为技术有限公司明文规定，严禁企业为谋取利益或保留业务的目的，为取得不当优势，给予企业公职人员、贸易对方相关工作人员，以及能够影响贸易的其他有关人员有价物品的行为，也严禁企业员工收受贿赂，并要求企业所有员工必须认真学习并且签订《华为技术有限公司员工商业行为准则》。

此外，华为技术有限公司在与供应商签订合同时也将道德要求融入其中，要求供应商学习、签订、履行反贿赂诚信廉洁协议。华为技术有限公司坚持国家利益大于公司利益，注重社会责任的担当，禁止以慈善与捐赠的形式掩盖腐败目的，要求采取有效措施确保慈善与捐赠活动的透明、合法，不直接或间接参与任何政治活动，不对当地国家的政党、候选人及其关联人，或其任何附属组织等进行赞助。

例如，华为技术有限公司从2005年就提出了全体干部都必须杜绝腐败，并进行公开宣誓；2013年初召开董事会自律宣言宣誓大会，2013年7月，华为技术有限公司消费者BG、CEO、终端公司董事长余承东公开了致员工的反腐信，2013年9月初首次召开经销商的反腐大会；2014年9月，华为技术有限公司开始举行有关企业业务的经销商反腐会议，报告公司最近的反腐状况，并和经销商代表一起讨论反腐倡廉的机制建立，据统计，2014年华为技术有限公司反腐败累计收回资金3.7亿元。

参考文献

[1] Ambrosini V, Bowman C. What are dynamic capabilities and are they a useful construct in strategic management? [J]. International Journal of Management Reviews, 2009, 11 (1): 29-49.

[2] Amit R, Schoemaker P J H. Strategic assets and organizational rent [J]. Strategic Management Journal, 1993, 14 (1): 33-46.

[3] Bagozzi R P, Yi Y. On the evaluation of structural equation models [J]. Journal of the Academy of Marketing Science, 1988, 16 (1): 74-94.

[4] Barney J B. Strategic factor markets: expectations, luck and business strategy [J]. Management Science, 1986, 32 (10): 1231-1241.

[5] Barney J. Firm resources and sustained competitive advantage [J]. Journal of Management, 1991, 17 (1): 99-120.

[6] Baron D. Private politics, corporate social responsibility and integrated strategy [J]. Journal of Economics and Management Strategy, 2001 (10): 7-45.

[7] Baron R M, Kenny D A. The moderator-mediator variable distinction in social psychological research: conceptual, strategic and statistical considerations [J]. Journal of Personality and Social Psychology, 1986, 51 (6): 1173-1182.

[8] Barreto I. Dynamic capabilities: a review of past research and an agenda

for the future [J]. Journal of Management, 2010, 36 (1): 256-280.

[9] Basu K, Palazzo G. Corporate social responsibility: a process model of sensemaking [J]. Academy of Management Review, 2008, 33 (1): 122-136.

[10] Baumgartner, Rupert J. Managingcorporate sustainability and CSR: a conceptual framework combining values, strategies and instruments contributing to sustainable development [J]. Corporate Social Responsibility & Environmental Management, 2013, 21 (5): 258 - 271.

[11] Bhattacharyya S S. Exploring the concept of strategic corporate responsibility for anintegrated perspective [J]. European Business Review, 2010, 22 (1): 82-101.

[12] Board. Gender diversity and organizational determinants: empirical evidence from a major developing country [J]. Emerging Markets Finance & Trade, 2019.

[13] BSPSA, BSSA, BPSA, et al. How does corporate social responsibility contribute to firm financial performance? The mediating role of competitive advantage, reputation and customer satisfaction [J]. Journal of Business Research, 2015, 68 (2): 341-350.

[14] Burke L, Logsdon J M. How corporate social responsibility pays off [J]. Long-Range Planning, 1996, 29 (4): 495-502.

[15] Campbell J L. Why would corporations behave in socially responsible ways? An institutional theory of corporate social responsibility [J]. Academy of Management Review, 2007, 32 (3): 946-967.

[16] Cantrell J E, Kyriazis E, Noble G. Developing CSR giving as a dynamic capability for salient stakeholder management [J]. Journal of Business Ethics, 2015, 130 (2): 403-421.

[17] Carroll A B. The pyramid of corporate social responsibility: toward the moral management of organizational stakeholders [J]. Business Horizons, 1991,

34（4）：39-48.

[18] Chams N, Garcia-Blandon J. Sustainable or not sustainable? the role of the board of directors [J]. Journal of Cleaner Production, 2019（226）：1067-1081.

[19] Chen C, Hu Z, Liu S, Tseng H. Emerging trends in regenerative medicine: a scientometric analysis in CiteSpace [J]. Expert Opinion on Biological Therapy, 2012, 12（5）：593-608.

[20] Chen C, Ibekwe-Sanjuan F, Hou J. The structure and dynamics of co-citation clusters: a multiple-perspective co-citation analysis [J]. Journal of the American Society for Information Science & Technology, 2010, 61（7）：1386-1409.

[21] Chen C. Predictive effects of structural variation on citation counts [J]. Journal of the Association for Information Science & Technology, 2012, 63（3）：431-449.

[22] Churchill. A Paradigm for developing better measures of marketing constructs [J]. Journal of Marketing Research, 1979, 16（1）：64-73.

[23] Clarkson M E. A stakeholder framework for analyzing and evaluating corporate social performance [J]. Academy of Management Review, 1995, 20（1）：92-117.

[24] Conner K R. A historical comparison of resource-based theory and five schools of thought within industrial organization economics: do we have a new theory of the firm? [J]. Journal of Management, 1991, 17（1）：121-154.

[25] Cucari N, Falco S, Orlando B. Diversity of board of directors and environmental social governance: evidence from Italian listed companies [J]. Corporate Social Responsibility and Environmental Management, 2018, 25（3）：250-266.

[26] Danneels E. Trying to become a different type of company: dynamic capability at Smith Corona [J]. Strategic Management Journal, 2010, 32（1）：

1 - 31.

[27] Dess G G, Beard D W. Dimensions of organizational task environments [J]. Administrative Science Quarterly, 1984, 29 (1): 52 - 73.

[28] Dierick X I, Cool K. Asset stock accumulation and sustainability of competitive advantage [J]. Management Science, 1989, 35 (12): 1504 - 1511.

[29] Donaldson T, Preston L E. The stakeholder theory of the corporation: concepts, evidence and implications [J]. Academy of Management Review, 1995, 20 (1): 65 - 91.

[30] Duncan R B. Characteristics of organizational environments and perceivedenvironmental uncertainty [J]. Administrative Science Quarterly, 1972, 17 (3): 313 - 327.

[31] Eisenhardt K M, Martin J A. Dynamic capabilities: what are they? [J]. Strategic Management Journal, 2000, 21 (10): 1105 - 1121.

[32] Elkington J, Rowlands I H. Cannibals with forks: the triple bottom line of 21st century business [J]. Journal of Business Ethics, 2000 (23): 229 - 231.

[33] E Zubeltzu - JAka, I Álvarez Txeberria, Ortas E. The effect of the size of the board of directors on corporate social performance: a meta - analytic approach [J]. Corporate Social Responsibility and Environmental Management, 2020 (27): 1 - 14.

[34] Fornell C, Larcker D. F. Evaluating structural equation models with unobservable variables and measurement error [J]. Journal of Marketing Research, 1981, 18 (1): 39 - 50.

[35] Galbreath J, Shum P. Do customer satisfaction and reputation mediate the CSR - FP link? evidence from Australia [J]. Australian Journal of Management, 2012, 37 (2): 211 - 229.

[36] Ghisetti C, Rennings K. Environmental innovations and profitability: how does it pay to be green? an empirical analysis on the German innovation survey [J]. Journal of Cleaner Production, 2014 (75): 106 - 117.

[37] Grant R M. The resource – based theory of competitive advantage: implications for strategy formulation [J]. California Management Review, 1991, 33 (3): 114 – 135.

[38] Hadjikhani A, Lee J W, Park S. Corporate social responsibility as a marketing strategy in foreign markets: the case of Korean MNCs in the Chinese electronics market [J]. International Marketing Review, 2016, 33 (4): 530 – 554.

[39] Helfat C, Finkelstein S, Mitchell W, et al. Dynamic capabilities: understanding strategic change in organizations [M]. Blackwell: Oxford, U. K, 2007.

[40] Helfat C E, Peteraf M A. Managerial cognitive capabilities and the microfoundations of dynamic capabilities [J]. Strategic Management Journal, 2015, 36 (6): 831 – 850.

[41] Husted B W, Allen D A. Strategic corporate social responsibility and value creation: a study of multinational enterprises in Mexico [J]. Management International Review, 2009 (49): 781 – 799.

[42] Husted B W, Allen D A. Strategic corporate social responsibility and value creation among large firms: lessons from the Spanish experience [J]. Long-Range Planning, 2007 (40): 594 – 610.

[43] Husted B W, de Jesus Salazar J. Taking Friedman seriously: maximizing profits and social performance [J]. Journal of Management Studies, 2006, 43 (1): 75 – 91.

[44] Husted B W, De Sousa – Filho J M. The impact of sustainability governance, country stakeholder orientation and country risk on environmental, social and governance performance [J]. Journal of Cleaner Production, 2017 (155): 93 – 102.

[45] Jamali D. The case for strategic corporate social responsibility in developing countries [J]. Business and Society Review, 2007, 112 (1): 1 – 27.

［46］Jantunen A, Ellonen H K, Johansson A. Beyond appearances: do dynamic capabilities of innovative firms actually differ？［J］. European Management Journal, 2012, 30（2）: 141 – 155.

［47］Jonathan P. Advancing nonmarket strategy research: institutional perspectives in a changing world［J］. The Academy of Management Perspectives, 2012, 26（3）: 22 – 39.

［48］Josephson B W, Johnson J L, Mariadoss B J. Strategic marketing ambidexterity: antecedents and financial consequences［J］. Journal of the Academy of Marketing Science, 2016.

［49］Kessler E H, Bierly P E. Is faster really better？ An empirical test of the implications of innovation speed［J］. IEEE Transactions on Engineering Management, 2002, 49（1）: 2 – 12.

［50］Kline S J, Rosenberg N. An overview of innovation［J］. Studies on Science and the Innovation Process: Selected Works of Nathan Rosenberg, 2010: 173 – 203.

［51］Kraatz M S, Zajac E J. How organizational resources affect strategic change and performance in turbulent environments: theory and evidence［J］. Organization Science, 2001, 12（5）: 632 – 657.

［52］Lantos, Geoffrey P. The boundaries of strategiccorporate social responsibility［J］. Journal of Consumer Marketing, 2001, 18（7）: 595 – 632.

［53］Lantos G P. The boundaries of strategic corporate social responsibility［J］. Journal of Consumer Marketing, 2001, 18（7）: 595 – 632.

［54］Li D, Liu J. Dynamic capabilities, environmental dynamism and competitive advantage: evidence from China［J］. Journal of Business Research, 2014, 67（1）: 2793 – 2799.

［55］Lin Y, Wu L Y. Exploring the role of dynamic capabilities in firm performance under the resource – based view framework［J］. Journal of Business Research, 2014, 67 (3): 407 -413.

[56] Loorbach D, Wijsman K. Business transition management: exploring a new role for business in sustainability transitions [J]. Journal of Cleaner Production, 2013 (45): 20 -2.

[57] Madsen P M, Rodgers Z J. Looking good by doing good: the antecedents and consequences of stakeholder attention to corporate disaster relief [J]. Strategic Management Journal, 2015 (36): 776 -794.

[58] Makadok R. Toward a synthesis of the resource - based and dynamic - capability views of rent creation [J]. Strategic Management Journal, 2001, 22 (5): 387 -401.

[59] Makkonen H, Pohjola M, Olkkonen R, et al. Dynamic capabilities and firm performance in a financial crisis [J]. Journal of Business Research, 2014, 67 (1): 2707 -2719.

[60] McWilliams A, Siegel D S. Additional reflections on the strategic implications of corporate social responsibility [J]. Academy of Management Review, 2002, 27 (1): 15 -16.

[61] McWilliams A, Siegel D S. Corporate social responsibility: a theory of the firm perspective [J]. Academy of Management Review, 2001, 26 (1): 117 -127.

[62] McWilliams A, Siegel D S. Creating and capturing value: strategic corporate social responsibility, resource - based theory and sustainable competitive advantage [J]. Journal of Management, 2011, 37 (5): 1480 -1495.

[63] Mellahi K, Frynas J G, Sun P, et al. A review of the nonmarket strategy literature toward a multi - theoretical integration [J]. Journal of Management, 2016, 42 (1): 143 -173.

[64] Merrilees B, Tiessen J H. Building generalizable SME international marketing models using case studies [J]. International Marketing Review, 1999, 16

(4 -5): 326 -344.

[65] Michelon G, Pilonato S, Ricceri F. CSR reporting practices and the quality of disclosure: an empirical analysis [J]. Critical Perspectives on Accounting, 2015 (33): 59 -78.

[66] Miller D. The structural and environmental correlates of business strategy [J]. Strategic Management Journal, 1987, 8 (1): 55 -76.

[67] Minor D, Morgan J. CSR as reputation insurance: primum - non nocere [J]. California Management Review, 2011, 53 (3): 40 -59.

[68] Mandy M, Lodh S, Kaur J, et al. Impact of directors' networks on corporate social responsibility: a cross country study [J]. International Review of Financial Analysis, 2020 (72).

[69] Orlitzky M, Siegel D S, Waldman D A. Strategic corporate social responsibility and environmental sustainability [J]. Business & Society, 2011, 50 (1): 6 -27.

[70] Orlitzky M, Siegel D S, Waldman D. Strategic corporate social responsibility and environmental sustainability [M]. Social Science Electronic Publishing, 2011.

[71] Park Y R, Soon S, Choe S, Baik Y. Corporate social responsibility in international business: illustrations from Korean and Japanese electronics MNEsin Indonesia [J]. Journal of Business Ethics, 2015 (130): 747 -761.

[72] Peloza J. Thechallenge of measuring financial impacts from investments in corporate social performance [J]. Journal of Management, 2009, 35 (6): 1518 -1541.

[73] Penrose E. The theory of the growth of the firm [M]. New York: John Wiley & Sons, 1959.

[74] Peteraf M, Stefano G D, Verona G. The elephant of the room dynamic capabilities: bringing two diverging conversations together [J]. Strategic Manage-

ment Journal, 2013, 34 (12): 1389 – 1410.

[75] Peteraf M A. The cornerstones of competitive advantage: a resource – based view [J]. Strategic Management Journal, 1993, 14 (3): 179 – 191.

[76] Podsakoff P M, MacKenzie S B, Lee J Y, et al. Common method biases in behavioral research: a critical review of the literature and recommended remedies [J]. Journal of applied psychology, 2003, 88 (5): 879 – 903.

[77] Porter M E, Kramer M R. Strategy and society: the link between competitive advantage and corporate social responsibility [J]. Harvard Business Review, 2006, 84 (2), 78 – 93.

[78] Porter M E, Kramer M R. The competitive advantage of corporate philanthropy [J]. Harvard Business Review, 2002, 80 (12): 56 – 69.

[79] Ralston D A, Egri C P, Karam C M, et al. The triple – bottom – line of corporate responsibility: assessing the attitudes of present and future business professionals across the BRICs [J]. Asia Pacific Journal of Management, 2015, 32 (1): 145 – 179.

[80] Ramachandran V. Strategic corporate social responsibility: a "dynamic capabilities" perspective [J]. Corporate Social Responsibility and Environmental Management, 2011 (18): 285 – 293.

[81] Ricardo D. Principles of political economy and taxation [M] London: John Wiley & Sons, 1817.

[82] Robert Baum J, Wally S. Strategic decision speed and firm performance [J]. Strategic Management Journal, 2003, 24 (11): 1107 – 1129.

[83] Rumelt R. Toward a strategic theory of the firm [M] New York: Prentice Hall, 1984.

[84] Russo M V, Fouts P A. A resource – based perspective on corporate environmental performance and profitability [J]. Academy of Management Journal, 1997, 40 (3): 534 – 559.

[85] Scherer A G, Palazzo G, Seidl D. Managing legitimacy in complex and heterogeneous environments: sustainable development in a globalized world [J]. Journal of Management Studies, 2013, 50 (2): 259 – 284.

[86] Schilke O. On the contingent value of dynamic capabilities for competitive advantage: The nonlinear moderating effect of environmental dynamism [J]. Strategic Management Journal, 2014, 35 (2): 179 – 203.

[87] Selznick P. Leadership in administration [M] New York: Harper & Row, 1957.

[88] Sune A, Gibb J. Dynamic capabilities as patterns of organizational change: an empirical study on transforming a firm's resource base [J]. Journal of Organizational Change Management, 2015, 28 (2): 213 – 231.

[89] Tabachnick B G, Fidell L S. Using multivariate statistics [M]. MA: Allyn & Bacon, 2007.

[90] Tang Z, Clyde Eiríkur Hull, Rothenberg S. How corporate social responsibility engagement strategy moderates the CSR – financial performance relationship [J]. Journal of Management Studies, 2012, 49 (7): 1274 – 1303.

[91] Teece D J, Pisano G, Shuen A. Dynamic capabilities and strategic management [J]. Strategic Management Journal, 1997, 18 (7): 509 – 533.

[92] Teece D J, Pisano G. The dynamic capabilities of firms: an introduction [J]. Industrial and Corporate Change, 1994, 3 (3): 537 – 556.

[93] Teece D J. Dynamic capabilities: routines versus entreptreneurial action [J]. Strategic Management Journal, 2012, 49 (8): 1395 – 1401.

[94] Teece D J. Dynamic capabilities and entrepreneurial management in large organizations: toward a theory of the (entrepreneurial) firm [J]. European Economic Review, 2016 (86): 202 – 216.

[95] Teece D J. Explicating dynamic capabilities: the nature and microfoundations of (sustainable) enterprise performance [J]. Strategic Management Journal,

2007, 28 (13): 1319 – 1350.

[96] Teece D J. Managing intellectual capital: organizational, strategic and policy dimensions [M]. Oxford University Press, 2000.

[97] Theodorakis N D, Alexandris K, Tsigilis N, et al. Predicting spectators' behavioural intentions in professional football: The role of satisfaction and service quality [J]. Sport Management Review, 2013, 16 (1): 85 – 96.

[98] Tukker A, Sto E, Vezzoli C. The governance and practice of change of sustainable consumption and production [J]. Journal of Cleaner Production, 2008, 16 (11): 1143 – 1145.

[99] Van de Ven A H, Walker G, Liston J. Coordination patterns within an interorganizational network [J]. Human Relations, 1979, 32 (1): 19 – 36.

[100] Venkatraman N, Camillus J C. Exploring the concept of "fit" in strategic management [J]. Academy of Management Review, 1984, 9 (3): 513 – 525.

[101] Venkatraman N. The concept of fit in strategy research: toward verbal and statistical correspondence [J]. Academy of Management Review, 1989, 14 (3): 423 – 444.

[102] Vitolla F, Rubino M, Garzoni A. Integrated corporate social responsibility [J]. Journal of Management Development, 2016, 35 (10): 1323 – 1343.

[103] Von den Driesch T, da Costa M E S, Flatten T C, et al. How CEO experience, personality and network affect firms' dynamic capabilities [J]. European Management Journal, 2015, 33 (4): 245 – 256.

[104] Wang C L, Ahmed P K. Dynamic capabilities: a review and research agenda [J]. International Journal of Management Reviews, 2007, 9 (1): 31 – 51.

[105] Wang C L, Senaratne C, Rafiq M. Success traps, dynamic capabilities and firm performance [J]. British Journal of Management, 2015, 26 (1): 26 – 44.

[106] Wernerfelt B A. Resource – based view of the firm [J]. Strategic Man-

agement Journal, 1984（15）：171 – 180.

［107］Wilden R, Gudergan S P. The impact of dynamic capabilities on operational marketing and technological capabilities: investigating the role of environmental turbulence ［J］. Journal of the Academy of Marketing Science, 2015, 43（2）：181 – 199.

［108］Wilhelm H, Schlömer M, Maurer I. How dynamic capabilities affect the effectiveness and efficiency of operating routines under high and low levels of environmental dynamism ［J］. British Journal of Management, 2015, 26（2）：327 – 345.

［109］Williamson O E. Strategy research: governance and competence perspectives ［J］. Strategic Management Journal, 1999, 20（12）：1087 – 1108.

［110］Winter S G. Understanding dynamic capabilities ［J］. Strategic Management Journal, 2003, 24（10）：991 – 995.

［111］Wu H, Chen J, Jiao H. Dynamic capabilities as a mediator linking international diversification and innovation performance of firms in an emerging economy ［J］. Journal of Business Research, 2016, 69（8）：2678 – 2686.

［112］Yan A, Gray B. Bargaining power, management control and performance in United States – China joint ventures: a comparative case study ［J］. Academy of Management Journal, 1994, 37（6）：1478 – 1517.

［113］Yin R K. Case Study Research: Design and Methods ［M］. London: Sage, 1994.

［114］Zahra S A, Sapienza H J, Davidsson P. Entrepreneurship and dynamic capabilities: a review, model and research agenda ［J］. Journal of Management Studies, 2006, 43（4）：917 – 955.

［115］Zollo M, Winter S G. Deliberate learning and the evolution of dynamic capabilities ［J］. Organization Science, 2002, 13（3）：339 – 351.

［116］Zott C. Dynamic capabilities and the emergence of intraindustry differential firm performance: insights from a simulation study [J]. Strategic Management Journal, 2003, 24 (2): 97 – 125.

[117] 艾尔·巴比. 社会研究方法 [M]. 邱泽奇, 译. 北京: 华夏出版社, 2014: 90.

[118] 宝贡敏, 龙思颖. 企业动态能力研究: 最新述评与展望 [J]. 外国经济与管理, 2015, 37 (7): 74 – 87.

[119] 曹红军, 王以华. 动态环境背景下企业动态能力培育与提升的路径——基于中国高新技术企业的实证研究 [J]. 软科学, 2011, 25 (1): 1 – 7.

[120] 曹红军, 赵剑波, 王以华. 动态能力的维度: 基于中国企业的实证研究 [J]. 科学学研究, 2009, 27 (1): 36 – 44.

[121] 曹红军, 赵剑波. 动态能力如何影响企业绩效——基于中国企业的实证研究 [J]. 南开管理评论, 2008 (6): 54 – 65.

[122] 曹振宇. 从欧莱雅可持续化战略看中国化妆品行业绿色经济发展趋势 [J]. 现代商业, 2020 (16): 17 – 19.

[123] 陈菲. 獐子岛财务报表粉饰行为及其防范研究 [D]. 南昌: 东华理工大学, 2021.

[124] 陈国权, 王晓辉. 组织学习与组织绩效: 环境动态性的调节作用 [J]. 研究与发展管理, 2012, 24 (1): 52 – 59.

[125] 陈爽英, 井润田, 刘德山. 企业战略性社会责任过程机制的案例研究——以四川宏达集团为例 [J]. 管理案例研究与述评, 2012, 5 (3): 146 – 156.

[126] 陈晓萍, 徐淑英, 樊景立. 组织与管理研究的实证方法 [M]. 北京: 北京大学出版社, 2012: 127 – 128; 241.

[127] 陈悦, 陈超美, 刘则渊, 等. CiteSpace 知识图谱的方法论功能 [J]. 科学学研究, 2015, 33 (02): 242 – 253.

[128] 陈志军, 徐鹏, 唐贵瑶. 企业动态能力的形成机制与影响研究——

基于环境动态性的调节作用 [J]. 软科学, 2015, 29 (5): 59-62.

[129] 崔世娟, 王志球. 企业动态能力研究综述 [J]. 深圳大学学报 (人文社会科学版), 2008, 25 (2): 92-96.

[130] 戴天婧, 汤谷良, 彭家钧. 企业动态能力提升、组织结构倒置与新型管理控制系统嵌入——基于海尔集团自主经营体探索型案例研究 [J]. 中国工业经济, 2012 (2): 128-138.

[131] 邓茗文, 管竹笋. 生物多样性保护的中国"新样本"——伊利集团首发"双报告" [J]. 可持续发展经济导刊, 2020 (6): 28-30.

[132] 董保宝, 葛宝山, 王侃. 资源整合过程、动态能力与竞争优势: 机理与路径 [J]. 管理世界, 2011 (3): 92-101.

[133] 董保宝, 葛宝山. 新创企业资源整合过程与动态能力关系研究 [J]. 科研管理, 2012, 33 (2): 107-114.

[134] 董保宝, 李白杨. 新创企业学习导向: 动态能力与竞争优势关系研究 [J]. 管理学报, 2014, 11 (3): 376-382.

[135] 董保宝. 网络结构与竞争优势关系研究——基于动态能力中介效应的视角 [J]. 管理学报, 2012, 9 (1): 50-56.

[136] 杜健, 姜雁斌, 郑素丽, 等. 网络嵌入性视角下基于知识的动态能力构建机制 [J]. 管理工程学报, 2011, 25 (4): 145-151.

[137] 杜小民, 高洋, 刘国亮等. 战略与创业融合新视角下的动态能力研究 [J]. 外国经济与管理, 2015, 37 (2): 18-28.

[138] 方杰, 张敏强. 中介效应的点估计和区间估计: 乘积分布法, 非参数 Bootstrap 和 MCMC 法 [J]. 心理学报, 2012, 44 (10): 1408-1420.

[139] 冯海龙, 焦豪. 动态能力理论研究综述及展望 [J]. 科技管理研究, 2007, 27 (8): 12-14.

[140] 冯军政, 魏江. 国外动态能力维度划分及测量研究综述与展望 [J]. 外国经济与管理, 2011, 33 (7): 26-33.

[141] 傅鸿震, 王启亮, 叶永玲. 商务模式视角下的战略性企业社会责任

研究——以三棵树涂料公司为例［J］. 南京财经大学学报, 2014（9）: 53-58.

［142］高明晶. 动态能力对制造企业服务转型绩效的作用机理［D］. 大连: 大连理工大学, 2015.

［143］葛宝山, 董保宝. 基于动态能力中介作用的资源开发过程与新创企业绩效关系研究［J］. 管理学报, 2009, 6（4）: 520-526.

［144］葛宝山, 谭凌峰, 生帆, 等. 创新文化、双元学习与动态能力关系研究［J］. 科学学研究, 2016, 34（4）: 630-640.

［145］耿新, 张体勤. 企业家社会资本对组织动态能力的影响——以组织宽裕为调节变量［J］. 管理世界, 2010（6）: 109-121.

［146］顾建莉. 企业战略性慈善捐赠与企业竞争优势研究——以浙江民营公司为例［D］. 宁波: 宁波大学, 2014.

［147］郝晓明, 郝生跃. 企业动态能力形成和培育路径研究［J］. 中国科技论坛, 2014（1）: 94-100.

［148］何悦桐. 动态环境下组织学习与战略柔性对企业技术创新的影响研究［D］. 长春: 吉林大学, 2013.

［149］贺小刚, 李新春, 方海鹰. 动态能力的测量与功效: 基于中国经验的实证研究［J］. 管理世界, 2006（3）: 94-103.

［150］胡珊珊. 战略型企业社会责任形成竞争力的机理研究［D］. 杭州: 浙江师范大学, 2012.

［151］胡杨成. 非营利组织市场导向与组织绩效关系的研究: 环境变动与组织创新的影响［D］. 杭州: 浙江大学, 2008.

［152］华海祥. 战略性慈善观下企业捐赠与财务绩效的相关性研究——基于对沪市A股上市公司的实证分析［J］. 商场现代化, 2011（14）: 48-49.

［153］黄海艳. 顾客参与对新产品开发绩效的影响: 动态能力的中介机制［J］. 经济管理, 2014（3）: 87-97.

［154］黄俊, 李传昭. 动态能力与自主创新能力关系的实证研究［J］.

商业经济与管理, 2008（1）: 32-37.

［155］黄俊, 王钊, 白硕, 等. 动态能力的测度: 基于国内汽车行业的实证研究［J］. 管理评论, 2010, 22（1）: 76-81.

［156］黄旭, 程林林. 西方资源基础理论评析［J］. 财经科学, 2005, (3): 94-99.

［157］简兆权, 王晨, 陈键宏. 战略导向、动态能力与技术创新: 环境不确定性的调节作用［J］. 研究与发展管理, 2015（2）: 65-76.

［158］江积海, 刘敏. 动态能力重构及其与竞争优势关系实证研究［J］. 科研管理, 2014, 35（8）: 75-82.

［159］江积海. 知识传导、动态能力与后发企业成长研究——中兴通讯的案例研究［J］. 科研管理, 2006, 27（1）: 100-106.

［160］蒋丽, 蒋勤峰, 田晓明. 动态能力和创业绩效的关系: 新创企业和成熟企业的对比［J］. 苏州大学学报（哲学社会科学版）, 2013（4）: 120-125.

［161］蒋勤峰, 田晓明, 王重鸣. 企业动态能力测量之实证研究——以270家孵化器入孵企业为例［J］. 科学学研究, 2008, 26（3）: 604-611.

［162］焦豪, 魏江. 企业动态能力度量与功效——本土模型的构建与实证研究［J］. 中国地质大学学报（社会科学版）, 2008, 8（5）: 83-87.

［163］焦豪. 企业动态能力、环境动态性与绩效关系的实证研究［J］. 软科学, 2008, 22（4）: 112-117.

［164］焦豪. 双元型组织竞争优势的构建路径: 基于动态能力理论的实证研究［J］. 管理世界, 2011（11）: 76-91.

［165］杰恩·巴尼. 获得和保持竞争优势［M］. 王俊杰, 等译. 北京: 清华大学出版社, 2003: 155-182.

［166］金昕, 陈松. 知识源战略、动态能力对探索式创新绩效的影响——基于知识密集型服务企业的实证分析［J］. 科研管理, 2015, 36（2）: 32-40.

[167] 景保峰. 家长式领导对员工建言行为影响的实证研究 [D]. 广州: 华南理工大学, 2012.

[168] 景于丽. 海信视像并购东芝TVS的动因及绩效评价研究 [D]. 北京: 北京林业大学, 2021.

[169] 李大元, 项保华, 陈应龙. 企业动态能力及其功效: 环境不确定性的影响 [J]. 南开管理评论, 2009 (6): 60-68.

[170] 李大元. 动态能力创造持续优势的逻辑机制研究 [J]. 贵州社会科学, 2011 (4): 78-81.

[171] 李非, 祝振铎. 基于动态能力中介作用的创业拼凑及其功效实证 [J]. 管理学报, 2014, 11 (4): 562-568.

[172] 李玲菲. 欧莱雅 (中国) 环境责任履行对企业绩效影响研究 [D]. 苏州: 苏州大学, 2019.

[173] 李秋成. 人地、人际互动视角下旅游者环境责任行为意愿的驱动因素研究 [D]. 杭州: 浙江大学, 2015.

[174] 李锐, 凌文辁, 柳士顺. 上司不当督导对下属建言行为的影响及其作用机制 [J]. 心理学报, 2009, 41 (12): 1189-1202.

[175] 李巍. 营销动态能力的概念与量表开发 [J]. 商业经济与管理, 2015 (2): 68-77.

[176] 李巍. 中小企业创新均衡对竞争优势的影响机理研究——营销动态能力的调节效应 [J]. 研究与发展管理, 2015, 27 (6): 10-18.

[177] 李兴旺, 王迎军. 企业动态能力理论综述与前瞻 [J]. 当代财经, 2004 (10): 103-106.

[178] 李雪蓉, 张晓旭, 李政阳, 等. 商业模式的文献计量分析 [J]. 系统工程理论与实践, 2016, 36 (2): 273-287.

[179] 李艳. 基于企业社会责任的品牌建设研究 [D]. 镇江: 江苏科技大学, 2015.

[180] 李忆, 司有和. 组织结构、创新与企业绩效: 环境的调节作用 [J].

管理工程学报，2009，23（4）：20－26.

［181］李勇，史占中，屠梅曾. 知识网络与企业动态能力［J］. 情报科学，2006，24（3）：434－437.

［182］李智彩，范英杰. 生态文明视野下企业绿色经营研究［J］. 财会研究，2014（8）：77－78.

［183］林海芬，苏敬勤. 管理创新效力机制研究：基于动态能力观视角的研究框架［J］. 管理评论，2012，24（3）：49－57.

［184］林枚，陈超，凌秀花. 人力资源视角下提升员工组织支持感的管理对策研究——以华为技术有限公司为例［J］. 现代商业，2018（06）：84－87.

［185］林萍. 组织动态能力与绩效关系的实证研究：环境动荡性的调节作用［J］. 上海大学学报（社会科学版），2009（6）：66－77.

［186］刘飞，简兆权，毛蕴诗. 动态能力的界定、构成维度与特性分析［J］. 暨南学报（哲学社会科学版），2010（4）：147－154.

［187］刘飞，简兆权. 可持续竞争优势：基于动态能力的视角［J］. 科学管理研究，2010（3）：51－55.

［188］刘刚，刘静. 动态能力对企业绩效影响的实证研究——基于环境动态性的视角［J］. 经济理论与经济管理，2013（3）：83－94.

［189］刘井建. 创业学习、动态能力与新创企业绩效的关系研究［J］. 科学学研究，2011，29（5）：728－734.

［190］罗伯特·K. 殷. 案例研究：设计与方法［M］. 周海涛，李永贤，李虔，译. 重庆：重庆大学出版社，2016：28－29.

［191］罗珉，刘永俊. 企业动态能力的理论架构与构成要素［J］. 中国工业经济，2009（1）：75－86.

［192］罗胜强，姜燕. 管理学问卷调查研究方法［M］. 重庆：重庆大学出版社，2014（16）：156－157.

［193］罗卫. 战略性 CSR 活动识别的概念性模型构建［J］. 商业时代，

2011 (1): 59 - 61.

[194] 罗仲伟, 任国良, 焦豪, 等. 动态能力、技术范式转变与创新战略——基于腾讯微信"整合"与"迭代"微创新的纵向案例分析 [J]. 管理世界, 2014 (8): 152 - 168.

[195] 马鸿佳, 董保宝, 葛宝山. 创业能力、动态能力与企业竞争优势的关系研究 [J]. 科学学研究, 2014, 32 (3): 431 - 440.

[196] 马鸿佳, 张欢, 向阳. 新创企业动态能力研究述评 [J]. 经济纵横, 2012 (12): 114 - 116.

[197] 马文甲, 高良谋. 开放度与创新绩效的关系研究——动态能力的调节作用 [J]. 科研管理, 2016, 37 (2): 47 - 54.

[198] 麦影. 企业社会责任对企业竞争优势影响的实证研究 [D]. 广州: 暨南大学, 2010.

[199] 麦影. 战略性 CSR 与企业竞争优势研究 [J]. 特区经济, 2009 (4): 303 - 304.

[200] 孟晓斌, 王重鸣, 杨建锋. 企业动态能力理论模型研究综述 [J]. 外国经济与管理, 2007, 29 (10): 9 - 16.

[201] 孟媛, 陈敬良, 张峥, 等. 跨国公司学习导向与企业绩效关系的实证研究——基于竞争优势的中介作用与动态能力的调节作用 [J]. 预测, 2015, 34 (3): 8 - 13.

[202] 牧言. 伊利获行业"企业社会责任公益典范"称号 [J]. 中国畜牧业, 2019 (20): 17.

[203] 彭雪蓉, 刘洋. 战略性企业社会责任与竞争优势: 过程机制与权变条件 [J]. 管理评论, 2015, 27 (7): 156 - 167.

[204] 彭正龙, 陶然, 季光辉. 基于元认知的认知学习对动态能力影响的实证研究 [J]. 心理科学, 2008, 31 (6): 1343 - 1347.

[205] 齐义山, 黄忠东. 战略性企业社会责任、开放式创新与企业绩效的关系——以江苏制造业为例 [J]. 经济体制改革, 2014 (6): 116 - 120.

[206] 邱皓政,林碧芳. 结构方程模型的原理与应用 [M]. 北京: 中国轻工业出版社, 2012: 6-10; 92; 100-101.

[207] 邱钊,黄俊,李传昭,等. 动态能力与企业竞争优势——基于东风汽车有限公司的质性研究 [J]. 中国软科学, 2008 (10): 134-140.

[208] 尚航标,田国双,黄培伦. 管理认知特征对动态能力的影响机制研究 [J]. 华东经济管理, 2014, 28 (2): 79-84.

[209] 邵兴东,孟宪忠. 战略性社会责任行为与企业持续竞争优势来源的关系——企业资源基础论视角下的研究 [J]. 经济管理, 2015, 37 (6): 56-65.

[210] 邵兴东,孟宪忠. 转型期中国企业战略性社会责任——以华为和碧桂园为例 [J]. 经济与管理研究, 2015, 36 (9): 121-129.

[211] 沈洪涛,沈艺峰. 公司社会责任思想起源及演变 [M]. 上海: 上海人民出版社, 2007: 111-115.

[212] 盛斌,杨丽丽. 企业国际化动态能力的维度及绩效作用机理: 一个概念模型 [J]. 东南大学学报 (哲学社会科学版), 2014 16 (6): 48-53.

[213] 束义明,郝振省. 高管团队沟通对决策绩效的影响: 环境动态性的调节作用 [J]. 科学学与科学技术管理, 2015, 36 (4): 170-180.

[214] 苏敬勤,刘静. 复杂产品系统制造企业的动态能力演化: 一个纵向案例研究 [J]. 科研管理, 2013, 34 (8): 58-67.

[215] 苏敬勤,张琳琳. 变革型领导行为对企业绩效的作用机制研究——以中国汽车企业为例 [J]. 科学学与科学技术管理, 2016, 37 (3): 155-165.

[216] 苏云霞,孙明贵. 国外动态能力理论研究梳理及展望 [J]. 经济问题探索, 2012 (10): 172-180.

[217] 苏志文. 基于并购视角的企业动态能力研究综述 [J]. 外国经济与管理, 2012, 34 (10): 48-56.

[218] 眭文娟,谭劲松,张慧玉. 企业社会责任行为中的战略管理视角理

论综述 [J]. 管理评论, 2012, 9 (3): 345-455.

[219] 孙建国, 石继红, 王嘉萱. 区块链企业社会责任评价指标体系研究 [J]. 智慧中国, 2020 (09): 66-69.

[220] 孙艳霞. 基于不同视角的企业价值创造研究综述 [J]. 南开经济研究, 2012 (1): 145-153.

[221] 谭云清, 马永生, 李元旭. 社会资本、动态能力对创新绩效的影响: 基于我国国际接包企业的实证研究 [J]. 中国管理科学, 2013, 21 (11): 784.

[222] 陶文杰, 金占明. 适配理论视角下 CSR 与企业绩效的关系研究——基于联想 (中国) 的单案例研究 [J]. 河北经贸大学学报 (综合版), 2015, 15 (4): 46-57.

[223] 田晓明, 蒋勤峰, 王重鸣. 企业动态能力与企业创业绩效关系实证研究——以 270 家孵化企业为例分析 [J]. 科学学研究, 2008, 26 (4): 812-819.

[224] 汪丽, 茅宁, 龙静. 管理者决策偏好、环境不确定性与创新强度——基于中国企业的实证研究 [J]. 科学学研究, 2012, 30 (7): 1101-1109.

[225] 王建安, 张钢. 集体问题解决中的认知表征、行为惯例和动态能力 [J]. 心理学报, 2010 (8): 862-874.

[226] 王建刚, 吴洁, 张青, 等. 动态能力研究的回顾与展望 [J]. 工业技术经济, 2010, 29 (12): 124-130.

[227] 王建军, 昝冬平. 动态能力、危机管理与企业竞争优势关系研究 [J]. 科研管理, 2015, 36 (7): 79-85.

[228] 王菁娜, 王亚江, 韩静. 企业动态能力的概念发展与维度测量研究 [J]. 北京师范大学学报 (社会科学版), 2010 (6): 123-133.

[229] 王丽丽. 跨国并购的风险控制研究 [D]. 南昌: 东华理工大学, 2021.

[230] 王萍, 支凤稳, 沈涛. 竞争情报扫描、动态能力与企业创新绩效的关系研究 [J]. 情报杂志, 2015, 34 (3): 50-57.

[231] 王世权. 试论价值创造的本原性质、内在机理与治理要义——基于利益相关者治理视角 [J]. 外国经济与管理, 2010, 32 (8): 10-17.

[232] 王水嫩, 胡珊珊, 钱小军. 战略性企业社会责任研究前沿探析与未来展望 [J]. 外国经济与管理, 2011, 33 (11): 57-64.

[233] 王翔. 企业战略性社会责任及其竞争力培育研究 [D]. 武汉: 武汉理工大学, 2010.

[234] 王译靖. 战略性企业社会责任与财务绩效关系研究 [D]. 杭州: 浙江财经大学, 2015.

[235] 卫武, 夏清华, 贺伟, 等. 企业的可见性和脆弱性有助于提升对利益相关者压力的认知及其反应吗——动态能力的调节作用 [J]. 管理世界, 2013 (11): 101-117.

[236] 魏江, 焦豪. 创业导向、组织学习与动态能力关系研究 [J]. 外国经济与管理, 2008, 30 (2): 36-41.

[237] 温忠麟, 叶宝娟. 中介效应分析: 方法和模型发展 [J]. 心理科学进展, 2014, 22 (5): 731-745.

[238] 吴航. 动态能力的维度划分及对创新绩效的影响——对 Teece 经典定义的思考 [J]. 管理评论, 2016, 28 (3): 76-83.

[239] 吴航. 动态能力视角下企业创新绩效提升机制研究: 以战略导向为调节 [J]. 中国地质大学学报 (社会科学版), 2015, 15 (1): 132-139.

[240] 吴明隆. 结构方程模型——AMOS 的操作与运用 [M]. 重庆: 重庆大学出版社, 2013: 1-2; 39-59; 158-159; 232.

[241] 吴明隆. 结构方程模型——AMOS 的实务进阶 [M]. 重庆: 重庆大学出版社, 2013: 48; 61-62; 79-86.

[242] 吴明隆. 问卷统计分析实务——SPSS 操作与应用 [M]. 重庆: 重庆大学出版社, 2013: 131.

[243] 吴明隆. 问卷统计分析实务——SPSS 操作与应用 [M]. 重庆：重庆大学出版社，2010：5；194 - 195；244.

[244] 吴小节，谌跃龙，汪秀琼. 基于 ABC 整合框架的国内动态能力研究评述 [J]. 管理学报，2016，13（6）：938 - 946.

[245] 吴晓波，徐松屹，苗文斌. 西方动态能力理论述评 [J]. 国外社会科学，2006（2）：18 - 25.

[246] 肖静华，谢康，吴瑶，等. 企业与消费者协同演化动态能力构建：B2C 电商梦芭莎案例研究 [J]. 管理世界，2014（8）：134 - 151.

[247] 谢洪明，刘常勇，陈春辉. 市场导向与组织绩效的关系：组织学习与创新的影响——珠三角地区企业的实证研究 [J]. 管理世界，2006（2）：80 - 94.

[248] 辛晴. 动态能力的测度与功效：知识观视角的实证研究 [J]. 中国科技论坛，2011（8）：106 - 112.

[249] 许晖，郭净，邓勇兵. 管理者国际化认知对营销动态能力演化影响的案例研究 [J]. 管理学报，2013，10（1）：30 - 40.

[250] 许晖，纪春礼. 动态能力理论在营销研究中的新发展：营销动态能力研究综述 [J]. 外国经济与管理，2010（11）：43 - 49.

[251] 许英杰，石颖. 中国上市公司战略性社会责任影响因素研究——以沪深 300 指数企业为例 [J]. 经济体制改革，2014（4）：120 - 124.

[252] 薛捷，张振刚. 技术及市场环境动荡中企业动态学习能力与创新绩效关系研究 [J]. 科技进步与对策，2015，32（1）：98 - 104.

[253] 杨家宁. 资源基础理论视角下的企业社会责任 [J]. 理论导刊，2007（9）：91 - 94.

[254] 杨建锋. 家族企业的组织学习及其形成机制研究 [D]. 杭州：浙江大学，2008.

[255] 杨鹏鹏，许译文，李星树. 民营企业家社会资本、动态能力影响企业绩效的实证研究 [J]. 山西财经大学学报，2015，(9)：101 - 112.

[256] 杨希娟, 成瑾. 战略型企业社会责任与企业竞争优势分析——以中华老字号企业为例 [J]. 工业经济论坛, 2015, 2 (1): 87-98.

[257] 尹珏林, 杨俊. 可持续竞争优势新探源——战略性企业社会责任整合性研究框架 [J]. 未来与发展, 2009, (6): 63-68.

[258] 尹苗苗, 蔡莉. 创业网络强度、组织学习对动态能力的影响研究 [J]. 经济管理, 2010 (4): 180-186.

[259] 尤成德, 刘衡, 张建琦. 关系网络、创业精神与动态能力构建 [J]. 科学学与科学技术管理, 2016, 37 (7): 135-147.

[260] 曾萍. 学习、创新与动态能力——华南地区企业的实证研究 [J]. 管理评论, 2011, 23 (1): 85-95.

[261] 张钢, 王宇峰, 高若阳. 组织模块性、知识基础与创新绩效——以动态能力为中介变量的实证研究 [J]. 浙江大学学报 (人文社会科学版), 2012, 42 (2): 206-220.

[262] 张虹凯. 央企战略性社会责任管理体系与财务绩效研究 [D]. 杭州: 浙江财经大学, 2015.

[263] 张洪兴, 耿新. 企业家社会资本如何影响经营绩效——基于动态能力中介效应的分析 [J]. 山东大学学报 (哲学社会科学版), 2011 (4): 106-113.

[264] 张竟浩. 基于适配理论的制造企业服务创新战略路径研究 [D]. 大连: 大连理工大学, 2010.

[265] 张军, 金露. 企业动态能力形成路径研究——基于创新要素及创新层次迁移视角的案例研究 [J]. 科学学研究, 2011, 29 (6): 939-948.

[266] 张书莲. 我国战略性企业社会责任研究进展 [J]. 商业时代, 2014 (15): 108-109.

[267] 张韬. 市场导向、动态能力与组织绩效关系研究——一个新的绩效整合模型 [J]. 华东经济管理, 2010, 24 (4): 88-91.

[268] 张文彤, 董伟. SPSS 统计分析高级教程 [M]. 北京: 高等教育出

版社，2014：367－369.

[269] 张文彤. SPSS11 统计分析教程 [M]. 北京：北京希望电子出版社，2002：271.

[270] 赵凤，王铁男，王宇. 开放式创新中的外部技术获取与产品多元化：动态能力的调节作用研究 [J]. 管理评论，2016，28（6）：76－85.

[271] 郑刚，颜宏亮，王斌. 企业动态能力的构成维度及特征研究 [J]. 科技进步与对策，2007，24（3）：90－93.

[272] 郑海东，孙宽莉，张音. 社会责任纳入企业战略的识别要素研究 [J]. 软科学，2015，29（7）：30－34.

[273] 郑海东. 企业社会责任行为表现：测量维度、影响因素及绩效关系 [M]. 北京：高等教育出版社，2012：1－5.

[274] 郑胜华，芮明杰. 动态能力的研究述评及其启示 [J]. 自然辩证法通讯，2009，31（5）：56－64.

[275] 钟文娟. 基于普赖斯定律与综合指数法的核心作者测评——以《图书馆建设》为例 [J]. 科技管理研究，2012，32（02）：57－60.

[276] 钟月. 獐子岛财务舞弊案例分析 [D]. 长春：吉林财经大学，2021.

[277] 周浩，龙立荣. 共同方法偏差的统计检验与控制方法 [J]. 心理科学进展，2004，12（6）：942－950.

[278] 朱睿，李梦军. 企业基因与社会痛点的结合：华为技术有限公司可持续发展实践 [J]. 财富时代，2020（06）：43－44.

[279] 朱文忠. 战略性企业社会责任概念界定与动因分析 [J]. 战略决策研究，2010（2）：80－86.

[280] 祝志明，杨乃定，高婧. 动态能力理论：源起、评述与研究展望 [J]. 科学学与科学技术管理，2008，29（9）：128－135.

[281] 左莉，周建林. 认知柔性、创业拼凑与新企业绩效的关系研究——基于环境动态性的调节作用 [J]. 预测，2017，36（2）：17－23.

附录1：第一批调查问卷

尊敬的企业领导：

　　首先，衷心感谢您参与此项目调查。这项调查旨在研究战略性企业社会责任对价值创造的影响，为企业实施社会责任战略提供参考。此问卷不涉及个人及公司隐私，结果仅用于学术研究，问卷的内容将会被严格保密。

　　研究结果的可信赖度取决于您对问题的认真和客观回答，请您填写此问卷时，细心阅读各项问题。答案没有对错之分，请真实地表达您的感受。您所提供的资料对我们的研究以及企业的经营管理会有很大的帮助。

　　如您希望进一步了解研究结果，或对此项研究有任何疑问或建议，请通过以下方式与我们联系。

　　最后，再次对您的参与表示衷心的感谢！

第一部分：战略性企业社会责任

（一）以下三个社会性项目有助于增进他人利益，请判断它们与贵企业经营使命（即企业存在的原因或理由）相符合的程度，并在右边相应的数字旁边打√	完全不符合	不太符合	不能肯定	基本符合	完全符合
1. 开展社区项目合作	1	2	3	4	5
2. 保护环境	1	2	3	4	5
3. 支持社会事业	1	2	3	4	5

（二）请对以下陈述进行判断，并在右边相应的数字旁边打√。	完全不同意	不太同意	不能肯定	基本同意	完全同意
1. 企业社会目标的实现对于其利润目标的达成是必要的	1	2	3	4	5
2. 我们审视社会环境，是为了促使企业与社会期望保持一致	1	2	3	4	5
3. 我们通常是最先调整企业行动来反映不断变化的社会期望的企业之一	1	2	3	4	5
4. 我们跟踪法律法规的发展，是为了能使企业的遵约机制与最新制定的法律保持一致	1	2	3	4	5
5. 我们想成为使企业政策符合新的社会期望的企业先锋	1	2	3	4	5

（三）贵企业参与有助于增进他人利益的社会性活动项目的目的是什么？请在右边相应的数字旁边打√。	完全不同意	不太同意	不能肯定	基本同意	完全同意
1. 提升企业形象	1	2	3	4	5
2. 增加企业的媒体曝光度	1	2	3	4	5

第二部分：动态能力

请您根据贵公司的实际符合程度，对下列描述进行评分，并在右边相应的数字旁边打√	极不符合	较不符合	一般	比较符合	完全符合
1. 公司能先于多数竞争者察觉环境变化	1	2	3	4	5
2. 公司经常召开部门间会议讨论市场需求情况	1	2	3	4	5
3. 公司能正确理解内外环境变化对企业的影响	1	2	3	4	5
4. 公司能从环境信息中发现可能的机会与威胁	1	2	3	4	5
5. 公司有比较完善的信息管理系统	1	2	3	4	5
6. 公司对市场的判断力、洞察力很强	1	2	3	4	5
7. 公司能很快处理战略决策过程中的各种冲突	1	2	3	4	5
8. 很多情况下，公司能做出及时处理战略问题的决策	1	2	3	4	5
9. 公司能准确地根据环境变化进行市场再定位	1	2	3	4	5
10. 当发现顾客不满意时，我们会立即采取纠正措施	1	2	3	4	5
11. 公司能快速重新组合资源以适应环境变化	1	2	3	4	5
12. 公司战略能有效分解落实	1	2	3	4	5
13. 不同执行部门间合作很好	1	2	3	4	5
14. 在执行部门战略时，能得到其他相关部门的协助	1	2	3	4	5
15. 战略目标实现程度与个人奖惩结合	1	2	3	4	5
16. 公司能有效追踪执行效果	1	2	3	4	5

第三部分：价值创造

贵企业通过履行社会责任而获得的好处，在多大程度上是来自以下四个方面？请在右边相应的数字旁边打√	非常小	比较小	不确定	比较大	非常大
1. 影响顾客的购买决策	1	2	3	4	5
2. 获得新的顾客	1	2	3	4	5
3. 开发新的产品和服务	1	2	3	4	5
4. 开拓新的市场	1	2	3	4	5

第四部分：基本信息

请您填写如下资料，在符合您的选项后打√或填写相关信息。

1. 贵企业的主营业务是_____，所在行业是_____。
2. 贵企业成立的年份是_____。
3. 贵企业员工人数为：
    ① 100 以下（   ） ② 100~200（   ） ③ 200~300（   ）
    ④ 300~400（   ） ⑤ 400~500（   ） ⑥ 500~600（   ）
    ⑦ 600~1000（   ） ⑧ 1000~2000（   ）
    ⑨ 2000~3000（   ）⑩ 3000 以上（   ）
4. 贵企业去年的销售额是：
    ① 1000 万元以下（   ）   ② 1000 万~2000 万元（   ）
    ③ 2000 万~3000 万元（   ）④ 3000 万~1.5 亿元（   ）
    ⑤ 1.5 亿~2 亿元（   ）   ⑥ 2 亿~3 亿元（   ）
    ⑦ 3 亿~5 亿元（   ）   ⑧ 5 亿元以上（   ）

再次感谢您的支持与帮助！

附录2：第二批调查问卷

企业高层管理者填写问卷

尊敬的企业领导：

首先，衷心感谢您参与此项目调查。这项调查旨在研究战略性企业社会责任对价值创造的影响，为企业实施社会责任战略提供参考。此问卷不涉及个人及公司隐私，结果仅用于学术研究，问卷的内容将会被严格保密。

研究结果的可信赖度取决于您对问题的认真和客观回答，请您填写此问卷时，细心阅读各项问题。答案没有对错之分，请真实地表达您的感受。您所提供的资料对我们的研究以及企业的经营管理会有很大的帮助。

如您希望进一步了解研究结果，或对此项研究有任何疑问或建议，请通过以下方式与我们联系。

最后，再次对您的参与表示衷心的感谢！

第一部分：战略性企业社会责任

（一）以下三个社会性项目有助于增进他人利益，请判断它们与贵企业经营使命（即企业存在的原因或理由）相符合的程度，并在右边相应的数字旁边打√	完全不符合	不太符合	不能肯定	基本符合	完全符合
1. 开展社区项目合作	1	2	3	4	5
2. 保护环境	1	2	3	4	5
3. 支持社会事业	1	2	3	4	5
（二）请对以下陈述进行判断，并在右边相应的数字旁边打√	完全不同意	不太同意	不能肯定	基本同意	完全同意
1. 企业社会目标的实现对于其利润目标的达成是必要的	1	2	3	4	5
2. 我们审视社会环境，是为了促使企业与社会期望保持一致	1	2	3	4	5
3. 我们通常是最先调整企业行动来反映不断变化的社会期望的企业之一	1	2	3	4	5
4. 我们跟踪法律法规的发展，是为了能使企业的遵约机制与最新制定的法律保持一致	1	2	3	4	5
5. 我们想成为使企业政策符合新的社会期望的企业先锋	1	2	3	4	5
（三）贵企业参与有助于增进他人利益的社会性活动项目的目的是什么？请在右边相应的数字旁边打√	完全不同意	不太同意	不能肯定	基本同意	完全同意
1. 提升企业形象	1	2	3	4	5
2. 增加企业的媒体曝光度	1	2	3	4	5

第二部分：价值创造

贵企业通过履行社会责任而获得的好处，在多大程度上是来自以下四个方面？请在右边相应的数字旁边打√	非常小	比较小	不确定	比较大	非常大
1. 影响顾客的购买决策	1	2	3	4	5
2. 获得新的顾客	1	2	3	4	5
3. 开发新的产品和服务	1	2	3	4	5
4. 开拓新的市场	1	2	3	4	5

第三部分：基本信息

请您填写如下资料，在符合您的选项后打√或填写相关信息。

1. 贵企业的主营业务是_____，所在行业是_____。
2. 贵企业成立的年份是_____。
3. 贵企业员工人数为：

   ① 100 以下（　　）　　② 100～200（　　）　　③ 200～300（　　）

   ④ 300～400（　　）　　⑤ 400～500（　　）　　⑥ 500～600（　　）

   ⑦ 600～1000（　　）　　⑧ 1000～2000（　　）

   ⑨ 2000～3000（　　）　　⑩ 3000 以上（　　）

4. 贵企业去年的销售额是：

   ① 1000 万元以下（　　）　　② 1000 万～2000 万元（　　）

   ③ 2000 万～3000 万元（　　）　　④ 3000 万～1.5 亿元（　　）

   ⑤ 1.5 亿～2 亿元（　　）　　⑥ 2 亿～3 亿元（　　）

   ⑦ 3 亿～5 亿元（　　）　　⑧ 5 亿元以上（　　）

再次感谢您的支持与帮助！

企业骨干员工填写问卷

尊敬的企业界朋友：

首先，衷心感谢您参与此项目调查。这项调查旨在研究战略性企业社会责任对价值创造的影响，为企业实施社会责任战略提供参考。此问卷不涉及个人及公司隐私，结果仅用于学术研究，问卷的内容将会被严格保密。

研究结果的可信赖度取决于您对问题的认真和客观回答，请您填写此问卷时，细心阅读各项问题。答案没有对错之分，请真实地表达您的感受。您所提供的资料对我们的研究以及企业的经营管理会有很大的帮助。

如您希望进一步了解研究结果，或对此项研究有任何疑问或建议，请通过以下方式与我们联系。

最后，再次对您的参与表示衷心的感谢！

第一部分：动态能力

请您根据贵公司的实际符合程度，对下列描述进行评分，并在右边相应的数字旁边打√	极不符合	较不符合	一般	比较符合	完全符合
1. 公司能先于多数竞争者察觉环境变化	1	2	3	4	5
2. 公司经常召开部门间会议讨论市场需求情况	1	2	3	4	5
3. 公司能正确理解内外环境变化对企业的影响	1	2	3	4	5
4. 公司能从环境信息中发现可能的机会与威胁	1	2	3	4	5
5. 公司有比较完善的信息管理系统	1	2	3	4	5
6. 公司对市场的判断力、洞察力很强	1	2	3	4	5
7. 公司能很快处理战略决策过程中的各种冲突	1	2	3	4	5

续表

8. 很多情况下，公司能做出及时处理战略问题的决策	1	2	3	4	5
9. 公司能准确地根据环境变化进行市场再定位	1	2	3	4	5
10. 当发现顾客不满意时，我们会立即采取纠正措施	1	2	3	4	5
11. 公司能快速重新组合资源以适应环境变化	1	2	3	4	5
12. 公司战略能有效分解落实	1	2	3	4	5
13. 不同执行部门间合作很好	1	2	3	4	5
14. 在执行部门战略时，能得到其他相关部门的协助	1	2	3	4	5
15. 战略目标实现程度与个人奖惩结合	1	2	3	4	5
16. 公司能有效追踪执行效果	1	2	3	4	5

第二部分：基本信息

请您填写如下资料，在符合您的选项后打√或填写相关信息。

1. 您的性别：① 男（   ） ② 女（   ）

2. 您的学历：① 研究生（   ） ② 本科（   ） ③ 大专（   ）
④ 大专以下（   ）

3. 您的岗位性质：① 一般员工（   ） ② 中层管理者（   ）
③ 高层管理者（   ）

4. 您进入目前所在企业工作的时间是：＿＿＿年＿＿＿月。

5. 您的出生时间是：＿＿＿年＿＿＿月。

再次感谢您的支持与帮助！